令和2年12月改訂

Q&A
消費税の税務処理
101

公認会計士・税理士 **田淵 正信** 編著

清文社

は し が き

　本書は、最近、複雑化してきている消費税について、実務家でも誤りやすい点や、実務的な手続き・判断についてＱ＆Ａ形式で解説した実務書です。

　令和元年10月１日より消費税率の引上げと軽減税率導入が実施され、インボイス方式等の導入は令和５年10月１日から予定されています。また、現行の消費税においても、近年、次のような多くの項目で改正が行われ制度整備が図られています。

１．多額の設備投資を行った場合の極端な税負担の軽減策をけん制
　・居住用賃貸建物の取得等に係る仕入税額控除制度の見直しや、課税事業者選択をした事業者や新設法人・特定新規設立法人が調整対象固定資産の仕入れ等あるいは高額特定資産の仕入れ等を行った場合の、消費税課税事業者選択不適用届出や簡易課税事業者選択の制限

２．益々盛んになるインターネットを通じた国際取引分野における課税漏れ対策
　・電気通信利用役務の提供・特定役務の提供におけるリバースチャージ方式課税の導入
　・消費税の内外判定の整理

３．海外からの観光客に対しての輸出物品販売場や対象となる一般物品・消耗品の拡張

　簡単で公平な課税を目指すという趣旨で始まった消費税ですが、経済の多様化や国際化に伴う複雑な取引が多くなってきている昨今、場合分けを明確にしないと納税漏れや過剰な納税が発生するリスクが大きくなっています。

　そこで、本書では読者に問題点の所在を分かっていただいたうえで、正

しい解決策を見出していただけるよう、各Q&Aにおいて、具体的な質問に対して次の形式で解説を進めています。
1．最初に明確な【回答】を示し、
2．回答の【概要】を解説したうえで、
3．《適切な取扱い》で設問に対する適切な処理について説明を行い、
4．一方、《誤った取扱い》で実務上留意すべきことを示しました。
5．最後に まとめ で判断ポイントや注意点などを整理しています。

　なお、本書は、会計、税務の専門家が経験を持ちより執筆したもので、田淵正信が序章、第6章の執筆と全体の編集及び内容についての監修を行い、大谷泰史が第1章、第10章、圓尾紀憲と久保亮が第2章、第5章、第11章、大庭みどりが第3章、金井英樹が第4章、青木幹雄が第7章、米津良治が第8章、第9章、第13章、山下由美子が第12章を担当しました。それぞれの資格経歴については巻末に挙げております。

　最後になりますが、本書の発刊にあたっては、株式会社清文社の小泉定裕社長、冨士尾栄一郎編集特別顧問、井元仁志編集第一部・第二部部長、尾形和子さんをはじめ多くの方にご助言を賜りました。この場をお借りしてお礼申し上げます。

　　令和2年12月

　　　　　　　　　　　　　　　　　　　　　　著者代表　田淵正信

目 次

序章 消費税の仕組み等
- Q1 消費税の仕組み ………………………………………… 2
- Q2 新型コロナウイルス感染症に関する特例 …………… 8

第1章 課税取引と非課税取引、不課税取引、輸出免税取引
- Q1-1 課税取引、免税取引、非課税取引、不課税取引の区別と意義 ………………………………………… 22
- Q1-2 課税取引と間違いやすい会費、組合費、賦課金等 … 27
- Q1-3 債権譲渡の取引区分とクレジット手数料 ………… 30
- Q1-4 材料費の無償支給契約と有償支給契約の取扱い … 33
- Q1-5 課税売上げとされる特定仕入れと電気通信利用役務の提供 ………………………………………… 37
- Q1-6 輸出免税取引 ………………………………………… 41
- Q1-7 信託と消費税 ………………………………………… 46
- Q1-8 住宅として借りた建物を用途変更した場合の取扱い … 50

第2章 納税義務者
- Q2-1 消費税が課税される事業者となるかならないかの判断基準 ………………………………………… 54
- Q2-2 個人開業と会社設立での消費税法上の取扱いの違い … 56
- Q2-3 新しく会社を設立して事業を行う場合の消費税の申告 … 60
- Q2-4 新しく個人事業者として事業を行う場合の消費税の申告 ………………………………………… 63
- Q2-5 事業を相続した場合の消費税の納税義務 ………… 65
- Q2-6 合併があった場合の消費税の納税義務 …………… 70
- Q2-7 分割があった場合の消費税の納税義務 …………… 74
- Q2-8 課税事業者の選択ができる期間 …………………… 80

Q2-9	法人の設立期間中の消費税の取扱い	……………	84
Q2-10	個人事業者が法人成りした場合	……………	86
Q2-11	法人が個人に事業を引き継いだ場合	……………	88
Q2-12	売上高が急増した場合の免税事業者の判定	……………	90
Q2-13	公益法人等の納税義務等	……………	93

第3章 課税標準

Q3-1	確定していない対価の処理	……………	96
Q3-2	法人の役員に対する棚卸資産の無償譲渡	……………	100
Q3-3	課税売上高の範囲	……………	104
Q3-4	所有権移転外リース取引の合意解約	……………	107
Q3-5	工事進行基準の取扱い	……………	114
Q3-6	総額表示義務	……………	118
Q3-7	土地と建物を一括譲渡する場合	……………	122
Q3-8	外国法人への特許使用料及び技術指導料の支払い	……	125
Q3-9	青空駐車場	……………	129
Q3-10	収用補償金などの取扱い	……………	134
Q3-11	軽減税率が適用される飲食料品等の販売の範囲	……………	139

第4章 仕入税額控除

Q4-1	課税仕入れの範囲	……………	148
Q4-2	課税売上割合	……………	153
Q4-3	課税仕入れの3つの区分	……………	158
Q4-4	短期前払費用と消費税	……………	163
Q4-5	軽減税率に関する仕入税額控除	……………	166
Q4-6	区分記載請求書と適格請求書	……………	169
Q4-7	免税事業者からの仕入税額控除	……………	171

第5章　簡易課税制度

- Q5-1　簡易課税制度 …………………………………………… 174
- Q5-2　事業区分 ……………………………………………… 180
- Q5-3　日本標準産業分類と事業区分 …………………… 185
- Q5-4　複数の事業を営む場合 …………………………… 188
- Q5-5　簡易課税制度の選択ができる期間 …………… 192

第6章　国際取引

- Q6-1　国外への商品移送の際の消費税の取扱い ………… 198
- Q6-2　免税店の開設手続き等 …………………………… 201
- Q6-3　国外の事業者への役務提供 ……………………… 206
- Q6-4　インターネットを通じたサービス提供 ………… 209
- Q6-5　芸能・スポーツ等の役務の提供 ………………… 212
- Q6-6　国内での課税仕入れと輸入貨物の保税地域からの引取り …………………………………… 216
- Q6-7　自己が国外で使用するための資産の輸出 ……… 219
- Q6-8　外国法人が国内で事業を始める場合 …………… 222

第7章　インターネットを利用した国境を越えるサービス

- Q7-1　電気通信利用役務の提供に係る消費税 ………… 228
- Q7-2　電子書籍の販売 …………………………………… 233
- Q7-3　電子新聞の配信 …………………………………… 236
- Q7-4　日本への旅行商品販売サイトの運営 …………… 239
- Q7-5　ショッピングサイトを利用させるサービス …… 242

第8章　固定資産取得と消費税

- Q8-1　高額特定資産 ……………………………………… 246

Q8-2	調整対象固定資産の取得後に課税売上割合が著しく変動した場合	251
Q8-3	簡易課税制度適用事業者の高額の固定資産取得	256
Q8-4	免税事業者が固定資産を取得する際の留意点	260
Q8-5	相続した遺産をもとに賃貸ビルを経営する場合	263
Q8-6	固定資産をリースで使用開始した場合	266
Q8-7	工事の請負に係る資産の譲渡時期の特例	270
Q8-8	居住用賃貸建物の取得等に係る仕入税額控除の取扱い	274
Q8-9	一部が店舗用である居住用賃貸建物(併用賃貸建物)に係る仕入税額控除	276
Q8-10	居住用賃貸建物を譲渡した場合の調整	279
Q8-11	高額特定資産である棚卸資産について調整措置を受けた場合	284

第9章　組織再編と消費税

Q9-1	組織再編等をした場合の消費税法上の取扱い一覧	288
Q9-2	合併、分割と消費税	289
Q9-3	株式交換、株式移転と消費税	291
Q9-4	事業譲渡と消費税	294
Q9-5	個人事業の法人成りと消費税	297
Q9-6	現物出資と消費税	302

第10章　標準税率、軽減税率、旧税率

Q10-1	複数税率の記帳と請求書等の保存	306
Q10-2	標準税率と軽減税率の判断—飲食料品の譲渡と包装材料、フードコートの取扱い	309
Q10-3	リース取引の新旧税率の識別	312

| Q 10 − 4 | 瑕疵担保責任による損害賠償金の支払いにおける新旧税率の識別 | 316 |

第11章　消費税の諸手続き

Q 11 − 1	消費税課税事業者選択届	322
Q 11 − 2	課税事業者選択届出書の提出を失念した場合	326
Q 11 − 3	課税事業者選択不適用届出書を提出できない課税期間	333
Q 11 − 4	簡易課税制度選択届出書を提出できない課税期間	337
Q 11 − 5	高額特定資産を仕入れた場合	340
Q 11 − 6	手続き関係の届出の期限、郵便・宅配便による提出の効果	343
Q 11 − 7	事業を始めた課税期間の手続き	347
Q 11 − 8	課税事業者選択判断の具体例	352
Q 11 − 9	適格請求書発行事業者の登録	358
Q 11 − 10	適格請求書発行事業者の登録（免税事業者の場合）	362
Q 11 − 11	新たに設立された法人と免税事業者の特例（適格請求書等保存方式）	365
Q 11 − 12	適格請求書発行事業者の登録、拒否、取りやめ、取消し	369
Q 11 − 13	消費税の申告期限の特例	374

第12章　請求書・帳簿

Q 12 − 1	区分記載請求書等保存方式（令和元年10月1日から令和5年9月30日までの間）の概要	380
Q 12 − 2	請求書に記載漏れがあった場合	383
Q 12 − 3	適格請求書等保存方式の概要	385
Q 12 − 4	インボイス方式導入に向けての免税事業者の対応	389

Q12−5　電子帳簿保存法と電子インボイス ………………… 391

第13章　法人税、源泉所得税、印紙税との関係

Q13−1　控除対象外消費税額等の処理方法について ………… 396
Q13−2　印紙税と消費税 ……………………………………… 401
Q13−3　源泉所得税と消費税 ………………………………… 405

凡 例

消法………消費税法

消令………消費税法施行令

消規………消費税法施行規則

消基通……消費税法基本通達

法法………法人税法

法令………法人税法施行令

法基通……法人税基本通達

所法………所得税法

所令………所得税法施行令

所規………所得税法施行規則

所基通……所得税基本通達

通則法……国税通則法

令2改所法等附……所得税法等の一部を改正する法律（令和2年法律第8号）附則

平28改所法等附……所得税法等の一部を改正する法律（平成28年法律第15号）附則

平27改所法等附……所得税法等の一部を改正する法律（平成27年法律第9号）附則

平24.8改消法附……社会保障の安定財源の確保等を図る税制の抜本的な改革を行うための消費税法の一部を改正する等の法律（平成24年法律第68号）附則

平30改消令等附……消費税法施行令等の一部を改正する政令（平成30年政令第135号）附則

平26改消令附……消費税法施行令の一部を改正する政令（平成26年政令第317号）附則

平25改消令附……消費税法施行令の一部を改正する政令（平成25年政令第56号）附則

平28改消規等附……消費税法施行規則等の一部を改正する省令（平成28年財務省令第20号）附則

軽減通達……消費税の軽減税率制度に関する取扱通達（平成28年課軽2－1）

インボイス通達……消費税の仕入税額控除制度における適格請求書等保存方式に関する取扱通達（平成30年課軽2－8ほか）

インボイスQ＆A……消費税の仕入税額控除制度における適格請求書等保存方式に関するQ＆A（平成30年6月（令和2年9月改訂）国税庁消費税軽減税率制度対応室）

新型コロナ税特法……新型コロナウイルス感染症等の影響に対応するための国税関係法律の臨時特例に関する法律（令和2年法律第25号）

新型コロナ税特規……新型コロナウイルス感染症等の影響に対応するための国税関係法律の臨時特例に関する法律施行規則（令和2年財務省令第44号）

新消法……平28改所法等及び所得税法等の一部を改正する法律（平成30年法律第
　　　　７号）による改正後の消費税法
新消令……平30改消令等による改正後の消費税法施行令
新消規……消費税法施行規則等の一部を改正する省令（平成30年財務省令第18号）
　　　　による改正後の消費税法施行規則
※　新消法、新消令、新消規は、令和５年10月１日からの適格請求書等保存方式
　が規定された条文です。

（引用例）
消法33①二…………消費税法第33条第１項第２号
消基通１－１－１…消費税法基本通達第１章第１節の１－１－１

　（注）本書の内容は、令和２年11月１日現在の法令通達によっています。

用語の定義

本書において消費税法第2条第1項《定義》に規定されている用語の意義は、同項に定義するところによります。

用語	定義
課税取引・課税売上げ・課税業務	法別表第1に規定する非課税取引以外の取引に係る取引・売上げ・業務
不課税取引	国内における資産の譲渡等に該当しない取引（国外取引及び寄附金・会費の授受等で対価性のない取引）
課税事業者	法第5条第1項の消費税納税義務者
免税事業者	消費税納税義務を免除された事業者
消費税額等	消費税及び地方消費税の額を総称する用語
税抜処理	取引金額のうち、消費税額等を区分して仮受消費税又は仮払消費税額等などの仮勘定として経理する方法
税込処理	取引金額のうち、消費税額等を区分せずその総額を売上高・仕入高・経費又は取得価額として経理する方法
売上げに係る消費税額	課税標準額に係る消費税額から売上げに係る対価の返還に係る消費税額を控除した金額
課税仕入等の税額	課税仕入れ及び課税貨物の引取りにつき、課税される消費税額
控除対象仕入税額	課税仕入等の税額のうち、税額控除の対象とされる税額
控除対象外消費税額	課税仕入等の税額のうち、税額控除の対象とされない税額
一般課税方式	簡易課税方式によらない消費税の計算方法
簡易課税方式	売上げに係る消費税額にみなし仕入率を乗じて得た金額を控除対象仕入税額とする方法
一括比例配分方式	一般課税方式において、課税売上割合により、一括して控除対象仕入税額を計算する方法
個別対応方式	一般課税方式において、一括比例配分方式以外の方法により、控除対象仕入税額を計算する方法
比例配分方式	一括比例配分方式による課税売上割合により控除対象仕入税額を求める方法、及び、個別対応方式における課税売上げと非課税売上げに共通する課税仕入れを課税売上割合（又はこれに準ずる割合）により区分する方法

序章 消費税の仕組み等

Q1 消費税の仕組み

消費税の仕組みについて説明してください。

A 消費税は税金の負担者と納税者が異なることから、間接税に分類されています。

この序章は、消費税の仕組みについて概括し、詳細な説明は各章に譲ったうえで、実際に疑問に感じる論点や疑問点との関係を参照して示す役割とします。

概　要

消費税を最も簡単に説明すると、資産の譲渡、貸付け、役務の提供（「資産の譲渡等」といいます。）に対して課税された顧客から預かった消費税から、資産の譲渡等を受けた際に仕入先等に支払った消費税を差し引いて差額を国に納める税金ということができます。本書では、消費税には、地方消費税を含んでいるという前提で解説しています。

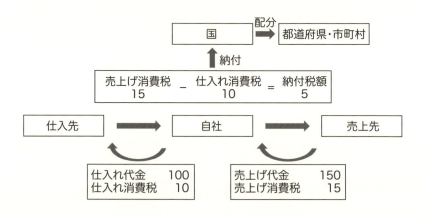

〈資産の譲渡等（資産の譲渡、貸付け、役務提供）〉

消費税の課税対象とされる資産の譲渡等とは、事業として対価を得て行われる、①資産の譲渡、②資産の貸付け、③役務の提供、とされる取引です（消法2①八）。また、特定仕入れにも消費税が課税されます。

(1) **資産の譲渡**

事業として対価を得て行われる資産の譲渡とは、金銭以外の有形資産や無形資産の有償での譲渡をいいます。代物弁済による資産の譲渡、負担付き贈与による資産の譲渡、金銭以外の資産の出資、貸付金その他の金銭債権の譲受けその他の承継（包括承継を除きます。）を含みます。

(2) **資産の貸付け**

事業として行われる資産の貸付けには、有形資産、無形資産の貸付けや権利の設定、他の者に資産を使用させる一切の行為を含みます。

(3) **役務の提供**

事業として行われる役務の提供とは、いわゆるサービスの提供をいいます。

(4) **特定仕入れ**

事業者向け「電気通信利用役務の提供」及び「特定役務の提供」を受けた場合の特定仕入れについては課税売上げとなりますので留意してください（ 適切な取扱い の6及び7参照）。

適切な取扱い

1．課税取引と非課税取引、免税取引、不課税取引（第1章参照）

(1) 資産の譲渡等のうち、非課税取引、免税取引以外の取引が課税取引とされます。
(2) 資産の譲渡等のうち、非課税取引として消費税法別表第1（第6条関係）に挙がっている資産の譲渡等については消費税が課されません。代表的なものは、所定の土地、有価証券、商品券の譲渡等、

医療や介護、教育、住宅の貸付等です。
(3) 外国への輸出については免税取引として消費税は免除するものとされています。
(4) 資産の譲渡等に該当しない取引、国外における取引は不課税取引とされます。

2．納税義務者（第2章参照）

個人事業者と法人は国内での課税資産の譲渡等について消費税を納める義務があります。ただし、一定の条件を満たす場合に納税義務が免除される免税事業者が定められています（消法5、9）。

3．課税標準、消費税率（第3章参照）

課税資産の譲渡等に係る消費税及び地方消費税の課税標準は、課税資産の譲渡等（対価として収受し、又は収受すべき一切の金銭又は金銭以外の物若しくは権利その他経済的な利益の額）及び特定仕入れとされています。

税率は消費税率が7.8％、地方消費税率が2.2％で、合計10％（標準税率）となります（消法29、地法72の83）。軽減税率は消費税率が6.24％、地方消費税率1.76％で、合計8％です。

4．納付税額の計算

事業者（免税事業者を除きます。）は、課税期間中の課税資産の譲渡等及び特定仕入れに対する消費税額から、当該課税期間中の課税仕入れに係る消費税額、特定課税仕入れに係る消費税額、保税地域から引き取る課税貨物につき課された消費税額の合計額を控除し、その差額を納付し又は還付を受けます。

5．課税売上割合と控除対象仕入税額（第4章参照）

課税期間における課税売上高が5億円を超えるとき、又は課税売上割合が95％未満のときは、控除する課税仕入れに係る消費税額、特定課税仕入れに係る消費税額、保税地域から引き取る課税貨物に課された消費税額の合計額（仕入税額の合計額）から、課税売上割合によっ

て所定の計算を行った金額を控除対象仕入税額として、消費税額の金額から差し引きすることになります（消法30）。

$$課税売上割合＝\frac{課税売上げ＋輸出免税売上げ}{課税売上げ＋輸出免税売上げ＋非課税売上げ}$$

(注1) 課税売上げに含めないもの
リバースチャージ方式が適用される場合、課税特定仕入れは課税標準とされますが（消法4）、課税売上割合を算定する場合、特定仕入れの金額は資産の譲渡等に該当しませんので、課税売上割合の計算において分母、分子のいずれにも算入されません（消法30⑥）。

(注2) 輸出免税売上げに含めるもの
① 国外で自己が使用するためや、国外で自己が販売するために課税資産を国外に輸出したものは、輸出免税取引とみなして、課税売上割合の計算において、資産の譲渡等の金額と課税資産の譲渡等の金額のいずれにも含めて計算を行います（消法31②）。
② 事業者が非課税資産の輸出取引等を行った場合、所定の財務省令による証明がされたときは、課税資産の譲渡等に係る輸出取引等に該当するものとみなして、仕入れに係る消費税額の控除の規定を適用します（消法31①）。非課税物品の国外への譲渡の対価や非課税資産に係る利子や利子相当額が対価の金額となります（消令17③、10①、51）。

課税売上割合を基に控除対象仕入税額を計算する方法には個別対応方式と一括比例配分方式があります。

【個別対応方式】

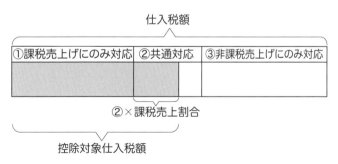

【一括比例配分方式】

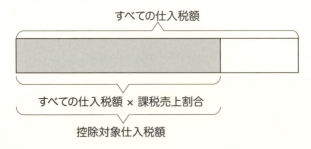

6．国境を越える電気通信利用役務の提供（第6章、第7章参照）
(1) 電気通信利用役務の提供の意義

　電気通信利用役務の提供とは、資産の譲渡等のうち、電気通信回線（インターネット等）を介して行われる著作物の提供その他の電気通信回線を介して行われる役務の提供で、他の資産の譲渡等に付随して行われる役務の提供以外のものをいいます（消法2①八の三）。

(2) 事業者向けに行われる電気通信利用役務の提供の納税義務者

　国外事業者が提供する電気通信利用役務の提供のうち、事業者向けに行われるものについては、リバースチャージ方式として役務提供を受ける国内事業者が納税義務者となります（消法2①八の四）。

(3) 消費者向けに行われる電気通信利用役務の提供の納税義務者

　国外事業者が行う、消費者向けに行われる電気通信利用役務の提供の場合は、国外事業者が納税義務者となります。この取引にはリバースチャージ方式は適用されません。国外事業者が登録国外事業者の場合には、その役務の提供を受けた国内事業者は課税仕入れとして処理できます。

7．特定役務の提供（ Q6-5 参照）
(1) 特定役務の提供の意義

　特定役務の提供とは、映画若しくは演劇の俳優、音楽家その他の芸能人又は職業運動家の役務の提供を主たる内容とする事業として行う

役務の提供のうち、国外事業者が国内の他の事業者に対して行う役務の提供（当該国外事業者が不特定かつ多数の者に対して行う役務の提供を除きます。）とされています。電気通信利用役務以外のものをいいます（消法2①八の五）。

(2) 特定役務の提供の納税義務者

　特定役務の提供を受ける国内事業者は、国外事業者に対して消費税額等を上積みして役務への報酬を支払うのではなく、特定課税仕入れに係る納税義務者として当該消費税額等を国に納めることになります。

8．区分記載請求書等保存方式と適格請求書等保存方式による請求書等の交付、保存及び帳簿（第12章参照）

　複数税率を記録し、証拠立てるため、令和元年10月1日から税率を区分した請求書や領収証の保存と帳簿への記載が求められています。令和5年10月1日からは適格請求書等保存方式が始まります。適格請求書発行事業者の登録は、令和3年10月1日からその申請受付が始まります。

　また、適格請求書等保存方式の導入に伴い免税事業者からの課税仕入れについては経過措置が設けられます。

誤った取扱い

　消費税の仕組みは以上の説明のとおりですが、実務的には、諸手続きが非常に重要です。

　納税義務者の選択や非選択、簡易課税制度の選択や非選択等の届出の時期を十分理解して誤りのないようにしてください（第11章参照）。

　また、消費税に係る取引を記録する帳簿等に不備があると、仕入税額控除を受けられなくなる場合もありますから十分留意してください（第12章参照）。

　消費税の実務では、このような手続き上の誤りにより過大な納税が生じるケースが多く生じていますので、手続面の理解が、仕組みを理解するのと同じくらい重要です。

Q2 新型コロナウイルス感染症に関する特例

新型コロナウイルス感染症に関連する税制上の特例を説明してください。

A 新型コロナウイルス感染症の影響があった場合、特例対象事業者が特定課税期間以後の課税期間（特定課税期間を含む）において、特例承認申請書（別紙様式1）、特例不適用承認申請書（別紙様式2）に確認書類を添付し提出すれば消費税の特例を受けることができます（新型コロナ税特法10）。
簡易課税事業者についても災害等の場合の規定により特例申請（第35号様式）が可能です（消法37の2）。

特例1．通常、課税期間が開始する前に届出書を提出すべきところ、特例対象事業者は課税期間が始まってからでも課税事業者の選択や不適用を受けることができます。

特例2．基準期間のない課税期間に調整対象固定資産を取得した新設法人、特定新規設立法人、並びに高額特定資産を取得した法人、高額特定資産である棚卸資産について調整を行った法人について、一般課税が翌期以降も2年間継続するという規制が特例対象事業者は解除されます。

特例3．簡易課税についても課税期間が始まってからでも選択や不適用を受けることが可能です。

概　要

上記の特例手続きを受けるにあたってのキーワードは以下のとおりです。

「新型コロナウイルス感染症の影響」とは、新型コロナウイルス感

染症及びそのまん延防止措置の影響により令和2年2月1日から令和3年1月31日（調査期間）のうち1か月以上の連続した期間に事業としての売上げの50％以上の減少があった場合をいいます。例えば、事業者又はその親族、従業員等が新型コロナウイルス感染症に感染したことによる影響や、イベント開催又は外出等の自粛要請、入国制限、賃料の支払猶予要請等による影響により収入が著しく減少したケースをいいます。

「特例対象事業者」とは、新型コロナウイルス感染症等の影響により令和2年2月1日から令和3年1月31日までのうち1か月以上の連続した期間に事業としての売上げの50％以上の減少があった事業者をいいます。

「特定課税期間」とは、新型コロナウイルス感染症等の影響により、その売上げの50％以上の減少があった期間内の日を含む課税期間をいいます。

手続きに必要な様式や書類は以下のとおりです。

① 別紙様式1……新型コロナ税特法第10条第1項（第3項）の規定に基づく消費税課税事業者選択（不適用）届出に係る特例承認申請書
② 別紙様式2……新型コロナ税特法第10条第4項から第6項の規定に基づく納税義務の免除の特例不適用承認申請書
③ 確認書類……新型コロナウイルス感染症等の影響により売上げの50％以上の減少があったことを確認できる書類
④ 第35号様式……災害等による消費税簡易課税制度選択（不適用）届出に係る特例承認申請書

別紙様式1

新型コロナ税特法第10条第1項（第3項）の規定に基づく
消費税課税事業者選択（不適用）届出に係る特例承認申請書

＜新型コロナ＞

収受印

令和　年　月　日

申請者	（フリガナ）		
	納税地	（〒　－　）	
		（電話番号　－　－　）	
	（フリガナ）		
	氏名又は名称及び代表者氏名		印
	個人番号又は法人番号	↓個人番号の記載に当たっては、左端を空欄とし、ここから記載してください。	

＿＿＿＿＿税務署長殿

※2通提出

※個人番号又は法人番号は、税務署提出用2通の内1通のみに記載して下さい。

下記のとおり、新型コロナウイルス感染症等の影響に対応するための国税関係法律の臨時特例に関する法律（令和2年法律第25号）第10条第1項又は第3項に規定する特例の承認を受けたいので申請します。

新型コロナウイルス感染症等の影響	□ イベント等の自粛で収入が減少　□ 外出自粛要請で収入が減少 □ 入国制限で収入が減少　□ その他の理由で収入が減少（　　）
届出日の特例の承認を受けようとする届出書の種類	□ 課税事業者選択届出書 □ 課税事業者選択不適用届出書
特例規定の適用を受けようとする課税期間の初日及び末日	自 平成・令和　年　月　日　至 令和　年　月　日
上記課税期間の基準期間	自 平成・令和　年　月　日　左記期間の課税売上高　円 至 平成・令和　年　月　日
事業としての収入の著しい減少があった期間	自 令和　年　月　日　左記期間の事業としての収入金額 ①　円 至 令和　年　月　日
直前1年間における上記期間に対応する期間	自 平成・令和　年　月　日　左記期間の事業としての収入金額 ②　円 至 平成・令和　年　月　日
収入の著しい減少の割合（① / ②）	％
参考事項	
税理士署名押印	印（電話番号　－　－　）

※ 上記の申請について、新型コロナウイルス感染症等の影響に対応するための国税関係法律の臨時特例に関する法律（令和2年法律第25号）第10条の規定により、

□ 上記の届出書が適用を受けようとする課税期間の初日の前日又は末日である　平成・令和　年　月　日

□ 上記の届出書が適用を受けることをやめようとする課税期間の初日の前日である　平成・令和　年　月　日

に提出されたものとすることを承認します。

第　　　号
令和　年　月　日　　　　　　　　　税務署長　印

※税務署処理欄	整理番号		部門番号		みなし届出年月日	年　月　日
	申請年月日	年　月　日	入力処理	年　月　日	台帳整理	年　月　日
	番号確認		身元確認	□ 済 □ 未済	個人番号カード／通知カード・運転免許証 その他（　　）	通信日付印　確認印 年　月　日

注意　1．この申請書は、2通提出してください。
　　　2．事業としての収入の著しい減少があったことを確認できる書類を添付してください。
　　　3．※印欄は、記載しないでください。

別紙様式2

新型コロナ税特法第10条第4項から第6項の規定に基づく納税義務の免除の特例不適用承認申請書

（新型コロナ）

※2通提出
※法人番号は、税務署提出用2通の内1通のみに記載して下さい。

令和　年　月　日	申請者	（フリガナ）納税地	（〒　－　） （電話番号　－　－　）
		（フリガナ）氏名又は名称及び代表者氏名	印
＿＿＿＿＿＿税務署長殿		法人番号	※個人の方は個人番号の記載は不要です。

下記のとおり、新型コロナウイルス感染症等の影響に対応するための国税関係法律の臨時特例に関する法律（令和2年法律第25号）第10条第4項、第5項又は第6項に規定する納税義務の免除の特例の不適用の承認を受けたいので申請します。

新型コロナウイルス感染症等の影響	□ イベント等の自粛で収入が減少　□ 外出自粛要請で収入が減少 □ 入国制限で収入が減少　□ その他の理由で収入が減少（　　　）
適用を受けようとする特例規定の種類	□ 第10条第4項（消法12の2②又は同法12の3③の規定の不適用） □ 第10条第5項（消法12の4①の規定の不適用） □ 第10条第6項（消法12の4②の規定の不適用）
特例規定の適用を受けようとする課税期間の初日及び末日	自　平成／令和　年　月　日　至　令和　年　月　日
上記課税期間の基準期間	自　平成／令和　年　月　日 至　平成／令和　年　月　日	左記期間の課税売上高	円
事業としての収入の著しい減少があった期間	自　令和　年　月　日 至　令和　年　月　日	左記期間の事業としての収入金額 ①	円
直前1年間における上記期間に対応する期間	自　平成／令和　年　月　日 至　平成／令和　年　月　日	左記期間の事業としての収入金額 ②	円
収入の著しい減少の割合（ ① ／ ② ）	％		
参　考　事　項	調整対象固定資産若しくは高額特定資産の仕入れ等の日又は高額特定資産に係る棚卸資産の調整を受けることとなった場合に該当することとなった日　【　平成／令和　年　月　日　】
税理士署名押印	印　（電話番号　－　－　）

※　上記の申請について、新型コロナウイルス感染症等の影響に対応するための国税関係法律の臨時特例に関する法律（令和2年法律第25号）第10条の規定により、
　□　消費税法第12条の2第2項（第12条の3第3項）
　□　消費税法第12条の4第1項
　□　消費税法第12条の4第2項
の規定の適用を受けないことを承認します。

第　　　　号　　　　　　　　　　　　　　　　税務署長　　　　　印
令和　年　月　日

※税務署処理欄	整理番号		部門番号		みなし届出年月日	年　月　日
	申請年月日	年　月　日	入力処理	年　月　日	台帳整理	年　月　日
	通信日付印　年　月　日		確認印			

注意　1．この申請書は、2通提出してください。
　　　2．事業としての収入の著しい減少があったことを確認できる書類を添付してください。
　　　3．※印欄は、記載しないでください。

序章　消費税の仕組み等

11

第35号様式

災害等による消費税簡易課税制度選択
（不適用）届出に係る特例承認申請書

災 害

2通提出

※ 法人番号は、税務署提出用2通の内1通のみに記載してください。

収受印

令和　年　月　日

申請者

（フリガナ）
納税地
（〒　－　　）
（電話番号　－　－　）

（フリガナ）
氏名又は名称及び代表者氏名　　　　　印

＿＿＿＿＿税務署長殿

法人番号
※ 個人の方は個人番号の記載は不要です。

下記のとおり、消費税法第37条の2第1項又は第6項に規定する災害等による届出に係る特例の承認を受けたいので申請します。

届出日の特例の承認を受けようとする届出書の種類	□ ① 消費税簡易課税制度選択届出書 □ ② 消費税簡易課税制度選択不適用届出書
選択被災課税期間又は不適用被災課税期間	自 平成・令和　年　月　日　至 平成・令和　年　月　日 （②の届出の場合は初日のみ記載します。）
上記課税期間の基準期間における課税売上高	円
イ 発生した災害その他やむを得ない理由	イ
ロ 被害の状況	ロ
ハ 被害を受けたことにより特例規定の適用を受けることが必要となった事情	ハ
ニ 災害等の生じた日及び災害等のやんだ日	ニ （生じた日）　　　　　　　（やんだ日） 平成・令和　年　月　日　　平成・令和　年　月　日
事業内容等	（①の届出の場合の営む事業の種類）
参考事項	

税理士署名押印　　　　　印
（電話番号　－　－　）

※ 上記の申請について、消費税法第37条の2第1項又は第6項の規定により、上記の届出書が特例規定の適用を受けようとする（受けることをやめようとする）課税期間の初日の前日（平成・令和　年　月　日）に提出されたものとすることを承認します。

＿＿＿＿＿第＿＿＿＿＿号
令和　年　月　日　　　　　　　　税務署長　　　印

※税務署処理欄	整理番号		部門番号		みなし届出年月日	年　月　日
	申請年月日	年　月　日	入力処理	年　月　日	台帳整理	年　月　日
	通信日付印 年　月　日	確認印				

注意　1. この申請書は、2通提出してください。
　　　2. ※印欄は、記載しないでください。

> 適切な取扱い

1．課税事業者の選択又は取りやめの特例

(1) **免税事業者が新型コロナウイルス感染症の影響により急な設備投資が必要となったため課税事業者を選択する方が有利になる場合**

　この場合、「特例承認申請書（別紙様式1）」を提出して課税事業者となることができます。課税事業者の選択をしたい課税期間開始後に提出した場合でも、課税期間の前日に提出したものとみなされて、その課税事業者を選択したい課税期間から課税事業者となります（新型コロナ税特法10①）。

　この特例承認申請により課税事業者となった事業者については、課税事業者を選択した場合2年間課税事業者を続けなければならないという規制も受けませんので、課税事業者となった翌年から免税事業者に戻ることが可能です（新型コロナ税特法10②）。

　また、特定課税期間の末日の翌日から2か月以内（個人事業者のその年の12月31日を含む課税期間は3か月）に「特例承認申請書（別紙様式1）」と「消費税課税事業者選択届出書」を提出すれば、特定課税期間から課税事業者となります（新型コロナ税特法10⑦一）。

(2) **課税事業者を選択中の事業者が新型コロナウイルス感染症の影響で売上げが激減し課税事業者の選択が不利になる場合**

　この場合は、「特例承認申請書（別紙様式1）」を提出して課税事業者の選択をやめることができます。この特例承認申請書の提出が、課税事業者の選択をやめたい課税期間開始後の提出であっても、課税事業者の選択をやめようとする課税期間の前日に提出したものとみなされますので、その課税期間から免税事業者になります（新型コロナ税特法10③）。

　この承認を得るには、次の提出期限までに、「特例承認申請書（別紙様式1）」と「消費税課税事業者選択不適用届出書」を提出しなければなりません（新型コロナ税特法10⑦二）。

① 課税事業者選択届出書を提出して課税事業者となった課税期間から2年を経過した日（2年経過日）以後に特定課税期間の末日が到来する場合で、その特定課税期間の翌課税期間以後の課税期間から課税事業者の選択をやめるときは、その特定課税期間の確定申告書の提出期限まで
② 上記①以外の場合は、2年経過日の属する課税期間の末日と課税期間をやめようとする課税期間の末日の早い方の日

事例1 免税事業者が特定課税期間において調整対象固定資産を取得し、その課税期間のみ課税事業者を選択する場合

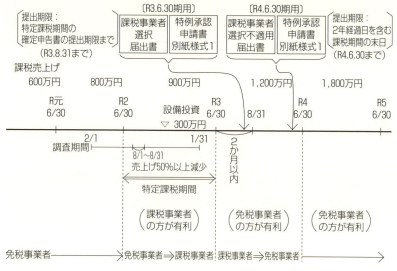

【特例措置】
　免税事業者が調査期間の令和2年8月に売上げが前年比50％以上減少しました。この令和2年8月を含む特定課税期間（R2.7.1－R3.6.30）に新型コロナウイルス感染症対策として急遽、300万円の設備投資（調整対象固定資産）を行いました。新型コロナ税特法の特例制度を使ってR3.6.30期を課税事業者とするため「消費税課税事業者選択届出書」と特例承認申請書を令和3年8月31日（R3.6.30期の申告期限）までに提出して承認を受け、R3.6.30期を課税事業

者として申告しました（新型コロナ税特法10①）。

　また、次のＲ４.６.30期は免税事業者の方が有利なため、「消費税課税事業者選択不適用届出書」と特例承認申請書を令和４年６月30日までに提出して承認を受け、Ｒ４.６.30期を免税事業者として申告します（新型コロナ税特法10②）。

【通常の措置との違い】

　Ｒ３.６.30期を課税事業者とするためには、「消費税課税事業者選択届出書」を令和２年６月30日までに税務署に提出しなければなりません（消法９④）ので、この事例のような場合は課税事業者を選択できませんが、新型コロナ税特法の特例措置で可能となっています。

　また、課税事業者を選択すると、通常は、課税事業者を２年間は継続する必要がありますが（消法９⑥）、新型コロナ税特法による上記の特例措置で２年間継続の規制が解除されています。

２．新設法人や高額特定資産取得者等の納税義務の免除の制限解除の特例

(1) 新設法人等が基準期間のない課税期間に調整対象固定資産を取得した場合

　設立時から課税事業者となる新設法人で設立後２年以内に調整対象固定資産を取得した場合にはその取得をした課税期間の初日から３年間は免税事業者となれませんが、新型コロナウイルス感染症の影響により令和２年２月１日から令和３年１月31日のうち１か月分の売上げが50％以上減少した場合は、「特例不適用承認申請書（別紙様式２）」を税務署長に提出して承認を受けたときは、当該特定課税期間以後の課税期間については、免税事業者となることができます（新型コロナ税特法10④）。

　特定課税期間の確定申告書の提出期限と、基準期間がない事業年度のうち最後の事業年度の終了の日のいずれか遅い日までに「特例不適用承認申請書（別紙様式２）」を提出しなければなりません（新型コロナ税特法10⑦三）。

事例2 新設法人が基準期間のない第2期に調整対象固定資産を取得し、翌年から免税事業者として申告する場合

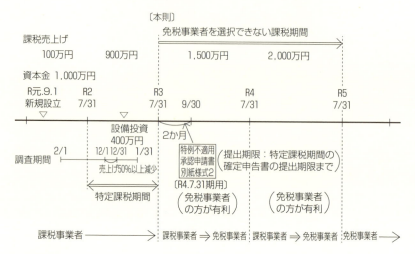

【特例措置】

　新設法人（資本金1,000万円で課税事業者）の事例で、調査期間の令和2年12月に売上げが前年比50％以上減少しました。この令和2年12月を含む特定課税期間（R2.8.1－R3.7.31）のR3.7.31期に新型コロナウイルス感染症対策として急遽、400万円の設備投資（調整対象固定資産）を行いました。次のR4.7.31期を免税事業者とするため、特例不適用承認申請書を令和3年9月30日までに提出して承認を受け、R4.7.31期を免税事業者として申告します（新型コロナ税特法10④、10⑦三）。

【通常の措置との違い】

　新設法人は基準期間がない課税期間に調整対象固定資産を取得した場合、通常は取得した課税期間の後2年間は免税事業者や簡易課税事業者になれませんが（消法12の2②）、新型コロナ税特法の特例措置で可能となっています。

(2) **高額特定資産を取得した場合**

　事業者が、高額特定資産の仕入れ等を行った場合、その仕入れ等の日の属する課税期間の初日以後3年間は免税事業者になれませんが、特例対象事業者が、新型コロナウイルス感染症の影響により免税事業

者の方が有利となる場合、特定課税期間の初日以後2年を経過する日の属する課税期間までに、「特例不適用承認申請書（別紙様式2）」を税務署長に提出して承認を受けたときは、特定課税期間以後の課税期間については免税事業者となることができます（新型コロナ税特法10⑤）。

　特定課税期間の確定申告書の提出期限と、高額特定資産の仕入れ等の日の属する課税期間の末日のいずれか遅い日までに「特例不適用承認申請書（別紙様式2）」を提出する必要があります（新型コロナ税特法10⑦四）。

事例3　課税事業者が特定課税期間の翌年において高額特定資産を取得し、その課税期間の翌期から免税事業者を選ぶ場合

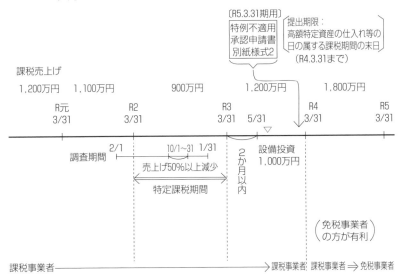

【特例措置】
　課税事業者が調査期間の令和2年10月に売上げが前年比50％以上減少しました。この令和2年10月を含む特定課税期間（R2.4.1－R3.3.31）の次のR4.3.31期に新型コロナウイルス感染症対策として急遽、1,000万円の設備投資（高額特定資産）を行います。

次のR5.3.31期は免税事業者の方が有利なため、特例不適用承認申請書（別紙様式2）を令和4年3月31日までに提出して承認を受け、R5.3.31期を免税事業者として申告します（新型コロナ税特法10②、10⑦二ロ）。
【通常の措置との違い】
　課税事業者が高額特定資産を取得しますと、通常、翌期から2年間は免税事業者を選べませんが（消法12の4①）、新型コロナ税特法の特例措置で2年間継続の規制が解除されています。

(3)　**高額特定資産等に係る棚卸資産の調整を受けることとなった場合**
　高額特定資産である棚卸資産、課税貨物、調整対象自己建設高額資産について、棚卸資産の調整を受けることとなった特例対象事業者が、特定課税期間の初日以後2年を経過する日の属する課税期間までに、新型コロナウイルス感染症の影響により、特定課税期間以後の課税期間につき課税事業者をやめる方が有利となる場合において、「特例不適用承認申請書（別紙様式2）」を税務署長に提出して承認を受けたときは、当該特定課税期間以後の課税期間については免税事業者となることができます（新型コロナ税特法10⑥）。
　特定課税期間の確定申告書の提出期限と、高額特定資産等に係る棚卸資産の調整を受けることになった課税期間の末日のいずれか遅い日までに「特例不適用承認申請書（別紙様式2）」を提出しなければなりません（新型コロナ税特法10⑦五）。

3．確認書類
　特例（不適用）承認申請には、収入の著しい減少のあった調査期間（令和2年2月1日から令和3年1月31日）に新型コロナウイルス感染症等の影響により事業としての売上げが50％以上の減少があったことを確認できる書類を提出する必要があります（新型コロナ税特法10⑦、新型コロナ税特規5）。
　売上げの著しく減少した期間と前年の同時期の損益計算書、月次試算表、売上帳、現金出納帳、預金通帳の写し等を特例（不適用）承認

申請書に添付してください。

4．簡易課税事業者の選択（選択の取りやめ）の特例

　新型コロナウイルス感染症の影響を受けた事業者が、新型コロナウイルス感染症による影響の生じた日の属する選択被災課税期間（その基準期間の課税売上高が5,000万円を超える課税期間及び分割等に係る課税期間を除く）（又は不適用被災課税期間）につき簡易課税制度の適用を受けたい（又は適用をやめたい）場合は、「特例承認申請書（第35号様式）」を税務署長に提出して承認を受けたときは選択被災課税期間から簡易課税事業者となる（又はやめる）ことができます。簡易課税事業者の特例については売上げの50％以上の減少という条件は付されていません。この場合においては、簡易課税を選択した場合の2年継続適用の規定は適用されません（消法37の2①⑥）。

　この特例承認を受けようとする事業者は、適用を受けることが必要となった事情その他所定の事項を記載した申請書を、新型コロナウイルス感染症等の影響のあった日以降、やんだ日から2月以内（当該災害その他やむを得ない理由のやんだ日がその申請に係る選択被災課税期間の末日の翌日以後に到来する場合には、当該選択被災課税期間に係る確定申告書の提出期限まで）に、税務署長に提出しなければなりません（消法37の2②⑦）。

誤った取扱い

　新型コロナウイルス感染症の影響により売上げが50％以上減少した事業者は、通常の消費税の手続きによってのみ課税事業者や簡易課税事業者の選択や不適用などを判断するのは誤りです。特例が設けられていますので確認して判断してください。

まとめ

　新型コロナウイルス感染症の影響により売上げが50％以上減少した事業者は、課税事業者選択と選択不適用の判断を課税期間が始まってからでもできますので、早めに確認して必要な設備投資や事業撤退を決めて消費税で不利にならないように判断してください。新設法人等が調整対象固定資産を取得した場合や高額特定資産を取得した場合に、その取得後３年間は免税事業者になれないという規制も解除されています。簡易課税についても同様、課税期間が始まってからでも選択できますので、確認して必要な手続きをしてください。

第1章 課税取引と非課税取引、不課税取引、輸出免税取引

Q1-1 課税取引、免税取引、非課税取引、不課税取引の区別と意義

私は個人で物品販売業を営んでいます。この度、立地条件のよい都心部へ移転するため、店舗と自宅の売却を考えています。この場合、消費税の取扱いはどのようになるのでしょうか。

A 自宅の売却は課税対象となりませんが、店舗の売却は課税対象になります。

　課税対象となる取引は、事業者が事業として行う取引です。
　このため、店舗の売却は事業として行う取引にあたり、課税対象になりますが、自宅の売却は消費者の立場で行う取引のため、課税対象となりません。

概　要

　消費税の課税対象は、国内において事業者が事業として対価を得て行う資産の譲渡等、特定仕入れと輸入取引になり、これに該当しない取引は不課税取引になります。また、資産の譲渡等に該当する取引でも、課税になじまないことや社会政策的配慮から消費税を課税しない取引があり、これを非課税取引といいます。

適切な取扱い

1．課税対象となる取引

(1) 国内取引の場合

　課税対象となる取引は、「事業者が事業として」「対価を得て行う」「資産の譲渡等」及び「特定仕入れ」になります（法4①）。
　「事業者が事業として」行う取引とは、法人が行う取引全てと個人

事業者が事業者の立場で行う取引になります(消基通5－1－1)。「対価を得て行う」とは、資産の譲渡等に対して反対給付を受けることをいい、無償の取引（みなし譲渡に該当するもの（消法4⑤）は除きます。）は課税対象にはなりません(消基通5－1－2)。「資産の譲渡等」は、事業として対価を得て行われる資産の譲渡及び貸付け並びに役務の提供をいいます（消法2①八）。「特定仕入れ」とは、事業として他の者から受けた「特定資産の譲渡等」をいいます（ Q1-5 参照）。

なお、国内取引の判定は、原則、資産の譲渡又は貸付けの場合は、行われる時においてその資産の所在していた場所で、役務の提供の場合は、その役務の提供が行われた場所で行います（消法4③一、二）。

(2) **輸入取引の場合**

保税地域から引き取られる外国貨物が課税対象になります（消法5②）。また、国内取引の場合のように、「事業として対価を得て行われる」ものには限られないため、保税地域から引き取られる外国貨物に係る対価が無償の場合、又は保税地域からの外国貨物の引取りが事業として行われるものではない場合においても課税の対象となります（消基通5－6－2、 Q6-6 参照）。

(3) **輸出取引の場合**

輸出取引は、国内で行う資産の譲渡等とされていますが、消費税を国外の人に負担させないという趣旨で一定の要件のもと免税とされています（消法7、8、 Q1-6 参照）。

(4) **特定仕入れ**

「事業者向け電気通信利用役務の提供及び特定役務の提供」（消法2①八の二）については、特定仕入れとしてリバースチャージ方式の課税制度が適用される場合がありますので、当該課税仕入れの金額が課税標準と課税仕入れの額の両方に計上されます。詳しくは Q1-5 、 Q6-5 を参照してください。

2．非課税取引
(1) 国内取引の場合

上記1に該当するものの、消費税の消費一般に広く公平に負担を求める税の性格からみて、課税対象になじまないものや社会政策的な配慮から課税することが適当でない次の取引が非課税取引となります（消法6①、別表1）。

① 課税対象になじまないもの
  イ　土地（土地の上に存する権利を含む。）の譲渡及び貸付け（一時的に使用させる場合等を除く。）
  ロ　有価証券等の譲渡、支払手段の譲渡
  ハ　利子を対価とする貸付金等
  ニ　郵便切手類、印紙及び証紙の譲渡、物品切手等の譲渡
  ホ　国、地方公共団体等が、法令に基づき徴収する手数料等に係る役務の提供
  ヘ　外国為替業務に係る役務の提供
② 社会政策的な配慮に基づくもの
  イ　社会保険医療の給付等
  ロ　介護保険サービス、社会福祉事業等によるサービスの提供
  ハ　助産、火葬料や埋葬料
  ニ　一定の身体障害者用物品の譲渡や貸付け
  ホ　学校教育、教科用図書の譲渡
  ヘ　住宅の貸付け（1か月未満除く。）

(2) 輸入取引の場合

国内における非課税取引とのバランスを図るため、保税地域から引き取られる外国貨物のうち、有価証券等、郵便切手類、印紙、証紙、物品切手等、身体障害者用物品、教科用図書については非課税とされています（消法6②、別表2）。

3．不課税取引

　上記1に該当しない取引が不課税取引になります。具体的には、給与・賃金、寄附金・祝金・見舞金・補助金等、保険金や共済金、株式の配当金やその他の出資分配金、資産について廃棄、盗難や滅失があった場合、心身又は資産について加えられた損害の発生に伴い受ける損害賠償金などが該当します。また、国外で行われる取引も不課税取引となります。

> **誤った取扱い**

　個人事業者が自分の販売する商品等を家庭で使用又は消費した場合や法人が自社の商品等をその役員に対して贈与した場合において、無償で行われた資産の譲渡として課税対象外とするのは誤りです。これらの取引は、事業として対価を得て行われた資産の譲渡とみなされ、課税対象に含まれます（消法4⑤）。

ま と め

　課税取引、免税取引、非課税取引、不課税取引を図に示すと次のとおりになります。

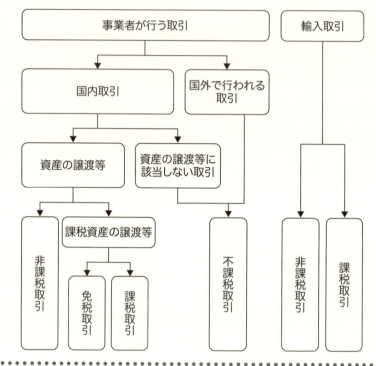

Q1-2 課税取引と間違いやすい会費、組合費、賦課金等

当社は、同業者団体に入会することになり、通常の業務運営のために経常的に要する費用として、入会金1万円及び年会費5万円を支払いました。

この入会金及び年会費について、消費税の取扱いはどうなるのでしょうか。なお、既に支払った入会金及び年会費は返還されません。

入会金、年会費とも課税対象にはなりません。

同業者団体等がその団体としての通常の業務運営のために経常的に要する費用をその構成員に分担させ、その団体の存立を図るというようないわゆる通常会費については、一般的には対価関係がありませんので、課税対象にはなりません。このため、ご質問の入会金、年会費は課税対象にはならず不課税取引となります。

概　要

同業者団体や組合等に支払う会費や組合費等が課税仕入れになるかどうかは、その団体から受ける役務の提供等と支払う会費等との間に明らかな対価関係があるかどうかによって判定します。

適切な取扱い

1. 会費、組合費等及び返還しない入会金等の取扱い

同業者団体や組合への入会金、年会費等その団体の業務運営に必要な通常会費は、一般的には、会費とその団体から受ける役務の提供との間に明らかな対価関係がなく、対価性のない取引として、課税対象

にはなりません(消基通5-5-3)。

　ただし、名目が会費等とされている場合であっても、それが実質的に出版物の購読料、映画・演劇等の入場料、職員研修の受講料又は施設の利用料等と認められるときは、その会費等は、資産の譲渡等の対価に該当します(消基通5-5-3(注)2)。

　なお、通常会費であっても対価性があるかどうかの判定が困難な場合においては、同業者団体とその構成員の双方が、その会費などを課税対象とならないものとして継続して処理している場合はその処理が認められます。ただし、この場合には、その構成員は同業者団体からその旨の通知を受ける必要があります(消基通5-5-3(注)3)。

2．会費、組合費等及び返還しない入会金等の取扱い事例

　会費、組合費及び返還しない入会金、公共施設の負担金等の取扱いをまとめると次のようになります。

　なお、返還される入会金は、預け金であり、資産の譲渡等の対価とはいえず、不課税取引になります。

	役務の提供等との間に明白な対価関係	内容等
課税対象	有	出版物の購読料、映画・演劇等の入場料(消基通5-5-3(注)2)
		職員研修の受講料又は施設の利用料(消基通5-5-3(注)2)
		ゴルフクラブ、宿泊施設、体育施設、遊戯施設その他のレジャー施設を利用するための会員となる入会金(消基通5-5-5、11-2-7)
		一定の割引率で商品等を販売するなど会員に対する役務の提供を目的とする入会金(消基通5-5-5、11-2-7)
		専用側線利用権、電気ガス供給施設利用権、水道施設利用権、電気通信施設利用権等の権利の設定に係る対価と認められる場合等の負担金(消基通5-5-6、11-2-8)

課税対象外	無	通常会費 (消基通5-5-3(注)1、5-5-4、11-2-6)
	判定が困難	同業者団体、支払事業者双方が課税対象とならないものとして継続して処理しており、同業者団体が支払事業者にその旨を通知している場合には課税対象外（消基通5-5-3、5-5-4）

誤った取扱い

同業者団体等へ支払う会費であっても、セミナーや講座等の参加費に相当するような特別会費は、講義や講演の役務の提供等の対価であり、課税対象になります。

まとめ

同業者団体や組合等に支払う会費や組合費については、その団体から受ける役務の提供等と支払う会費等との間の対価関係の有無が重要になってきます。

対価関係の有無については、取引の内容に応じて判断すべきと思われますが、その判定が困難な場合には、領収書、請求書等で「消費税課税対象外」等の文言がないか確認する必要があります。また、同業者団体等から通知がない場合には直接団体側に確認するのも一つの方法かと思われます。

Q1-3 債権譲渡の取引区分とクレジット手数料

当社は、A社に事務用機10台を20万円で販売し、A社は、当社が加盟している信販会社のクレジットカードで支払いました。その翌月に、信販会社から当社に売上代金の5%を手数料として差し引いた19万円が振り込まれました。

この場合、信販会社に対する債権譲渡及び支払手数料について、消費税の取扱いはどうなるのでしょうか。

A 債権譲渡、支払手数料とも非課税取引になります。

図に表すと次のとおりになります。

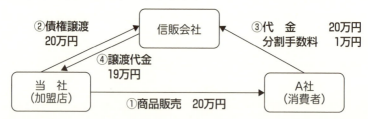

信販会社に対する当社債権20万円の譲渡（上記②）は、金銭債権の譲渡のため非課税取引になります。同様に、信販会社から当社への譲渡代金19万円（上記④）も金銭債権の譲渡のため、非課税取引になります。

このため、当社が譲り渡す債権の額（上記②）と当社への譲渡代金（上記④）の差額は、非課税とされる取引の差額であり、会計処理として支払手数料などと処理していても、非課税取引（早期回収に係る利息相当額）とされ、課税仕入れにはなりません。

また、A社が信販会社に対してリボルビング払いや分割払いをしたときに支払う手数料（上記③）は利子に相当しますので、非課税取引

となり課税仕入れとはなりません。

> **概　要**

　有価証券及び有価証券に類するものの譲渡や利子を対価とする金銭の貸付け等の金融取引等は、消費税の性格から課税することになじまないものとして非課税取引とされており、売上債権の譲渡やクレジットでの支払いはこれらに含まれます。

> **適切な取扱い**

1．加盟店と信販会社との取引

　加盟店は信販会社に対して売掛債権を譲渡します。国内において行われる資産の譲渡等のうち、有価証券等の譲渡には消費税は課されません（消法6①、別表1二）。

　そして、この有価証券等には貸付金、預金、売掛金、その他の金銭債権が含まれます（消令9①四）。このため、加盟店の信販会社に対する売掛債権の譲渡は、金銭債権の譲渡として非課税取引となります。

　また、信販会社が加盟店から譲り受ける債権の額と加盟店への支払額との差額も、非課税とされる取引の差額のため、非課税取引（早期回収に係る利息相当額）とされ、課税仕入れにはなりません。

2．消費者と信販会社との取引

　リボルビング払いや分割払いなどの場合に消費者は信販会社に対して手数料を支払います。これは、包括信用購入あっせん又は個別信用購入あっせんに係る手数料又は賦払金のうち、利子に相当するものであり、契約においてその額が明示されている場合には、非課税取引となります（消令10③九、十）。

　なお、信用購入あっせんとは、消費者が販売会社から商品・サービスを購入する際に、クレジット会社が代金を立替え払いし、後日、消費者が代金に相当する額をクレジット会社に支払う販売形態のことを

いい、クレジットカードの限度額内で自由に商品を購入できる包括信用購入あっせんと商品を購入するごとに与信契約を結ぶ個別信用購入あっせんとがあります。

誤った取扱い

　一般的に、支払手数料勘定には、消費者が信販会社に対して支払う手数料以外に銀行に対して支払う振込手数料などが含まれています。
　ここで、消費者が信販会社に対して支払う手数料は前述のとおり非課税ですが、銀行に対して支払う振込手数料は課税になります。これは、信販会社に対して支払う手数料は利子に相当しますが、銀行に対して支払う振込手数料は、振込という役務提供に対して支払われる対価に相当するためです。
　このため、仕訳を入力する際には、同じ支払手数料でも内容を確認し、課税、非課税に区別する必要があります。

まとめ

　クレジット手数料は、会計上、支払手数料で処理されることが多いですが、加盟店が信販会社へ支払うもの、消費者が信販会社へ支払うものともに非課税になります。
　このため、消費税の申告に備えて、予め銀行への振込手数料などの他の支払手数料とは区別して管理しておく必要があります。

Q1-4 材料費の無償支給契約と有償支給契約の取扱い

A社は、電気機器の製造業を営んでいます。当期から次の内容で協力会社であるB社に原材料を支給し、加工を委託することを検討しています。
- 原材料200個支給　1個あたり2,000円
- B社に支払う外注加工賃　1個あたり1,000円
- 上記金額は税抜きであり、消費税は10%

原材料について有償支給の場合と無償支給の場合で消費税の取扱いに違いはあるのでしょうか。

なお、A社はB社における原材料の利用等について全く関与しないものとします。

A 有償支給の場合は課税対象ですが、無償支給の場合は課税対象にはなりません。

　原材料支給時において、有償支給の場合は課税対象、無償支給の場合は課税対象外になります。また、B社からの受入時においては、有償支給の場合は製品の譲渡対価が課税対象になり、無償支給の場合は加工等に係る役務提供の対価が課税対象になります。

　これらの会計処理を図に示すと次のとおりになります。

〈有償支給〉

①**材料支給**（2,000円×200個＝400,000円）
　売上高　400,000円、　仮受消費税等　40,000円

②**製品受入**（3,000円×200個＝600,000円）
　外注費等　600,000円、　仮払消費税等　60,000円

〈無償支給〉

なお、A社がB社における原材料の利用等について自己の資産として管理している場合は、有償支給であっても課税対象外になります。

> 概　要

　原材料の有償支給の場合は対価を得て行われる資産の譲渡等に該当し、消費税の課税対象になります。一方、原材料の無償支給の場合は対価を得て行われる資産の譲渡等に該当せず、消費税の課税対象外になります。ただし、有償支給の場合でも課税対象外となる場合があります（ 適切な取扱い の2参照）。

> 適切な取扱い

1．原則的な有償支給契約の取扱い

　有償支給については、「事業者が外注先等に対して外注加工に係る原材料等を支給する場合において、その支給に係る対価を収受しているときは、その原材料等の支給は、対価を得て行う資産の譲渡に該当する」（消基通5－2－16前段）とされています。このため、メーカーが原材料等を下請業者に有償支給した場合においては、メーカーでは課税売上げになり、下請業者では課税仕入れになります。また、その後、下請業者がメーカーに加工等を行った製品等を譲渡した場合においても、加工等を行った製品の譲渡の対価の額が課税売上げとなります（消基通1－4－3⑴）。

2．例外的な有償支給契約の取扱い

　一方、有償支給であっても、「事業者がその支給に係る原材料等を

自己の資産として管理しているときは、その原材料等の支給は、資産の譲渡に該当しない」（消基通5－2－16後段）とされており、「支給を受ける外注先等では当該原材料等の有償支給は課税仕入れに該当せず、また、当該支給をした事業者から収受すべき金銭等のうち原材料等の有償支給に係る金額を除いた金額が資産の譲渡等の対価に該当する」（消基通5－2－16（注））とされています。このため、契約上は有償支給であっても、支給元の企業が支給先での材料受入量や消費量、未使用在庫量等を管理している場合や、未使用在庫について引取り責任があり、材料の受払いや残高の管理を行っている場合は、有償支給は形式的なものであり、実態は無償支給といえ、この材料の支給は資産の譲渡には該当しません。

3．無償支給契約の取扱い

消費税法上、課税売上げの要件として対価を得て行う取引であることが求められているため、無償取引は原則として課税対象にはなりません。このため、メーカーが原材料等を下請業者に無償支給した場合においては、メーカーでは課税売上げにならず、下請業者でも課税仕入れになりません。また、その後、下請業者がメーカーに加工等を行った製品等を譲渡した場合においても、加工等に係る役務の提供の対価の額だけが課税売上げとなります（消基通1－4－3(2)）。

これらの取扱いを図に示すと次のとおりになります。

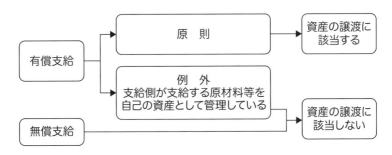

誤った取扱い

　有償支給の例外的な取扱いに該当するかは契約内容や取引の実態を勘案して判断することになります。このため、契約上は有償支給であっても実態を考慮して資産の譲渡には該当しない場合もあります。

まとめ

　有償支給の場合には、実態についての事実認定が重要なポイントとなります。

　また、無償支給の場合には、簡易課税や免税事業者の判定において課税売上高が少なくなります。

Q1-5 課税売上げとされる特定仕入れと電気通信利用役務の提供

「電気通信利用役務の提供」のうち、特定仕入れとなる「事業者向け電気通信利用役務の提供」の範囲について、どのように判定するのでしょうか。

A 「役務の性質」や「取引条件等」で判定します。

国外事業者が行う電気通信利用役務の提供のうち、「役務の性質」又はその役務の提供に係る「取引条件等」からその役務の提供を受ける者が通常事業者に限られるものが、「事業者向け電気通信利用役務の提供」に該当します（消法2①八の四）。このため、事業者向け電気通信利用役務の提供に当たるかはその役務の性質や取引条件等から判定します。なお、「電気通信利用役務の提供」のうち、「事業者向け電気通信利用役務の提供」に該当しないものは、「消費者向け電気通信利用役務の提供」として区分します（ Q7-1 参照）。

概　要

事業者向け電気通信利用役務の提供は、当該役務の提供を受けた国内事業者が、特定仕入れを課税売上げに加えて、申告・納税を行うことになります。一方、消費者向け電気通信利用役務の提供は、その役務の提供を行う国外事業者が申告・納税を行うことになります。

適切な取扱い

1．特定仕入れ

消費税の課税対象となる特定仕入れとは、事業として他の者から受

けた特定資産の譲渡等をいいます（消法4①）。ここで、特定資産の譲渡等とは、事業者向け電気通信利用役務の提供及び特定役務の提供をいいます。（消法2①八の二）。

2．事業者向け電気通信利用役務の提供
(1) 電気通信利用役務の提供

電気通信利用役務の提供とは、資産の譲渡等のうち、電気通信回線を介して行われる著作物の提供（利用の許諾を含みます。）、その他の電気通信回線を介して行われる役務の提供（電話、電信その他の通信設備を用いて他人の通信を媒介する役務の提供を除きます。）をいいます。ただし、他の資産の譲渡等の結果の通知その他の他の資産の譲渡等に付随して行われる役務の提供は含まれません（消法2①八の三、消基通5－8－3）。また、電気通信利用役務の提供が国内取引であるかの判定基準については、役務の提供を受ける者の住所等が国内であれば、国内取引になります（消法4③三）。

電気通信利用役務の提供の例は次のとおりになります（消基通5－8－3）。

電気通信利用役務に該当する取引の具体例
インターネットを介した電子書籍の配信
インターネットを介して音楽・映像を視聴させる役務の提供
インターネットを介してソフトウェアを利用させる役務の提供
インターネットのウェブサイト上に他の事業者等の商品販売の場所を提供する役務の提供
インターネットのウェブサイト上に広告を掲載する役務の提供
電話、電子メールによる継続的なコンサルティング

なお、電話、ファックス、電報、データ伝送、インターネット回線の利用など、他者間の情報伝達を単に媒介するもの（いわゆる通信）、ソフトウェアの制作等は、電気通信利用役務の提供に該当しません。

(2) 事業者向け電気通信利用役務の提供

Aに記載のとおり、事業者向け電気通信利用役務の提供については、

その「役務の性質」又は「取引条件等」から判定します（消法2①八の四）。ここで、役務の性質から該当するものとしては、インターネットを介した広告の配信やインターネット上でゲームやソフトウェアの販売場所を提供するサービス等があります。また、取引条件等から該当するものとしては、クラウドサービス等の電気通信利用役務の提供のうち、取引当事者間において提供する役務の内容を個別に交渉し、取引当事者間固有の契約を結ぶもので、契約において役務の提供を受ける事業者が事業として利用することが明らかなもの等があります（消基通5－8－4）。

事業者向け電気通信利用役務の提供については、当該役務の提供を受けた国内事業者に申告納税義務が課されることになります（ Q7-1 参照）。

なお、電気通信利用役務の提供のうち、事業者向け電気通信利用役務の提供以外のものは、消費者向け電気通信利用役務の提供となり、その役務の提供を行う国外事業者が申告・納税を行うことになります。

3. 特定役務の提供

特定役務の提供とは、資産の譲渡等のうち、国外事業者が行う演劇その他の役務の提供（電気通信利用役務の提供に該当するものを除きます。）をいいます（消法2①八の五、 Q6-5 参照）。

> **誤った取扱い**
>
> インターネットのウェブサイトから申込みを受け付けるようなクラウドサービス等において、「事業者向け」であることをそのウェブサイトに掲載していたとしても、消費者をはじめとする事業者以外の者からの申込みが行われた場合に、その申込みを事実上制限できないものは、取引条件等から「当該役務の提供を受ける者が通常事業者に限られるもの」には該当しないため、事業者向け電気通信利用役務の提供にはなりません。

まとめ

　国外事業者から電気通信利用役務の提供を受けた場合に、それが、事業者向け（特定仕入れ）か消費者向けかで納税義務者が異なります。このため、電気通信利用役務の提供にあたるか、また、事業者向け電気通信利用役務の提供にあたるかについて慎重に判断を行う必要があります。

Q1-6 輸出免税取引

A社はB社から購入した商品を外国企業であるC社に輸出販売しています。この場合、A社からC社への売上げ、B社からA社への売上げについて、消費税の取扱いはどうなるのでしょうか。

A A社からC社への売上げは免税取引、B社からA社への売上げは課税取引となります（第6章参照）。

A社からC社への売上げは、国内からの輸出として行われる資産の譲渡（輸出取引）に該当し、免税取引になります。このため、一定の要件のもと、消費税が免除されます。

一方、B社からA社への売上げは、輸出取引でなく、輸出取引を行う事業者に対して行う国内での資産の譲渡等であり、課税取引になります。このため、消費税の課税対象になります。

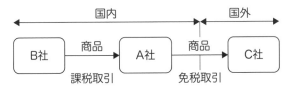

概　要

日本国内で商品等を販売する場合は原則として消費税の課税対象になりますが、外国企業に対して商品等を輸出する場合には、一定の要件のもと、消費税を免除することとしています。

適切な取扱い

1．輸出免税取引とは

消費税法は、国内の最終消費者を想定した内国消費税のため、輸出

及び輸出類似取引については免税としています（消法7①）。このため、輸出及び輸出類似取引は課税取引ですが、免税、すなわち消費税率を0％として取り扱うことになります。

２．輸出免税取引の要件

以下の要件を満たしたものが輸出免税取引になります（消基通7－1－1）。

(1) その資産の譲渡等は、課税事業者によって行われるものであること
(2) その資産の譲渡等は、国内において行われるものであること
(3) その資産の譲渡等は、課税資産の譲渡等に該当するものであること
(4) その資産の譲渡等は、輸出及び輸出類似取引に該当するものであること
(5) (4)につき、証明がなされたものであること

３．輸出免税取引の範囲

輸出免税取引の範囲は、概ね次の取引になります（消基通7－2－1）。

(1) 国内からの輸出として行われる資産の譲渡又は貸付け
(2) 外国貨物の譲渡又は貸付け
(3) 国内と国外との間の旅客や貨物の輸送（国際輸送）
(4) 外航船舶等の譲渡又は貸付け（外航船舶等とは、専ら国内及び国外にわたって又は国外と国外との間で行われる旅客又は貨物の輸送の用に供される船舶又は航空機で、日本国籍の船舶又は航空機も含まれます）
(5) 外航船舶等の修理で船舶運航事業者等の求めに応じて行われるもの
(6) 専ら国内と国外又は国外と国外との間の貨物の輸送の用に供されるコンテナーの譲渡、貸付けで船舶運航事業者等に対するもの

又は当該コンテナーの修理で船舶運航事業者等の求めに応じて行われるもの

(7) 外航船舶等の水先、誘導、その他入出港若しくは離着陸の補助又は入出港、離着陸、停泊若しくは駐機のための施設の提供に係る役務の提供等で船舶運航事業者等に対するもの

(8) 外国貨物の荷役、運送、保管、検数又は鑑定等の役務の提供

(9) 国内と国外との間の通信又は郵便若しくは信書便

(10) 鉱業権、工業所有権、著作権、営業権等の無体財産権の譲渡又は貸付け

(11) 非居住者に対する役務の提供で次に掲げるもの以外のもの

　① 国内に所在する資産に係る運送又は保管

　② 国内における飲食又は宿泊

　③ ①又は②に準ずるもので国内において直接便益を享受するもの

4．免税の適用を受けるための証明

　輸出免税の適用を受けるためには、その取引が輸出取引等である証明が必要です。輸出取引等の区分に応じて輸出許可書などを納税地等に7年間保存する必要があります（消基通7－2－23）。

3の(1)の取引	輸出の許可を受ける貨物	輸出許可証 (税関長が証明した書類)
	郵便物として輸出 (当該資産価額が20万円超)	
	郵便物として輸出 (当該資産価額が20万円以下)	帳簿又は書類
3の(9)の取引		
3のその他の取引		契約書その他の書類

誤った取扱い

1．輸出免税取引について値引き等があった場合に売上対価の返還等

に係る消費税額の控除をすることは誤りになります。売上対価の返還等があった場合でも、輸出取引など消費税が免除される取引に起因して支払われるものは控除対象から除かれます。
2．国内の商社を通じて国外に自社商品を輸出した場合、これは国内での資産等の譲渡に該当しますので、輸出取引として輸出免税売上げとせず、一般の課税売上げとして処理しなければなりません。
3．資産を国外の事業者に譲渡した場合、輸出証明書を入手し保存しておかないと輸出免税取引とはできません。
4．不課税とされる取引を輸出免税取引とするのは誤りです。
　輸出免税取引は、国内で行われたものであることが第一のポイントです。国外で行われた取引は輸出免税取引となりません。
　例えば、国外の子会社で製造した製品を直接、国外の市場に送り国外の会社を通じて販売した場合で、契約上の取引では、一旦国内の本社が国外の子会社から仕入れて、本社から国外の会社に販売しているケースでは、国内で行われた取引には該当しないため不課税取引となりますので、輸出免税取引にはなりません。

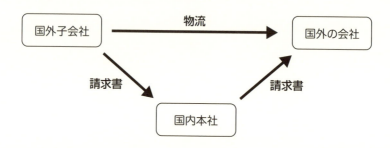

5．国外から、一旦、保税地域に持ち込まれた物品を国外に販売した場合は輸出免税取引となります。

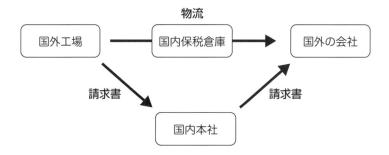

　なお、国外で自己が使用するためや、国外で自己が販売するために課税資産を国外に輸出したものは、輸出免税取引とみなして課税売上割合の計算を行います（消法31②）。

まとめ

　輸出免税取引は消費税が課税されないものの、納税義務の判定や控除対象仕入税額の計算においては課税取引と同じ取扱いになります。このため、免税というよりも消費税率０％が課税される取引といえます。

Q1-7 信託と消費税

受益者等課税信託では、信託財産に係る資産の譲渡等について、誰が、消費税の納税義務者になりますか。

A 受益者が納税義務者になります。

信託とは、委託者が受託者に対して、財産権の移転等をし、受託者が信託目的に従って、受益者のために信託財産の管理、処分等をすることをいいます。

信託の収益が発生した時点で受益者に課税される受益者等課税信託については、信託財産に係る資産取引等は、受益者の資産取引とみなして消費税が適用されます。このため、納税義務者は受益者になります。

概　要

信託財産に係る資産の譲渡等の帰属は、受益者投資信託については受益者に帰属し、集団投資信託、法人課税信託、退職年金等信託、特定公益信託については受託者に帰属します。

> 適切な取扱い

1．受益者等課税信託
(1) 信託財産に係る資産の譲渡等の帰属

受益者等課税信託（受益者に対して発生時課税される信託）については、消費税法上、受益者が信託財産に属する資産を有するものとみなし、かつ、その信託財産に係る資産等取引はその受益者の資産等取引とみなされます。このため、受益者が納税義務者になります。

ただし、法人税法に規定する集団投資信託、法人課税信託、退職年金等信託、特定公益信託については、受託者が信託財産に属する資産を有し、資産等取引を行ったものとし、納税義務者になります（消法14①、消基通4－2－2）。

(2) 受益者の範囲

① 受益者としての権利を現に有するもの（消法14①）

② 信託の変更をする権限（軽微な変更をする権限として政令で定めるものを除く。）を現に有し、かつ、信託財産の給付を受けることとされている者（消法14②）

③ 受益者が2人以上の場合は、信託財産に属する資産の全部をそれぞれの受益者がその有する権利の内容に応じて有するものとし、その信託財産に係る資産等取引の全部をそれぞれの受益者がその有する権利の内容に応じて行ったものとされる（消法14③、消令26④）

④ 受益者が有する受益者としての権利がその信託財産に係る受益者としての権利の一部にとどまる場合であっても、その他の権利を有する者が存しない又は特定されていないときには、その受益者がその信託財産に属する資産の全部を有するものとみなされ、かつ、資産等取引の全部がその者に帰属する（消基通4－3－1）

⑤ 受益者とみなされる者には、信託の変更をする権利を有している委託者が以下の場合であるものが含まれる（消基通4－3－5）

イ　委託者が信託行為の定めにより帰属権利者として指定されている場合
　　ロ　残余財産受益者等の指定に関する定めがない場合又は残余財産受益者等として指定を受けた者の全てが権利を放棄した場合
　なお、信託の受益者には原則として次に掲げる者は含まれません（消基通4－3－4）。
　①　その信託が終了するまでの間における残余財産の帰属権利者
　②　委託者が生存している間において、委託者の死亡の時に受益者となるべき者として指定された者
　③　委託者が生存している間において、委託者の死亡の時以後に信託財産に係る給付を受ける受益者

2．法人課税信託

(1) 受託者に対する消費税法の適用

　法人課税信託（受託者に対して法人税が課税される信託）の受託者は、各法人課税信託の信託資産等及び固有資産等ごとに、それぞれ別の者とみなして、消費税法（第5条、第14条、第20条から第27条まで、第47条、第50条及び第51条並びに第6章を除く）が適用されます（消法15①）。

　この場合、各法人課税信託の信託資産等及び固有資産等は、上記によりみなされた各別の者にそれぞれ帰属するものとされます（消法15②）。

　また、個人事業者が受託事業者（法人課税信託に係る信託資産等が帰属する者）である場合には、その受託事業者は、法人とみなして、消費税法が適用されます（消法15③）。

(2) 法人課税信託の納税義務等

　①　固有事業者

　　固有事業者（法人課税信託に係る固有資産が帰属する者）について、納税義務の判定、簡易課税制度の適用の判定に用いる基準期間

における課税売上高は、次のイ）、ロ）により計算した金額の合計額になります（消法15④）。

　　イ）固有事業者の基準期間における課税売上高
　　ロ）受託事業者の固有事業者の基準期間に対応する期間における課税売上高
② 受託事業者

受託事業者の納税義務の判定については、その課税期間の初日の属する固有事業者の課税期間の基準期間における課税売上高により判定します（消法15⑤、消基通4－4－1）。

ただし、基準期間における課税売上高が1,000万円以下である場合であっても、固有事業者が消費税課税事業者選択届出書を提出して課税事業者となる場合には、受託事業者も課税事業者になります。

また、受託事業者の簡易課税制度の適用の判定は、その課税期間の初日において固有事業者の同制度の適用の有無により行います。このため、固有事業者が同制度の適用を受ける事業者である場合に限り、受託事業者のその課税期間についても適用されます。

誤った取扱い

受益者等課税信託では、信託財産に係る資産取引等は受益者が行ったものとみなして課税されるため、信託財産に係る運用等により課税資産の譲渡等を行っているのが受託者であっても、その信託の受益者が納税義務者になります。

まとめ

　信託については、様々な種類がありますが、まずは、分類をし、取引の帰属（納税義務者）を明らかにする必要があります。

Q1-8 住宅として借りた建物を用途変更した場合の取扱い

私は、住宅として借りたマンションの一室を賃貸人の承諾を得ずに事業用として使用しています。この場合、消費税の取扱いはどのようになるのでしょうか。

A 契約変更を行わない限り、事業用に使用したとしても、当該マンションの貸借料は課税仕入れには該当しません。

概 要

住宅の貸付けは、非課税とされます（ Q1-1 参照）。

賃貸借に係る契約において住宅として借り受けていた建物を、賃借人が賃貸人との契約変更を行わずに事業用に使用したとしても、当該建物の貸借料は課税仕入れには該当しません。

なお、貸付けに係る契約において住宅として貸し付けられた建物について、その後契約当事者間で事業用に使用することについて契約した場合には、その用途変更の契約をした後においては、課税資産の貸付けに該当し、仕入税額控除の対象となります（消基通6-13-8）。

適切な取扱い
1．住宅の範囲
(1) 住宅とは、人の居住の用に供する家屋又は家屋のうち人の居住の用に供する部分をいい、一戸建ての住宅のほか、マンション、アパート、社宅、寮、貸間等が含まれます。
(2) 通常住宅に付随して、又は住宅と一体となって貸付けられる次のようなものは「住宅の貸付け」に含まれます。
   ① 庭、塀、給排水施設等住宅の一部と認められるもの
   ② 家具、じゅうたん、照明設備、冷暖房設備等の住宅の附属設備

で住宅と一体となって貸付けられるもの
　（注）これらの設備を別の賃貸借の目的物として賃料を別に定めている場合は、課税されます。
(3) 駐車場等の施設については、次によります。
　① 駐車場の貸付けは、次のいずれにも該当する場合、非課税となります。
　　・一戸当たり1台分以上の駐車スペースが確保されており、かつ、自動車の保有の有無にかかわらず割り当てられている等の場合
　　・家賃とは別に駐車場使用料等を収受していない場合
　② プール、アスレチック、温泉などの施設を備えた住宅については、居住者のみが使用でき、家賃とは別に利用料等を収受していない場合、非課税となります。
(4) 店舗等併設住宅については、住宅部分のみが非課税とされますので、その家賃については住宅部分と店舗部分とを合理的に区分することとなります。

2．住宅の貸付けの範囲

(1) その貸付けに係る契約において人の居住の用に供することが明らかにされているものに限ります。
(2) 次に該当する場合は住宅の貸付けから除かれます。
　① 貸付期間が1月未満の場合
　② 旅館業法第2条第1項に規定する旅館業に係る施設の貸付けに該当する場合
　（注）例えば、旅館、ホテル、貸別荘、リゾートマンション、ウイークリーマンション等は、その利用期間が1月以上となる場合であっても、非課税とはなりません。

3．対価たる家賃の範囲

(1) 家賃には、月決め等の家賃のほか、敷金、保証金、一時金等のうち返還しない部分を含みます。

(2) 共同住宅における共用部分に係る費用(エレベーターの運行費用、廊下等の光熱費、集会所の維持費等）を入居者が応分に負担する、いわゆる共益費も家賃に含まれます。

> （注）入居者から家賃とは別に収受する専有部分の電気、ガス、水道等の利用料は、非課税とされる家賃には含まれません。

(3) 「まかない」などのサービスが伴う下宿、有料老人ホーム等の場合、まかないなどのサービス部分は課税となり、部屋代部分は非課税となります。

4．転貸する場合の取扱い

事業者が自ら使用しないで社宅として従業員に転貸する場合であっても、契約において従業員等が居住の用に供することが明らかであれば非課税とされます。

誤った取扱い

事業用として利用しているからといって居住用として借りているマンションの家賃を課税仕入れとすることは誤りになります。事業用として利用している場合であっても、契約書上は居住用となっているため、その家賃は課税仕入れには該当しません。

まとめ

賃貸住宅を事業用に利用する場合には、まずは契約書を確認し、必要に応じて契約変更を行うことが考えられます。

第2章 納税義務者

Q2-1 消費税が課税される事業者となるかならないかの判断基準

私は会社員（給与所得者）ですが、副業で所有建物を店舗として賃貸し、収入を得ています。この場合、消費税は課税されるのでしょうか。

A
不動産を店舗として賃貸する場合、消費税の課税対象になります。

概　要

　消費税は、国内において事業者が事業として対価を得て行う取引を課税の対象としていますが、この場合の「事業」とは、対価を得て行う資産の譲渡及び貸付け並びに役務の提供が反復、継続かつ独立して行われることをいい、規模の大小は問われていません（消法2①八、4①、消基通5－1－1）。

適切な取扱い

　たとえ会社員（給与所得者）が行っていたとしても、当該所有建物の賃貸は反復、継続かつ独立して行っているものと認められますので、規模にかかわらず、その賃貸収入は事業として行われる資産の譲渡等の対価として消費税の課税対象となります。

誤った取扱い

　会社員（給与所得者）としての収入が主であり、建物の賃貸はあくまで副業として行っている程度のもので、所得税の確定申告時も事業所得ではなく、不動産所得として申告しており、消費税の取扱いにおいても事業者には該当せず消費税の課税対象ではないと判断するのは

誤りです。

　所得税については、建物の貸付けが事業として行われているかどうかについて判定基準が設けられています（所基通26－9）が、消費税法における「事業」と異なりますのでご留意ください。

【参考】所得税基本通達26－9

> 　建物の貸付けが不動産所得を生ずべき事業として行われているかどうかは、社会通念上事業と称するに至る程度の規模で建物の貸付けを行っているかどうかにより判定すべきであるが、次に掲げる事実のいずれか一に該当する場合又は賃貸料の収入の状況、貸付資産の管理の状況等からみてこれらの場合に準ずる事情があると認められる場合には、特に反証がない限り、事業として行われているものとする。
> (1) 貸間、アパート等については、貸与することができる独立した室数がおおむね10以上であること。
> (2) 独立家屋の貸付けについては、おおむね5棟以上であること。

まとめ

　消費税法では、所得税法上の所得の種類にかかわらず「同種の行為を反復、継続かつ独立して遂行すること」を「事業」といい、事業者が事業として行った資産の譲渡等を課税の対象としています。

Q2-2 個人開業と会社設立での消費税法上の取扱いの違い

私は、今年長年勤めた会社を定年退職しました。会社での経験を生かして自分で事業を行おうと考えています。個人で事業を行うか資本金1,000万円の合同会社を設立して事業を行うか迷っています。個人開業と会社設立での消費税法上の取扱いの違いについて教えてください。

A 消費税の納税義務は、原則として事業者のその課税期間に係る基準期間の課税売上高又は特定期間における課税売上高が1,000万円を超えたその課税期間より発生しますが、個人事業者と新規に設立する法人では、納税義務の判定に用いる基準期間の課税売上高及び特定期間の課税売上高の取扱いについて異なる部分がありますので、納税義務に差が生じる場合があります。また、資本金の額又は出資の金額が1,000万円以上で法人を設立する場合には、基準期間のない設立初年度から消費税の納税義務が生じることになります。

概　要

1．基準期間の課税売上高についての取扱い

基準期間とは、個人事業者についてはその年の前々年をいい、法人についてはその事業年度の前々事業年度をいいます（消法2①十四）。

よって、個人事業者の場合、事業を開始した年とその翌年は基準期間がありませんので、課税事業者を選択した場合や以下２の適用がある場合を除き、課税事業者となりません。また、法人についても事業を開始した事業年度と翌事業年度は、基準期間がありませんので、課税事業者を選択した場合や以下の２、３の適用がある場合を除き課税事業者になりません。

次に基準期間における課税売上高とは、当該基準期間中に国内において行った課税資産の譲渡等の対価の額（税抜き）の合計額から、基準期間中に行った売上げに係る対価の返還等の金額（税抜き）の合計額を控除した残額をいいます（消法9②）。ただし、免税事業者であった基準期間の課税売上高を判定する場合は、税込み取引高の合計額によりますので注意してください（消基通1－4－5）。

ここで基準期間における課税売上高を計算するにあたり、個人事業者については、年の中途において事業を開始し事業を行った期間が1年に満たないときであっても、1年分に換算することなくその基準期間における課税売上高そのもので納税義務を判定します。一方で基準期間が1年に満たない法人については、基準期間における課税売上高を1年分に換算したうえで納税義務を判定することになります（消法9②二、消基通1－4－9）。

2．特定期間による判定

特定期間における課税売上高が1,000万円以下又は給与等の総額が1,000万円以下の場合は免税事業者となります。言いかえると、課税売上高が1,000万円超、かつ、給与等の総額が1,000万円超の場合は課税事業者となります。

(1) 特定期間の課税売上高による判定

1の基準期間の課税売上高による納税義務の判定の結果、納税義務が免除される場合であっても、個人事業者のその年又は法人のその事業年度に係る特定期間における課税売上高が1,000万円を超えるときには、当該個人事業者のその年又は当該法人のその事業年度における課税資産の譲渡等について納税義務が免除されません（消法9の2①）。

次に特定期間における課税売上高とは、当該特定期間中に国内において行った課税資産の譲渡等の対価の額の合計額（税抜き）から、特定期間中に行った売上げに係る対価の返還等の金額の合計額（税抜き）を控除した残額をいいます（消法9の2②）。ただし、特定期間が免

税事業者であった場合は税込みの課税売上高による判定になります。

(2) 特定期間の給与等の総額による判定

　この特定期間における課税売上高については、個人事業者又は法人が当該特定期間中に支払った所得税法第231条第1項（給与等、退職手当等又は公的年金等の支払明細書）に規定する支払明細書に記載すべき給与等の金額に相当するものの合計額をもって特定期間における課税売上高とすることができます（消法9の2③）。

(3) 特定期間とは

　ここで特定期間とは、個人事業者についてはその年の前年1月1日から6月30日までの期間をいい、法人については前事業年度開始の日以後6か月の期間をいいます。また、法人の場合、前事業年度が短期事業年度(注)に該当する場合にはその事業年度の前々事業年度（ただし、その事業年度の基準期間に含まれるもの等は除きます。）開始の日以後6か月の期間（その前々事業年度が6か月以下の場合には、その前々事業年度開始の日からその終了の日までの期間）が特定期間となります（消法9の2④）。

(注) 短期事業年度とは次のものをいいます（消令20の5①）。
　　(1) その事業年度の前事業年度で7か月以下であるもの
　　(2) その事業年度の前事業年度（7か月以下のものを除きます。）で、前事業年度開始の日以後6か月の期間の末日の翌日からその事業年度終了の日までの期間が2か月未満であるもの

3．基準期間がない法人の納税義務の免除の特例

　その事業年度の基準期間がない法人（社会福祉法第22条に規定する社会福祉法人その他の専ら別表第一に掲げる資産の譲渡等を行うことを目的として設立された法人で政令で定めるものを除きます。）のうち、その事業年度開始の日における資本金の額又は出資の金額が1,000万円以上である法人（「新設法人」といいます。）及び、資本金の額又は出資の金額が1,000万円未満で課税売上高が5億円超の法人グループに50％超の株式又は出資を保有されている法人（「特定新規

設立法人」といいます。）については、当該法人の基準期間がない事業年度における課税資産の譲渡等について、消費税の納税義務は免除されません（消法12の2①）。

適切な取扱い

　特定期間における課税売上高又は給与等の総額を計算するにあたり、個人事業者については年の中途において事業を開始し、特定期間が6か月に満たない場合であっても、6か月分に換算することなくその特定期間（その年の前年の1月1日から6月30日まで）における課税売上高又は給与等の総額が1,000万円を超えているかどうかにより納税義務を判定します。また、法人についても特定期間が6か月に満たない場合であっても、6か月分に換算することなくその特定期間における課税売上高又は給与等の総額が1,000万円を超えているかどうかにより納税義務を判定することになります（消法9の2）。

誤った取扱い

　個人事業者が年の中途において事業を開始した場合に、その翌年に特定期間における課税売上高又は給与等の総額を計算するにあたり、その特定期間が6か月に満たないため6か月分に換算して納税義務を判定するのは誤りです。

まとめ

　個人開業と法人の設立による事業の開始では法人の資本金の額又は出資の金額、法人の設立予定時期及び見込課税売上高によって、納税義務の発生する時期が異なってくる可能性があります。

Q2-3 新しく会社を設立して事業を行う場合の消費税の申告

私は会社を設立して事業を行おうと考えています。会社で事業を行う場合、いつから、消費税の申告をしなければならないか教えてください。なお、私はこれまで事業をした経験がなく、設立する会社は私一人での出資を予定しています。

A 基準期間における課税売上高の金額が1,000万円超、又は特定期間における課税売上高と給与等の総額の両方の金額が1,000万円超となった事業年度より消費税の申告をする必要があります。

ただし、設立する会社の基準期間がない事業年度開始の日の資本金の額又は出資の金額が1,000万円以上である場合には、当該事業年度より消費税の申告をする必要があります。

概要

事業者は、国内において行った課税資産の譲渡等（特定資産の譲渡等を行ったものを除きます。）及び特定課税仕入れについて、消費税を納める義務があります（消法5①）。

ただし、その課税期間の基準期間における課税売上高が1,000万円以下の事業者は、原則としてその課税期間の納税義務が免除されます（消法9①～④）。これを「小規模事業者に係る納税義務の免除」といいますが、次の場合にはこの小規模事業者に係る納税義務の免除の規定は適用されませんので留意が必要です（消基通1－4－6）。

① 課税事業者となることを選択した場合（消法9④）
② 課税事業者を選択した事業者が、課税事業者となってから2年以内の各課税期間に調整対象固定資産の仕入れ等を行った場合

（消法9⑦）
③　特定期間の課税売上高と給与等の総額の両方が1,000万円を超える場合（消法9の2①③）
④　合併があった場合の納税義務の免除の特例の規定の適用を受ける法人（消法11③④）
⑤　分割等があった場合の納税義務の免除の特例の規定の適用を受ける法人（消法12①②）
⑥　新設法人の納税義務の免除の特例の規定の適用を受ける法人（消法12の2①）
⑦　特定新規設立法人の納税義務の免除の特例の規定の適用を受ける法人（消法12の3①）
⑧　高額特定資産を取得した場合等の納税義務の免除の特例の規定の適用を受ける場合（消法12の4①②）

適切な取扱い

　消費税の申告の必要性は、基本的に基準期間における課税売上高が1,000万円を超えるかどうか、又は特定期間におけるける課税売上高と給与等の総額の両方が1,000万円を超えるかどうかにより判断することになります。ただし、当該基準期間や特定期間において免税事業者であった場合には、その基準期間や特定期間中に国内において行った課税資産の譲渡等については消費税等が課されていません。したがって、その事業者の基準期間における課税売上高の算定にあたっては、免税事業者であった基準期間である課税期間中に当該事業者が国内において行った課税資産の譲渡等に伴って収受し、又は収受すべき金銭等の全額が当該事業者のその基準期間における課税売上高となります（消基通1−4−5）。

　なお、基準期間が1年に満たない法人については、基準期間における課税売上高を以下の計算により1年分に換算したうえで、1,000万

円を超えるかどうか判断することになります（消法9②二）。

$$\frac{基準期間の課税売上高}{基準期間の事業年度の月数（1か月未満は切上げ）} \times 12$$

誤った取扱い

基準期間が免税事業者であった場合には、当該基準期間の売上金額がすべて課税取引に該当するときはその課税売上高を税抜き金額に割り戻して計算し基準期間の課税売上高1,000万円の判定を行って消費税の納税義務の有無を判断するのは誤りです。

まとめ

消費税の納税義務は、基本的にその課税期間の基準期間における課税売上高が1,000万円を超えるかどうか、又はその課税期間の特定期間における課税売上高と給与等の総額の両方が1,000万円を超えるかどうかにより判定することになりますが、いわゆる新設法人や特定新規設立法人の場合、課税事業者を選択した課税期間に調整対象固定資産の仕入等を行った場合、高額特定資産を取得した場合等、例外規定がありますので留意が必要です。

Q2-4 新しく個人事業者として事業を行う場合の消費税の申告

私は個人で事業を始めようと計画していますが、いつから消費税の申告を行わなければならないか教えてください。

A 基準期間における課税売上高が1,000万円を超えることとなった年、又は特定期間における課税売上高と給与等の総額の両方の金額が1,000万円超となった年より消費税の申告をする必要があります。

概　要

　事業者は、国内において行った課税資産の譲渡等（特定資産の譲渡等を行ったものを除きます。）及び特定課税仕入れについて、消費税を納める義務があります（消法5①）。

　ただし、その課税期間の基準期間における課税売上高が1,000万円以下の事業者で、かつ、その課税期間の特定期間における課税売上高と給与等の総額のいずれかが1,000万円以下の事業者は原則としてその課税期間の納税義務が免除されます（消法9①～④、9の2①②）。くわしくは、 Q2-3 をご参照ください。

適切な取扱い

　基準期間と特定期間による課税事業者となるかどうかの判断は Q2-3 のとおりです。

　なお、個人事業者については、年の中途において事業を開始した場合や事業を廃止した場合等、当該基準期間において事業を行っていた期間が1年に満たないときであっても、1年分に換算することなく当該基準期間における課税売上高によって1,000万円を超えるかどうか

判断することになります（消基通1－4－9）。

誤った取扱い

　個人事業者として年の途中である4月1日から事業を開始した場合に、その年の課税売上高が900万円であったことから、これを1年分に換算して $\frac{900万円}{9か月} \times 12 = 1,200万円$ が基準期間の課税売上高として2年後より消費税の申告が必要であると判断するのは誤りです。

まとめ

　個人事業者の場合、課税事業者を選択した場合や相続があった場合、高額特定資産の取得があった場合を除き、基準期間である前々年における課税売上高そのもの（1年分に換算しない）が1,000万円を超えたとき、又は特定期間である前年の1月1日から6月30日における課税売上高と給与等の総額の両方が1,000万円を超えたときに、当該年分より消費税の申告が必要となります。

Q2-5 事業を相続した場合の消費税の納税義務

私は今まで免税事業者でしたが、今年から父が始めた事業を相続して引き続き営んでいます。この場合、消費税の納税義務はありますか。

A あなたが事業を相続した場合の消費税の納税義務の有無の判定は次によります。

1．相続があった年

相続があった年の基準期間におけるお父さんの課税売上高が、1,000万円を超えている場合には、相続のあった日の翌日からその年の12月31日までの間における課税資産等の譲渡等について、消費税の納税義務があります。

2．相続があった年の翌年又は翌々年

相続があった年の翌年又は翌々年の基準期間におけるあなたの課税売上高とお父さんの課税売上高との合計額が1,000万円を超える場合には消費税の納税義務があります。なお、基準期間における当該金額が1,000万円以下でも、あなたの特定期間における課税売上高と給与等の総額の両方が1,000万円を超える場合には消費税の納税義務があります。

これを図で示すと次のようになります。

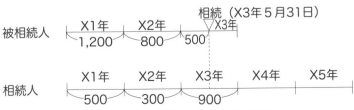

※ 数字はそれぞれの年の課税売上高で単位は万円

① X3年の納税義務の判定
　・相続人の基準期間における課税売上高
　　（500万円：1,000万円以下）
　・被相続人の基準期間における課税売上高
　　（1,200万円：1,000万円超）
　⇒よって相続のあった日の翌日（X3年6月1日）から納税義務があります。

② X4年の納税義務の判定
　・相続人の基準期間における課税売上高
　　（300万円：1,000万円以下）
　・相続人の基準期間における課税売上高と被相続人の基準期間における課税売上高との合計額
　　（300万円＋800万円＝1,100万円：1,000万円超）
　⇒よってX4年については納税義務があります。

③ X5年の納税義務の判定
　・相続人の基準期間における課税売上高
　　（900万円：1,000万円以下）
　・相続人の基準期間における課税売上高と被相続人の基準期間における課税売上高との合計額
　　（900万円＋500万円＝1,400万円：1,000万円超）
　⇒よってX5年については納税義務があります。

概　要

相続により事業を承継した場合の消費税の納税義務の有無の判定は次によります。

1．相続があった年

相続があった年の基準期間における被相続人の課税売上高が1,000万円を超えているかどうかにより消費税の納税義務の有無を判定します。1,000万円を超えている場合には、相続のあった日の翌日からその年の12月31日までの間における課税資産等の譲渡等について、相続人は消費税の納税義務があります（消法10①）。また、当該金額が1,000万円以下でも、相続人の特定期間における課税売上高と給与等の総額の両方が1,000万円を超えている場合には消費税の納税義務があります（消法9の2）。

2．相続があった年の翌年又は翌々年

相続があった年の翌年又は翌々年の基準期間における相続人の課税売上高と被相続人の課税売上高との合計額が1,000万円を超える場合には相続人は消費税の納税義務があります（消法10②）。また、当該金額が1,000万円以下でも、相続人の特定期間における課税売上高と給与等の総額の両方が1,000万円を超えている場合には消費税の納税義務があります（消法9の2）。

3．相続人が複数いる場合の取扱い

相続人が複数いるいわゆる共同相続の場合には、相続財産の分割が実行されるまでの間は被相続人の事業を承継する相続人は確定しないことから、各相続人が共同して被相続人の事業を承継したものとして取り扱うことになります。この場合、各相続人のその課税期間に係る基準期間における課税売上高は、当該被相続人の基準期間における課税売上高に各相続人の民法上の相続分（法定相続分）に応じた割合を乗じた金額となります（消基通1－5－5）。

4．被相続人が複数の事業所を有し、複数の相続人が事業所ごとに相続する場合の取扱い

　被相続人が複数の事業場を有していた場合で、複数の相続人が各事業場ごとに分割して承継したときには、被相続人のその年の基準期間の課税売上高は、各相続人が承継した事業場に係る部分の課税売上高によって計算することになります（消法10③、消令21）。

適切な取扱い

　相続によって事業を引き継いだ場合の納税義務の判定は、その相続があった年と相続があった年の翌年又は翌々年に分けて考える必要があります。まず相続があった年の納税義務は基準期間における被相続人の課税売上高により判定します。次に相続があった年の翌年又は翌々年の納税義務はその基準期間における相続人の課税売上高と被相続人の課税売上高との合計額により判定することになります。また、これに加え、相続のあった年の翌年又は翌々年には、特定期間の課税売上高又は給与等の総額の判定も必要になります。

　特定期間における課税売上高又は給与等の総額による納税義務の判定は、この特定期間における課税売上高又は給与等の総額については、相続人のみで計算することになりますので留意が必要です。

誤った取扱い

　相続により事業を承継した場合に、相続人が新たに事業を開始したときと同じように、相続のあった年の基準期間がないため消費税の納税義務はないと判定するのは誤りです。

　また、上記の 適切な取扱い に従って判定を行い、納税義務が免除される場合であっても、相続人が課税事業者を選択しているときは納税義務は免除されませんので、留意が必要です。

まとめ

相続により事業を承継した場合には、事業を引き継いだ相続人が免税事業者であっても、基本的に事業者であった被相続人の納税義務を引き継ぐことになります。

Q2-6 合併があった場合の消費税の納税義務

私の会社はかねてより免税事業者として事業を営んでいます。このたび、かねてより友人が営んでいた会社を吸収合併して事業を継続することになりました。この場合、消費税の申告はどうなりますか。

A 免税事業者である会社が、他の会社を吸収合併した場合の消費税の納税義務の有無の判定は次によります。

1．合併があった事業年度

あなたの会社（合併法人（消法2①五））の合併があった日の属する事業年度の基準期間に対応する期間における友人の会社（被合併法人（消法2①五の二））の課税売上高が1,000万円を超えている場合には、合併の日からその合併があった日の属する事業年度終了の日までの間における課税資産の譲渡等について、消費税の納税義務があります。

また、当該金額が1,000万円以下でも、あなたの会社の特定期間における課税売上高と給与等の総額の両方が1,000万円を超える場合には消費税の納税義務があります。

2．合併があった事業年度の翌事業年度又は翌々事業年度

合併があった事業年度の翌事業年度、翌々事業年度（合併法人の当該事業年度の基準期間の初日の翌日から当該事業年度の開始の日の前日までに合併があった場合）に、あなたの会社の当該事業年度の基準期間における課税売上高とその期間に対応する期間における友人の会社の課税売上高との合計額が1,000万円を超える場合には消費税の納税義務があります。また、当該金額が1,000万円以下でも、あなたの会社の特定期間における課税売上高と給与等の総額の両方が1,000万

円を超える場合には消費税の納税義務があります。

> 概　要

　法人が合併により事業を承継した場合の消費税の納税義務の有無の判定は次によります。

(吸収合併の場合)
１．合併があった事業年度
　免税事業者の合併法人が吸収合併する場合、合併法人の合併があった日の属する事業年度の基準期間における課税売上高又はその基準期間に対応する期間における被合併法人の課税売上高（被合併法人が２以上ある場合にはいずれかの被合併法人の課税売上高）が1,000万円を超えているかどうかにより判定します。1,000万円を超えている場合には（合併法人が免税事業者であった場合には合併があった日からその合併があった日の属する事業年度終了の日までの間における課税資産の譲渡等について）、消費税の納税義務があります（消法11①、消令22①、消基通１－５－６(1)）。

２．合併があった事業年度の翌事業年度又は翌々事業年度
　合併があった事業年度の翌事業年度、翌々事業年度（合併法人の当該事業年度の基準期間の初日の翌日から当該事業年度の開始の日の前日までに合併があった場合）に、合併法人の当該事業年度の基準期間における課税売上高と被合併法人のその期間に対応する課税売上高（被合併法人が２以上ある場合には各被合併法人の課税売上高の合計額）との合計額が1,000万円を超える場合には消費税の納税義務があります（消法11②、消令22②、消基通１－５－６(2)）。また、当該金額が1,000万円以下でも、合併法人の特定期間における課税売上高と給与等の総額の両方が1,000万円を超える場合には消費税の納税義務があります（消法９①、９の２①）。

(新設合併の場合)
1. 合併があった事業年度

　合併法人の合併があった日の属する事業年度のその基準期間に対応する期間における被合併法人の課税売上高（被合併法人が2以上ある場合にはいずれかの被合併法人の課税売上高）が1,000万円を超えているかどうかにより判定します。1,000万円を超えている場合には、消費税の納税義務があります（消法11③、消令22③、消基通1－5－6⑴）。

2. 合併があった事業年度の翌事業年度又は翌々事業年度

　合併があった事業年度の翌事業年度、翌々事業年度（合併法人の当該事業年度開始の日の2年前の日から当該事業年度の開始の日の前日までに合併があった場合）に、合併法人の当該事業年度の基準期間における課税売上高と被合併法人のその期間に対応する課税売上高（被合併法人が2以上ある場合には各被合併法人の課税売上高の合計額）との合計額が1,000万円を超える場合には消費税の納税義務があります（消法11④、消令22④⑥一、消基通1－5－6⑵）。また当該金額が1,000万円以下でも、合併法人の特定期間における課税売上高又は給与等の総額の両方が1,000万円を超える場合には消費税の納税義務があります（消法9①、9の2①）。

　なお、いずれの場合であってもその事業年度の基準期間がない法人のうち、新設法人や特定新規設立法人に該当する場合や、いわゆる高額特定資産を取得又は建設したような場合には消費税の納税義務は免除されませんので留意が必要です（消基通1－5－17）。

> 適切な取扱い

　ご質問の場合は免税事業者である法人が吸収合併により事業を承継しますので、吸収合併による場合の納税義務の判定となります。合併

があった事業年度では合併法人の当該事業年度の基準期間に対応する期間の被合併法人の課税売上高の金額によって納税義務を判定することになります。

次に、合併が行われた事業年度の翌事業年度と翌々事業年度については、合併法人の当該事業年度の基準期間における課税売上高と被合併法人のその期間に対応する期間の課税売上高との合計額により消費税の納税義務を判定する必要があります。合併の翌事業年度については合併法人にまだ基準期間はありませんが、合併法人における特定期間の課税売上高又は給与等の総額による判定は必要となりますので留意が必要です。この特定期間における課税売上高又は給与等の総額による判定については、合併法人のみで計算することになりますので留意が必要です。

誤った取扱い

法人が合併により事業を承継した場合に、合併法人の基準期間の課税売上高の金額によってのみ消費税の納税義務を判定するのは誤りです。

まとめ

合併法人が免税事業者であっても、基本的に被合併法人の納税義務を引き継ぐことになります。

Q2-7 分割があった場合の消費税の納税義務

私の会社はかねてより免税事業者として事業を営んでいます。このたび、友人が営んでいた会社の一部の事業を吸収分割により継承して継続することになりました。この場合、消費税の申告はどうなりますか。

A

免税事業者である会社が、他の会社の一部を吸収分割により承継した場合の消費税の納税義務の有無の判定は次によります。

1．吸収分割があった事業年度

　免税事業者であるあなたの会社の吸収分割があった日の属する事業年度の基準期間に対応する期間における友人の会社（分割法人（消法2①六））の課税売上高が、1,000万円を超えている場合には、吸収分割の日からその分割があった日の属する事業年度終了の日までの間における課税資産の譲渡等について、消費税の納税義務があります（消法12⑤）。また、当該金額が1,000万円以下でも、あなたの会社の特定期間における課税売上高と給与等の総額の両方が1,000万円を超える場合には消費税の納税義務があります。

2．吸収分割があった事業年度の翌事業年度

　あなたの会社のその事業年度の基準期間に対応する期間における友人の会社の課税売上高が1,000万円を超えている場合には、消費税の納税義務があります（消法12⑥）。また、当該金額が1,000万円以下でも、あなたの会社の特定期間における課税売上高と給与等の総額の両方が1,000万円を超える場合には消費税の納税義務があります。

3．吸収分割があった事業年度の翌々事業年度以降

　あなたの会社の基準期間における課税売上高が1,000万円を超える

場合、又は特定期間における課税売上高と給与等の総額の両方が1,000万円を超える場合には消費税の納税義務があります。

概　要

　法人が分割により事業の一部を承継した場合の消費税の納税義務の有無の判定は次によります。

(新設分割等の場合)

　新設分割等とは新設分割、現物出資、事後設立をいいます(消法12⑦)。

１．新設分割等があった事業年度及びその翌事業年度の新設分割子法人の納税義務

(1) 　新設分割等があった事業年度においては、当該分割等を行った法人（以下「新設分割親法人」といいます。）の当該分割等により設立された、又は資産の譲渡を受けた法人（以下「新設分割子法人」といいます。）の分割等があった日の属する事業年度の基準期間に対応する期間における課税売上高（新設分割親法人が複数ある場合には、いずれかの新設分割親法人に係る当該金額）が1,000万円を超えているかどうかにより判定します。1,000万円を超えている場合には、消費税の納税義務があります（消法12①、消令23①、消基通１－５－６の２(1)）。

(2) 　新設分割等があった翌事業年度においては、新設分割親法人の新設分割子法人の事業年度の基準期間に対応する期間における課税売上高（新設分割親法人が複数ある場合には、いずれかの新設分割親法人に係る当該金額）が1,000万円を超えているかどうかにより判定します（消法12②、消令23②、消基通１－５－６の２(1)）。なお、新設分割子法人の特定期間による納税義務の判定も行います。

２．新設分割等があった事業年度の翌々事業年度以降の新設分割子法人の納税義務（新設分割親法人が複数ある場合を除きます。）

　その事業年度の基準期間の末日において特定要件(注)に該当しない

場合は、新設分割子法人のその事業年度の基準期間における課税売上高が1,000万円を超えているかどうかで判定します。一方、特定要件に該当する場合には、上記新設分割子法人のみの判定に加え、新設分割子法人の基準期間における課税売上高と当該新設分割子法人の基準期間に対応する期間における新設分割親法人の課税売上高との合計額が1,000万円を超えているかどうかという判定を行い、そのいずれかの条件で1,000万円を超えている場合には、消費税の納税義務があります（消法12③、消令23③④、消基通１－５－６の２(2)）。なお、新設分割子法人の特定期間による納税義務の判定も行います。

> （注）特定要件とは新設分割子法人の発行済株式又は出資（その新設分割子法人が有する自己の株式又は出資を除きます。）の総数又は総額の100分の50を超える数又は金額の株式又は出資が新設分割親法人及び当該新設分割親法人と特殊な関係にある者の所有に属する場合であることをいいます（消法12③、消令24）。

３．新設分割等があった事業年度及びその翌事業年度の新設分割親法人の納税義務

新設分割親法人の分割等を行った事業年度及び翌事業年度についても、当該親法人の基準期間の課税売上高が1,000万円を超えるかどうか、又は特定期間の課税売上高と給与等の総額の両方が1,000万円を超えるかどうかにより判定します（消基通１－５－６の２(1)）。

４．新設分割等があった事業年度の翌々事業年度以降の新設分割親法人の納税義務

新設分割親法人の分割等を行った翌々事業年度以降は、新設分割子法人が特定要件に該当し、かつ、新設分割親法人の基準期間の課税売上高と新設分割子法人の新設分割親法人の基準期間に対応する期間の課税売上高の合計額が1,000万円を超えるかどうかにより判定します（消基通１－５－６の２(2)）。

５．新設分割子法人における納税義務の免除の特例

新設分割子法人については、新設法人、特定新規設立法人、高額特

定資産を取得した場合の判定を行います。

(吸収分割の場合)
1．吸収分割があった事業年度及びその翌事業年度の分割承継法人の納税義務

⑴　吸収分割があった場合においては、分割承継法人の基準期間における課税売上高又は分割法人の分割承継法人の吸収分割があった日の属する事業年度の基準期間に対応する期間における課税売上高（分割法人が複数ある場合には、いずれかの分割法人に係る当該金額）が1,000万円を超えているかどうかにより判定します。そのいずれかで1,000万円を超えている場合には、消費税の納税義務があります（消法12⑤、消令23⑥、消基通１－５－６の２⑶）。

⑵　吸収分割があった翌事業年度においては、分割承継法人の基準期間における課税売上高又は分割法人の吸収分割のあった翌事業年度の基準期間に対応する期間における課税売上高（分割法人が複数ある場合には、いずれかの分割法人に係る当該金額）が1,000万円を超えるかどうかにより判定します。そのいずれかで1,000万円を超えている場合には、消費税の納税義務があります（消法12⑥、消令26⑦、消基通１－５－６の２⑶）。なお、分割承継法人の特定期間による納税義務の判定も行います。

2．吸収分割があった事業年度の翌々事業年度以降の分割承継法人の納税義務

　分割承継法人のその事業年度の基準期間における課税売上高が1,000万円を超える場合には消費税の納税義務があります（消法９①、消基通１－５－６の２⑷）。また、当該金額が1,000万円以下でも、分割承継法人の特定期間における課税売上高と給与等の総額の両方が1,000万円を超える場合には消費税の納税義務があります（消法９①、９の２①）。

3．分割法人の納税義務

　分割法人の納税義務は、基準期間の課税売上高が1,000万円を超えるかどうか、又は特定期間の課税売上高と給与等の総額の両方が1,000万円を超えるかどうかにより判定します（消基通１－５－６の２(3)(4)）。

> **適切な取扱い**

　ご質問の場合はあなたの会社が吸収分割により他の会社の事業の一部を承継しますので、吸収分割による場合の納税義務の判定となります。分割承継法人において吸収分割が行われた事業年度とその翌事業年度については、分割承継法人の基準期間の課税売上高と分割承継法人の基準期間に対応する期間の分割法人の課税売上高の金額によって納税義務を判定することになります（ただし、翌事業年度については分割承継法人の特定期間における課税売上高の判定の影響は受けることになります。）。

　また、吸収分割が行われた事業年度の翌々事業年度以降については、分割承継法人の基準期間における課税売上高と分割承継法人の特定期間における課税売上高又は給与等の総額によって納税義務を判定することになります。

　この特定期間における課税売上高又は給与等の総額については、分割承継法人のみで計算することになりますので留意が必要です。

> **誤った取扱い**

　法人が吸収分割により事業を承継した場合に、分割承継法人の基準期間や特定期間によってのみ消費税の納税義務を判定するのは誤りです。

まとめ

　新設分割等や吸収分割により事業を承継した場合には、納税義務の判定にあたり新設分割子法人や分割承継法人は分割のあった事業年度及びその翌事業年度について新設分割親法人や分割法人の課税売上高の影響を受けることになります。また、新設分割子法人はその基準期間の末日の現況で特定要件に該当する場合には分割のあった事業年度の翌々事業年度以降も新設分割親法人の課税売上高の影響を受けることになりますので留意が必要です（消基通1－5－13）。

Q2-8 課税事業者の選択ができる期間

課税事業者を選択できる課税期間と、選択した課税事業者をやめることができる課税期間について教えてください。

A 免税事業者が「消費税課税事業者選択届出書」を提出した課税期間の翌課税期間以後について課税事業者となることができます。なお、一定の場合には「消費税課税事業者選択届出書」を提出した課税期間から課税事業者になることができます。

また、この「消費税課税事業者選択届出書」を提出し課税事業者となった課税期間の初日から２年経過する日の属する課税期間の初日以後であれば、「消費税課税事業者選択不適用届出書」を提出することによりこの届出書を提出した課税期間の翌課税期間から選択した課税事業者をやめることができます。

なお、新型コロナウイルス感染症の影響を受けている事業者については、課税事業者の選択ができる期間について特例が設けられています（ Q2 参照）。

令和５年10月１日から始まる適格請求書等保存方式の下における課税事業者の選択及び選択不適用については Q12-4 を参照してください。

概　要

1．「消費税課税事業者選択届出書」の提出による課税事業者の選択
(1) 免税事業者が「消費税課税事業者選択届出書」を所轄税務署長に提出した場合、その届出書の提出があった日の属する課税期間の翌

課税期間以後の各課税期間について、課税事業者となることができます（消法9④）。

(2) 当該届出書の提出があった日の属する課税期間が次のような場合には、その届出書の提出があった日の属する課税期間から課税事業者となることができます（消法9④、消令20、消基通1－4－10）。

① 事業者が国内において課税資産の譲渡等に係る事業を開始した日の属する課税期間（消令20一）

② 個人事業者が相続により課税事業者選択の適用を受けていた被相続人の事業を承継した場合における当該相続があった日の属する課税期間（消令20二）

③ 法人が合併（合併により法人を設立する場合を除きます。）により課税事業者選択の適用を受けていた被合併法人の事業を承継した場合における当該合併があった日の属する課税期間（消令20三）

④ 法人が吸収分割により課税事業者選択の適用を受けていた分割法人の事業を承継した場合における当該吸収分割があった日の属する課税期間（消令20四）

2．「消費税課税事業者選択不適用届出書」の提出による課税事業者の選択のとりやめ

課税事業者を選択した事業者は、課税事業者の選択をやめようとするとき、又は事業を廃止したときは、「消費税課税事業者選択不適用届出書」を所轄税務署長に提出することによって、その提出のあった日の属する課税期間の翌課税期間より課税事業者の選択を停止することができます（消法9⑤⑧）。ただし、事業を廃止した場合を除き「消費税課税事業者選択届出書」を提出し課税事業者となった課税期間の初日から2年を経過する日の属する課税期間の初日以後でなければ、「消費税課税事業者選択不適用届出書」を提出することができません（消法9⑥、 Q11-2 参照）。

3．「消費税課税事業者選択不適用届出書」の提出ができない場合

　課税事業者を選択した事業者が一定の条件のもとに調整対象固定資産の仕入れ等を行った場合には、当該調整対象固定資産の仕入れ等を行った課税期間の初日から３年を経過する日の属する課税期間の初日以後でなければ「消費税課税事業者選択不適用届出書」を提出することができません（消法９⑦、 Q11-3 参照）。なお、この調整対象固定資産の仕入れ等を「消費税課税事業者選択不適用届出書」の提出をした後、その提出した日の属する課税期間に行った場合には、当該届出書の提出はなかったものとみなされ、引き続き課税事業者を選択していることになりますので留意が必要です（消法９⑦、消基通１−４−11（注））。

　また、事業者が高額特定資産である棚卸資産及び調整対象固定資産を取得した場合にも、その課税期間の翌課税期間から、その課税期間の初日以後３年を経過する日の属する課税期間の初日以後でなければ「消費税課税事業者選択不適用届出書」を提出することができません（消法12の４、 Q8-1 参照）。

適切な取扱い

　課税事業者の選択は、免税事業者が「消費税課税事業者選択届出書」を提出することによりあえて課税事業者を選択するものですから、その選択をとりやめるためには必ず「消費税課税事業者選択不適用届出書」を提出する必要があります。この「消費税課税事業者選択不適用届出書」を提出しない限りは、当初の「消費税課税事業者選択届出書」で課税事業者を選択した効力がずっと続いていることになりますので、留意が必要です。

誤った取扱い

　免税事業者が「消費税課税事業者選択届出書」を提出し課税事業者

を選択していた場合において、基準期間の課税売上高が1,000万円を超えたため当該届出書を提出していなくとも課税事業者に該当するとき、既に「消費税課税事業者選択届出書」の効力はなくなったとするのは誤りです。

「消費税課税事業者選択不適用届出書」を提出しない限り、「消費税課税事業者選択届出書」の効力は続いており、再度基準期間の課税売上高が1,000万円以下となった課税期間についても課税事業者を選択していることになります（消基通1－4－11）。

まとめ

　免税事業者が消費税課税事業者選択届出書を提出して課税事業者を選択する場合、それをとりやめるためには２年、場合によっては３年かかることになり、その消費税課税事業者選択不適用届出書についても基本的にその課税期間の始まる前日までに提出しなければなりませんので、課税事業者の選択にあたっては中期的な計画をもとに十分検討して選択する必要があります。

Q2-9 法人の設立期間中の消費税の取扱い

私は事業を新たに始めるため会社を設立しましたが、会社の設立中にもその準備としての取引を行っていました。この場合、その取引にかかる消費税についてはどうなりますか。

A

あなたが設立した会社の設立後、最初の課税期間である設立事業年度における資産の譲渡等及び課税仕入れとすることができます。

概　要

法人の設立期間中に当該設立中の法人が行った資産の譲渡等及び課税仕入れは、当該法人のその設立後最初の課税期間における資産の譲渡等及び課税仕入れとすることができます。ただし、設立期間がその設立に通常要する期間を超えて長期にわたる場合における当該設立期間中の資産の譲渡等及び課税仕入れ又は当該法人が個人事業を引き継いで設立されたものである場合における当該個人事業者が行った資産の譲渡等及び課税仕入れについては、この限りではありません。（消基通9－6－1）。

適切な取扱い

法人における消費税の最初の課税期間は、設立登記が完了した日からであり設立登記が完了していない設立期間中の法人で行った資産の譲渡等及び課税仕入れについては設立前の組織体（個人事業者又は人格のない社団等）に帰属するものと考えられます。しかし、設立期間は通常長期にわたらず比較的短いことから、設立期間中の資産の譲渡等又は課税仕入れを最初の課税期間に含めても影響は小さいと考えられるため、設立期間がその設立に通常要する期間を超えて長期にわた

らない場合であれば、いわゆる個人事業者の法人成りの場合を除き、法人における最初の課税期間の資産の譲渡等及び課税仕入れを最初の課税期間に含めることができます。

誤った取扱い

いわゆる個人事業者の法人成りで、新たに設立する法人の設立期間中における資産の譲渡等及び課税仕入れを、当該法人の最初の課税期間である設立事業年度の資産の譲渡等及び課税仕入れに含めることは誤りです。

個人事業者の法人成りの場合、法人設立前から個人事業が継続していますので、たとえ設立期間が短い場合であっても設立登記の前日までの資産の譲渡等及び課税仕入れは、すべて個人事業の資産の譲渡及び課税仕入れとして取り扱うことになります。

まとめ

個人事業者の法人成りの場合及び設立期間がその設立に通常要する期間を超えて長期にわたる場合を除き、設立期間中における資産の譲渡等及び課税仕入れについて当該法人の最初の課税期間に含めることができます。

Q 2-10 個人事業者が法人成りした場合

私は今年で個人事業をやめ、会社を設立して事業を継続しようと考えています。この場合の消費税の取扱いについて、間違い易い点や留意すべきことを法人と個人の両面から説明してください。

A

消費税は事業者ごとに課税事業者か非課税事業者か、簡易課税適用事業者か否か等の判定を行いますので、個人で行っていた事業の消費税の納税義務等の状況を、法人成りした会社に承継することはありません。

概　要

個人事業者が法人成りして事業を引き継いだ場合、その納税義務の判定にあたり個人事業者の課税売上高を引き継ぐことはありません。設立した法人の納税義務の有無は、当該法人の基準期間の課税売上高や特定期間の課税売上高又は給与等の総額により判定することになります。

適切な取扱い

1．事業を引き継いだ法人の留意事項

個人事業者が法人成りして事業を会社組織で運営する場合について、個人事業者と事業を引き継いだ法人とは別事業者ですから、消費税の課税・非課税の判定や簡易課税の適用の有無も全く別に考えなければなりません。

課税事業者の選択や簡易課税制度の選択、課税期間の短縮の選択については、適用を受けるためには事業を引き継ぐ法人が新たに届出書を提出しなければなりません。

2．引継ぎを行った課税期間の個人の留意事項

　法人成りする前に事業を行っていた個人から、個人の事業を引き継ぐために実施された資産の譲渡については、課税資産の譲渡等に該当する場合は、個人の事業引継ぎを行った課税期間の課税売上高に含めなければなりません。

誤った取扱い

　個人が簡易課税制度を選択していた場合に、事業を引き継いだ法人が、簡易課税制度も引き継がれると誤って判断して簡易課税制度選択届出書の提出をしなかった場合、簡易課税制度は適用できません。課税事業者選択届出書についても同様です。

まとめ

　相続、合併、分割等の場合と異なり、法人成りの場合には、個人で行っていた事業の消費税の納税義務等の状況を、法人成りした会社が承継することはありません。

Q2-11 法人が個人に事業を引き継いだ場合

当社は今年度で法人を解散し、事業を個人で継続しようと考えています。この場合の消費税の取扱いについて、間違い易い点や留意すべきことを法人と個人の両面から説明してください。

A 消費税は事業者ごとに課税事業者か非課税事業者か、簡易課税適用事業者か否か等の判定を行いますので、解散した法人の消費税の納税義務等の状況を、法人解散後に事業を引き継いだ個人事業者が承継することはありません。

概　要

個人が法人から事業を引き継いだ場合、法人の課税売上高を引き継ぐことはありません。個人事業者が課税事業者となるか否かは当該個人事業者の基準期間の課税売上高や特定期間の課税売上高又は給与等の総額による判定となります。

適切な取扱い

1．事業を引き継いだ個人の留意事項

個人事業者が、法人が営んでいた事業を個人で継続する場合について、個人事業者と事業を譲った法人とは別事業者ですから、消費税の課税・非課税の判定や簡易課税の適用の有無も全く別に考えなければなりません。

課税事業者の選択や簡易課税制度の選択、課税期間の短縮の選択については、適用を受けるためには事業を引き継いだ個人事業者が新たに届出書を提出しなければなりません。

2．引継ぎを行った課税期間の法人の留意事項

個人成りする前に事業を行っていた法人から、個人に事業を引き継

ぐために実施された資産の譲渡については、課税資産の譲渡等に該当する場合は、法人の事業引継ぎを行った課税期間の課税売上げに含めなければなりません。法人の資産を役員である個人に無償で引き継いだ場合、法人が役員である個人に対して贈与したものとして課税資産の譲渡等とみなされますので、課税売上げに含めなければなりません（消法4⑤二）。

誤った取扱い

　法人が簡易課税制度を選択していた場合に、事業を引き継いだ個人事業者が、簡易課税制度も引き継がれると誤って判断して簡易課税制度選択届出書の提出をしなかった場合、簡易課税制度は適用できません。課税事業者選択届出書についても同様です。

まとめ

　相続、合併、分割等の場合と異なり、法人が個人に事業を引き継いだ場合には、解散した法人の消費税の納税義務等の状況を、法人解散後に事業を引き継いだ個人事業者が承継することはありません。

Q 2-12 売上高が急増した場合の免税事業者の判定

当社は食品製造業を営んでおり、基準期間となる前々期の課税売上高は600万円でした。前期から当社の製品が大ヒットし、当期の売上高は前々期の4倍以上に増加したため、3人を新規採用し私を加えて4人で事業を行っています。当期は基準期間の課税売上高に基づいて判断して免税事業者でいいのでしょうか。

A

貴社の場合、基準期間となる前々期の課税売上高が600万円ですから、この基準に従えば免税事業者となりますが、基準期間の課税売上高が1,000万円以下の事業者の場合、特定期間（前期の前半6か月）の課税売上高が1,000万円超で、かつ特定期間の給与等の総額が1,000万円超であれば、当期から課税事業者となります。

概　要

課税事業者か免税事業者の判定は、第1ステップとして基準期間となる前々期の課税売上高が1,000万円超か否かで行い、1,000万円超であれば課税事業者となります。次に、前々期の課税売上高が1,000万円以下である場合には第2ステップとして、特定期間の課税売上高と給与支給額を調べて、当期が課税事業者となるかどうかを判断します。

適切な取扱い

貴社は前期から売上げが増加し従業員も3人採用しておられますので、特定期間の課税売上高が1,000万円を超えているか、給与等の総額が1,000万円を超えているかを確かめてください。特定期間の課税売上高が1,000万円を超えている場合でも、給与等の総額が1,000万円を超えていない場合には、当期は免税事業者と判定することができま

す。

　ここで、特定期間とは次に定める期間をいいます（消法9の2④、消令20の5）。

① 　個人事業者は、その年の前年1月1日から6月30日までの期間
② 　その事業年度の前事業年度（7か月以下の場合や、6か月の期間の末日の翌日からその前事業年度終了の日までの期間が2か月未満である短期事業年度となるものを除きます。）がある法人は前事業年度開始の日以後6か月の期間
③ 　その事業年度の前事業年度が短期事業年度である法人の場合は、その事業年度の前々事業年度（その事業年度の基準期間に含まれるものや、その事業年度の前々事業年度（6か月以下であるものを除きます。）で6か月の期間の末日の翌日からその前々事業年度の翌事業年度終了の日までの期間が2か月未満であるもの、その事業年度の前々事業年度（6か月以下であるものに限ります。）でその翌事業年度が2か月未満であるものは除かれます。）開始の日以後6か月の期間（その前々事業年度が6か月以下の場合には、その前々事業年度開始の日からその終了の日までの期間）

> **誤った取扱い**

　基準期間のみで課税事業者となるか否かを判断し、特定期間による判定を行わなかった場合、課税事業者かどうかの判定を誤ることがあります。また、特定期間での課税事業者となるか否かの判断は、特定期間の課税売上高によりますが、その期間における給与等の支給額によることもできますので、課税売上高と給与等の両方の金額を確かめなければなりません。

まとめ

　課税売上高に代えて、給与等の総額による判定を行う場合の給与等の総額は、特定期間中に支払った給与等、退職手当等又は公的年金等の金額に相当するものとされています（消法９の２③、消規11の２、所規100①一）。

Q2-13 公益法人等の納税義務等

当法人は一般財団法人です。納税義務について間違い易い点や留意すべき点について説明してください。特に、法人税法上の収益事業と収益事業以外の公益事業を別々の会計部門を設けて行っている場合の事業者免税点制度の適用、簡易課税制度の選択について説明してください。

A 一般社団法人が消費税の課税事業者となるか否かの判定は、法人税法上の収益事業に該当する取引金額ではなく、一般社団法人全体での基準期間の課税売上高が1,000万円以下か否か、特定期間の課税売上高又は給与等の総額が1,000万円以下か否かによります。同様に、簡易課税制度の選択が可能か否かについても、基準期間の課税売上高が5,000万円以下か否かにより判定することになります。

概　要

消費税の課税売上高は法人税法上の収益事業の考え方とは別で、一般社団法人全体の課税資産の譲渡等に該当する取引の合計額によります。

法人税法では、「販売業、製造業その他の政令で定める事業で、継続して事業場を設けて行われるもの」が収益事業として定義され（法法２十三）、物品販売業、不動産販売業等の34事業が挙げられています（法令５）。法人税法上の収益事業に該当しない事業であっても、消費税法上は課税資産の譲渡等に該当する取引の場合にはその対価の額を課税売上高に加えて課税事業者の判定、簡易課税事業者の選択の可否を検討する必要があります。また、法人税法上の収益事業と非収益事業のすべての課税資産の譲渡等の対価の額は課税期間の課税売上

高に含めて消費税の申告を行わなければなりません。

適切な取扱い

　貴法人全体の取引の中から課税資産の譲渡、貸付け及び役務の提供となる取引を抽出し基準期間の課税売上高の合計額が1,000万円超となる場合には課税事業者となります。また、基準期間の課税売上高が1,000万円以下となる事業年度については特定期間の課税売上高が1,000万円（給与等の総額によって判断する場合は給与等の総額）を超えている場合には当事業年度は課税事業者になります。

誤った取扱い

　一般社団法人において法人税法上の収益事業に該当する取引金額のみによって消費税の課税事業者や簡易課税適用について判断するのは誤りです。

ま と め

　法人税法上の収益事業であっても、例えば土地の販売は非課税取引になります。継続的に事業所を設けて行わない単発的な公益目的のイベントでの物品販売高のように、法人税法上の収益事業ではない場合でも、課税売上げになります。このように収益事業の内容の精査を行うと同時に、公益目的の事業からの収入でも消費税の課税売上げとなる場合がありますので、こちらの方も精査してください。

第3章 課税標準

Q3-1 確定していない対価の処理

当社は、3月決算の会社で、3月1日に製品である照明設備の引渡しを行いましたが、5月末の申告時点においても、先方都合により対価が未確定の状態となっています。この場合決算において何らかの対応が必要ですか。

A 資産の引渡しがあった課税期間においてその対価の額を適正に見積もり計上する必要があります。

資産の引渡しがあった課税期間において資産の譲渡等を処理する必要があり、対価が未確定である場合には適正な見積もりを行わなければなりません。

また、ご質問の取引では、見積もり金額により消費税の申告を行った場合、最終的な確定額との差額については確定した日が属する課税期間において、その差額を課税標準の額に加算又は減算することとなります。

概　要

資産の譲渡等を行った場合や、課税仕入れを行った場合に、その取引を行った課税期間の末日までに対価の額が確定していないときは、その取引日の現況により対価の額を適正に見積もります。この場合、後日確定した対価の額と見積もり額が異なるときは、その差額を課税売上げや課税仕入れに加減します（消基通10-1-20、11-4-5）。

適切な取扱い

1．消費税の課税標準

課税資産の譲渡等に係る消費税の課税標準は、課税資産の譲渡等の

対価の額とされています。この対価の額は、対価として収受し、又は収受すべき一切の金銭又は金銭以外の物若しくは権利その他経済的な利益の額とされており、課税資産の譲渡等につき課されるべき消費税額及び地方消費税額に相当する額を含まないものとされます(法28①)。

2．棚卸資産の譲渡の時期

　ご質問の場合、製品である照明設備を引き渡しており、棚卸資産の引渡しに該当するため、譲渡を行った日は、その引渡しのあった日とされます（消基通9－1－1）。

　この棚卸資産の引渡しの日については、例えば、出荷した日、相手方が検収した日、相手方において使用収益ができることとなった日、検針等により販売数量を確認した日等、当該棚卸資産の種類及び性質、その販売に係る契約の内容等に応じてその引渡しの日として合理的であると認められる日のうち、事業者が継続して棚卸資産の譲渡を行ったこととしている日によるものとされています。

　なお、当該棚卸資産が土地又は土地の上に存する権利であり、その引渡しの日がいつであるかが明らかでないときは、次に掲げる日のうちいずれか早い日にその引渡しがあったものとすることができるとされています（消基通9－1－2）。

・代金の相当部分（おおむね50％以上）を収受するに至った日
・所有権移転登記の申請（その登記の申請に必要な書類の相手方への交付を含む。）をした日

3．資産の譲渡等に係る対価の額が確定していない場合

　業界によっては、取引先がその先の得意先やエンドユーザーとの取引が完了するまでは対価の額を確定させないといった商慣習がありますが、取引の時期によっては課税期間の末日をまたぐ可能性があります。事業者が資産の譲渡等を行った場合において、その資産の譲渡等をした日の属する課税期間の末日までにその対価の額が確定していないときは、同日の現況によりその金額を適正に見積もるものとされて

います（消基通10－1－20前段）。

　なお、その後確定した対価の額が見積額と異なるときは、その差額は、その確定した日の属する課税期間における資産の譲渡等の対価の額に加算し、又は当該対価の額から減算することになります（消基通10－1－20後段）。

4．課税売上高による判定への影響

　資産の譲渡等に係る対価が確定していないままに課税期間の末日をまたぐ場合、課税売上高による納税義務の有無の判定や控除対象仕入税額の計算に影響を与えることになりますので、金額の適正な見積もりにあたっては注意が必要となります。

(1)　事業者のうち、その課税期間に係る基準期間における課税売上高が1,000万円以下である者については、納税の義務が免除されます（消法9①）。ただし、令和5年10月1日に適格請求書等保存方式が始まってからは、適格請求書発行事業者は、免税事業者となりません（新消法9①、 Q11-10 、 Q12-4 参照）。

(2)　基準期間（課税期間の前々年又は前々事業年度）の課税売上高が5,000万円以下で、簡易課税制度の適用を受ける旨の届出書を事前に提出している事業者は、実際の課税仕入れ等の税額を計算することなく、課税売上高から控除対象仕入税額の計算を行うことができる簡易課税制度の適用を受けることができます（消法37①）。

(3)　課税期間中の課税売上高が5億円以下、かつ、課税売上割合が95％以上の場合には、課税期間中の課税売上げに係る消費税額から、その課税期間中の課税仕入れ等に係る消費税額の全額を控除することになります（消法30）。

誤った取扱い

　資産の譲渡等に係る対価が確定せずに課税期間の末日をまたぐ場合に、適正な金額を見積もることは、「できる規定」ではなく、「しなけ

ればならない規定」です。対価未確定であることをもって、その課税期間で何らの見積もりもせず、課税売上高に計上しなかった場合には、税務調査において問題となると考えられます。

まとめ

　取引慣行等によって資産の譲渡等に係る対価の額が未確定となってしまうことは、やむをえないことです。とはいえ、実務上は見積もりといった手間が発生することになりますので、できうる限りそのような事態を避けられるように事前準備をすることが望まれます。

　また、対価の額が未確定であることにより、課税期間における課税売上高の金額について見積もりによる部分が含まれることになりますが、課税売上高を基準とした判定が行われる制度についての留意が必要です。すなわち、課税売上高を過少計上することになった結果として、免税事業者や簡易課税事業者を誤って選択した場合に、将来に更正や修正が生じたときは、大きな影響が生じることになります。

Q3-2 法人の役員に対する棚卸資産の無償譲渡

当社はパソコンの卸売業を営んでいます。今回、当社の役員のみに、現金による賞与支給ではなく、パソコン現物1台（仕入価額18万円（税抜）、販売価額20万円（税抜））ずつを無償で配ることとしましたが、実際に収受する金額を消費税の課税標準としてよいでしょうか。

A 資産のみなし譲渡に該当しますので、資産を時価で譲渡したものとみなして消費税の課税標準とします。

ご質問の場合、当該資産の時価に相当する金額を対価の額とみなすこととなりますので、パソコンの販売価額である20万円で資産の譲渡を行ったものとして処理します。

適切な取扱い

1．消費税の課税標準

課税資産の譲渡等に係る消費税の課税標準は、課税資産の譲渡等の対価の額とされています。この対価の額には、対価として収受し、又は収受すべき一切の金銭又は金銭以外の物若しくは権利その他経済的な利益の額とされており、課税資産の譲渡等につき課されるべき消費税額及び地方消費税額に相当する額を含まないものとされます（消法28①）。

2．資産のみなし譲渡

次の行為については、無償による資産の譲渡等に該当しますが、事業として対価を得て行われた資産の譲渡とみなし、当該資産の価額に相当する金額を対価の額とみなします（消法4⑤、28③、消基通5－1－2）。

・個人事業者が棚卸資産又は棚卸資産以外の資産で事業の用に供していたものを家事のために消費し、又は使用した場合における当該消費又は使用
・法人が資産をその役員に対して贈与した場合における当該贈与

　また、法人が資産を役員に譲渡した場合において、その対価の額が当該譲渡の時における当該資産の価額に比し著しく低いときは、その価額に相当する金額をその対価の額とみなします（消法28①ただし書）ので、ご質問の場合は、当該規定に該当し、資産のみなし譲渡があったものと解されます。

　なお、ここでいう役員については、法人の取締役、執行役、会計参与、監査役、理事、監事及び清算人並びにこれら以外の者で法人の経営に従事している者を指します（法法二十五、法令7）。

3．譲渡等の対価の額

　課税資産の譲渡等の対価の額は1で説明しましたが、「収受すべき」の意味は、課税資産の譲渡等を行った場合の当該課税資産等の価額をいうのではなく、その譲渡等に係る当事者間で授受することとした対価の額のことをいいます（消基通10－1－1）。よって、無償の場合や通常の価額と比べて著しく低い場合であっても、当事者間で授受することとした対価の額を消費税の課税標準とすることが原則です。

　しかしながら、2で説明した資産のみなし譲渡の場合には、当該譲渡の時におけるその資産の価額により譲渡があったものとされますので、授受することとした対価の額を用いないことに注意が必要です（消基通10－1－1（注））。

4．著しく低い価額

　法人が資産を役員に譲渡した場合において、その対価の額が当該譲渡の時における当該資産の価額に比し著しく低いときの、「著しく低い」とは、法人のその役員に対する資産の譲渡金額が、当該譲渡の時における資産の価額であるところの時価に相当する金額のおおむね50

％に相当する金額に満たない場合とされます（消基通10－1－2）。

　ここでいう時価とは、法人税法上の時価の取扱いと同一とされていますので、売却を前提とした実現可能価額（正味売却価額）となります（法基通5－2－11）。なお、実際の譲渡に係る対価の額は税抜きとされていますので、比較する時価についても税抜価額を用いて判定します。

5．例外規定

　法人が資産を役員に譲渡する場合に、当該資産が棚卸資産である場合には、著しく低い価額の判定において特例が設けられており、
・当該資産の課税仕入れの金額以上であること
・通常他に販売する価額のおおむね50％に相当する金額以上であること

の要件をいずれも満たす場合には、資産の価額に比し著しく低いときに該当しないものとして取り扱います（消基通10－1－2）。よって、時価による課税ではなく、実際の対価の額で課税されます。

　さらに、法人が資産を役員に対し著しく低い価額により譲渡したと判定することになった場合であっても、当該資産の譲渡が、役員及び使用人の全部につき一律に又は勤続年数等に応ずる合理的な基準により普遍的に定められた値引率に基づいて行われた場合は、低額譲渡にあたらないものとして、時価による課税ではなく、実際の対価の額により課税されます（消基通10－1－2ただし書）。

誤った取扱い

　役員との取引については、資産のみなし譲渡や、著しく低い価額の判定、例外規定といった複雑な制度となっていますので、消費税の課税標準として時価を用いればよいのか、実際の対価の額を用いればよいのかについて、そもそも混乱しやすいところです。

　種々の検討を行うことなく、原則であるところの当事者間で授受す

ることとした対価の額を消費税の課税標準として用いてしまわないよう、例外規定への該当の有無に注意が必要です。

まとめ

　消費税では、原則として実際の取引金額が通常の価額と比べて著しく低い場合や無償の場合であっても、実際に収受する金額を基礎として、課税標準を算定することになります。

　しかしながら、役員に対する資産の無償や低額譲渡を行った場合や、個人事業者が棚卸資産やその他の事業用資産を自家使用した場合には、時価により譲渡したものとみなして課税標準を算定します。その上で 適切な取扱い 5のとおり、課税標準としなくてもよい例外規定が存在していますので、留意が必要になります。

　なお、みなし譲渡については、資産が対象ですので、役務の提供は該当しません。

　加えて、役員への資産の無償や低額での譲渡については、所得税の観点からは給与課税と源泉徴収義務が、法人税の観点からは役員賞与としての損金算入の可否が問題となりえますので、慎重な検討が必要となります。

Q3-3 課税売上高の範囲

当社は、製造業を営んでいます。今回、事業に使用していた機械を1,000万円で売却しました。

また、同じ時期に取引先甲社に頼まれて、別の取引先である乙社を取引先候補として紹介したところ、紹介手数料として甲社より100万円を受領しました。

これらの取引は、スポット取引です。課税売上高として取り扱わなくてもよいでしょうか。

いずれの取引も課税売上高として取り扱います。

法人の行ういずれの取引も、本業ではないスポット取引ではありますが、付随行為として資産の譲渡等に該当しますので、課税売上高を構成します。

個人事業の場合は、以下の吟味が必要となります。

適切な取扱い

1．課税の対象

国内において事業者が行った資産の譲渡等は、課税対象となります（消法4①）。そして、資産の譲渡等に係る消費税の課税標準は、資産の譲渡等の対価の額とされています（消法28①）。また、資産の譲渡等とは、事業として対価を得て行われる資産の譲渡及び貸付け並びに役務の提供のことをいいます（消法2①八）。

なお、特定課税仕入れ（事業者向け電気通信利用役務の提供（消法2①八の二）を受けた場合の課税仕入れ）も課税標準に含まれます（消法28②、 Q6-4 、第7章参照）。

104

2．事業用固定資産の売却

　資産の譲渡等の定義には「事業として」という要素が含まれていますが、これは、対価を得て行われる資産の譲渡及び貸付け並びに役務の提供が反復、継続、独立して行われることをいいます。ただし法人の行う資産の譲渡及び貸付け並びに役務の提供は、そのすべてが「事業として」に該当し、スポット取引だとしても課税の対象となります（消基通5－1－1）。ここで、資産の譲渡等には、その性質上事業に付随して対価を得て行われる資産の譲渡及び貸付け並びに役務の提供を含むとされており（消令2③）、付随する行為としては下記に掲げるようなものが該当するとされています（消基通5－1－7）。

(1)　職業運動家、作家、映画・演劇等の出演者等で事業者に該当するものが対価を得て行う他の事業者の広告宣伝のための役務の提供

(2)　職業運動家、作家等で事業者に該当するものが対価を得て行う催物への参加又はラジオ放送若しくはテレビ放送等に係る出演その他これらに類するもののための役務の提供

(3)　事業の用に供している建物、機械等の売却

(4)　利子を対価とする事業資金の預入れ

(5)　事業の遂行のための取引先又は使用人に対する利子を対価とする金銭等の貸付け

(6)　新聞販売店における折込広告

(7)　浴場業、飲食業等における広告の展示

　ご質問の事業用固定資産の売却は(3)にあたりますので、付随行為として、資産の譲渡等に含まれ、課税売上高の範囲となります。

3．紹介手数料収入

　取引先候補を紹介する行為は、取引先候補の情報を提供するものと考えられますので、役務の提供に該当します（消基通5－5－1）。ご質問の場合の法人は紹介業を主たる業務とはしておらず、反復継続

性はありませんが、2で記載したとおり、事業に付随して対価を得て行われる役務の提供に該当するものと考えられます（消令2③）。よって、取引先候補を紹介したことによる紹介手数料は、役務の提供として資産の譲渡等に含まれ、課税売上高の範囲となります。

> **誤った取扱い**

個人の本来の事業ではないが対価を得て行う取引については、事業関連性がなく、反復、継続、独立して行われるものではないと解してしまうと、資産の譲渡等に該当しないものとして、課税売上高の範囲から除外してしまうおそれがあります。

事業に付随して対価を得て行われる資産の譲渡等については、付随行為として、課税売上高の範囲となりますので、注意が必要です。

なお、Q3-2 で説明した、資産のみなし譲渡の売上高についても、課税売上高に含まれます。

まとめ

個人事業の本来の事業ではない取引については、課税売上高の範囲に含めるか否かの検討が必要となります。その性質上事業に付随して対価を得て行われる資産の譲渡及び貸付け並びに役務の提供については、付随行為として、資産の譲渡等に該当し課税売上げを構成することとなります。付随行為は例示列挙されていますが、それ以外についても実質判断が必要です。

なお、課税売上高に含めず処理をした上で、免税事業者や簡易課税事業者を誤って選択した場合の影響については、Q3-1 で解説したとおりです。

Q3-4 所有権移転外リース取引の合意解約

当社は、ASP事業に係るサーバー一式を60回払いのリース契約で取得しました。今回、サーバーが陳腐化したことから借換えを行うこととなり、リース会社と協議の上で、合意に基づき解約することとし、15回の残存リース料については減額することなく、一括で支払うこととなりました。当該リース取引については、所有権移転外リース取引として、賃貸借処理をしておりますが、今回支払う残存リース料については、解約日が属する課税期間において、どのように処理すればよろしいでしょうか。

A 原則として、当該残存リース料については、債務の支払いとして不課税取引となります。しかし、賃貸借処理に合わせて分割控除を行っている場合には、当該残存リース料については、解約日が属する課税期間において、仕入税額控除を行うことになります。

概　要

　所有権移転外リース取引については、原則的な処理ではリース資産の引渡し時において仕入税額控除を行います。ですので、合意解約時においては、残存リース料については債務の支払いとして取り扱い、仕入税額控除を行うことはありません。

　しかし、特例処理であるところの、所有権移転外リース取引に対して賃貸借処理に合わせた分割控除を採用している場合には、引渡し時においてリース料に対する仕入税額控除を行っていませんので、合意解約時において残存リース料に対して仕入税額控除を行います。

適切な取扱い

1. 企業会計におけるリース取引

　企業会計では、「リース取引に関する会計基準（企業会計基準第13号）」において、リース取引を、特定の物件の所有者たる貸手（レッサー）が、当該物件の借手（レッシー）に対し、合意された期間（以下「リース期間」といいます。）にわたりこれを使用収益する権利を与え、借手は、合意された使用料（以下「リース料」といいます。）を貸手に支払う取引と定義しています。このリース取引については、下図のとおり、ファイナンス・リース取引とオペレーティング・リース取引に分かれ、ファイナンス・リース取引についてはさらに所有権移転ファイナンス・リース取引と所有権移転外ファイナンス・リース取引に分類されます。

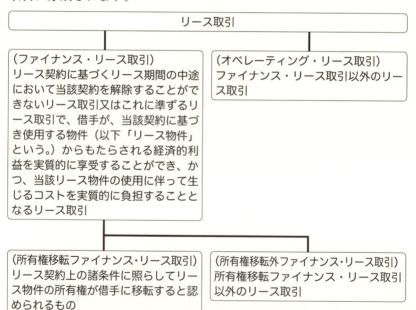

　所有権移転外ファイナンス・リース取引については、企業会計上、通常の売買取引に係る方法に準じて会計処理を行います。

2．税法の規定におけるリース取引

　法人税法の規定におけるリース取引は、所有権が移転しない土地の賃貸借等を除き、資産の賃貸借で次に掲げる要件に該当するものをいいます（法法64の2③）。

① 当該賃貸借に係る契約が、賃貸借期間の中途においてその解除をすることができないものであること又はこれに準ずるものであること

② 当該賃貸借に係る賃借人が当該賃貸借に係る資産からもたらされる経済的な利益を実質的に享受することができ、かつ、当該資産の使用に伴って生ずる費用を実質的に負担すべきこととされているものであること

　①はノンキャンセラブル、②はフルペイアウトとも呼ばれます。このリース取引については、リース取引の目的となる資産の賃貸人から賃借人への引渡しの時に、リース資産の売買があったものとされます。

　また、所有権移転外リース取引については、次のいずれかに該当するもの以外のものとして定義されています（法令48の2⑤五）。

①	リース期間終了の時又はリース期間の中途において、当該リース取引に係る契約において定められている当該リース取引の目的とされている資産（以下「目的資産」という。）が無償又は名目的な対価の額で当該リース取引に係る賃借人に譲渡されるものであること
②	当該リース取引に係る賃借人に対し、リース期間終了の時又はリース期間の中途において目的資産を著しく有利な価額で買い取る権利が与えられているものであること

③	目的資産の種類、用途、設置の状況等に照らし、当該目的資産がその使用可能期間中当該リース取引に係る賃借人によってのみ使用されると見込まれるものであること又は当該目的資産の識別が困難であると認められるものであること
④	リース期間が目的資産の法人税法施行令第56条《減価償却資産の耐用年数、償却率等》に規定する財務省令で定める耐用年数に比して相当短いもの（当該リース取引に係る賃借人の法人税の負担を著しく軽減することになると認められるものに限る。）であること

　所有権移転外リース取引については、リース資産の譲渡として取り扱われ、消費税の課税仕入れの時期は、課税仕入れを行った日の属する事業年度で控除するのが原則ですから、当該リース資産の引渡しを受けた日の属する課税期間で一括控除することになります。しかしながら、消費税の仕入税額控除については、会計基準に基づいた経理処理を踏まえ、経理実務の簡便性から、賃借人が賃貸借処理をしている場合には、そのリース料について支払うべき日の属する課税期間における課税仕入れとする処理（分割控除）を行うことも認められています（消基通5－1－9、11－3－2、国税庁　質疑応答事例「所有権移転外ファイナンス・リース取引について賃借人が賃貸借処理した場合の取扱い」）。

　なお、会計処理の方法と消費税額の計算が異なる場合、帳簿の摘要欄等にリース料総額を記載するか、会計上のリース資産の計上価額から消費税における課税仕入れに係る支払対価の額を算出するための資料を作成し、整理の上綴って保存することなどにより、帳簿においてリース料総額(対価の額)を明らかにする必要があるとされています。

3．残存リース料の取扱い

　所有権移転外リース取引について、リース物件の陳腐化のための借換えにより、賃貸人と賃借人との合意に基づき契約するときには、既

にリース資産の引渡しを受けた日において、リース資産の譲渡対価の全額を課税仕入れとして処理しているため、残存リース料の支払いは課税仕入れに該当せず、債務の支払いとして不課税取引として取り扱います。

なお、賃貸人と賃借人との合意に基づき、残存リース料の一部又は全部が減額された場合、この減額した金額は仕入れに係る対価の返還等として取り扱われます。

4．リース譲渡に係る譲渡等の時期の特例

所有権移転外リース取引については、2で記載したとおり、リース資産の引渡しを受けた日の属する課税期間において仕入税額控除することになります。ただし、会計基準に基づいた経理処理を踏まえ、経理実務の簡便性という観点から、賃貸人が所有権移転外リース取引について、法人税法の所得金額の計算において延払基準の方法により経理することとしている場合は、消費税においてもこの適用を受けることができ、賃貸借処理に合わせ分割をして課税売上げに計上しても差し支えないとしています（消法16、消令32、32の2、36の2）。

この場合、リース資産の引渡し日の属する課税期間において、リース料の支払期日の到来しないものに係る部分ついては、その課税期間において資産の譲渡等を行わなかったものとみなして、その部分に係る対価の額をその課税期間における対価の額から控除することができます。また、リース資産の引渡し日の属する課税期間において資産の譲渡等を行わなかったものとみなされた部分は、その翌課税期間以後、そのリース料の支払期日の到来する日の属する課税期間において、資産の譲渡等を行ったものとみなし、当該リース料について課税売上げの規定を適用します。

5．所有権移転外リース取引において賃借人が賃貸借処理した場合

所有権移転外リース取引につき賃借人である事業者が賃貸借処理をしている場合で、リース料について支払うべき時に課税仕入れとして

処理している場合、その処理（分割控除）は特例として認められます（国税庁 質疑応答事例「所有権移転外ファイナンス・リース取引について賃借人が賃貸借処理した場合の取扱い」）。

　この分割控除によって計算をしている場合には、リース契約が解約されると、解約以後は賃貸借処理がされなくなることから、解約以後の課税期間において分割控除による仕入税額控除を適用できなくなります。しかしながら、残存リース料は、そもそもリース資産の譲受け対価を構成しており、当然に仕入税額控除の対象となるべきものであることから、分割控除によって計算している場合の当該残存リース料については、解約した日の属する課税期間における仕入税額控除の対象として取り扱うこととなります。

誤った取扱い

　原則的な処理としては、リース資産の引渡しを受けた日に資産の譲受けがあったものと取扱うことになりますので、当該課税期間において仕入税額控除を行うことになります。

　ここで、リース契約の合意解約によって残存リース料を一括で支払う場合に、既に仕入税額控除の処理が終わっていることから、解約日の属する課税期間では何ら処理をしてはならないところ、残存リース料に対して再度仕入税額控除を行ってしまう危険性が存在します。

まとめ

　合意解約による残存リース料を一括支払いする際には、所有権移転外リース取引について、消費税計算上、原則的な処理をしている場合と、分割控除処理をしている場合とで、引渡し日と解約日の属する課税期間における仕入税額控除の適用の有無について違いが生じます。すなわち、残存リース料について、原則的な処理

では、単に未払リース料という債務の支払いとして取り扱うことになりますが、分割控除処理においてはリース資産の譲受対価として取り扱うことになり、仕入税額控除の対象となるか否かの違いが生じます。

　リース取引においては利息相当額の取扱いも重要です。リース契約書において利息相当額を区分して表示している場合には、当該利息相当額部分は非課税取引となりますので仕入税額控除の対象からは除外しなければなりません（消法6、消令10③十五、消基通6－3－1(17)）。

　なお、リース取引については、適用される税率については特に留意しなければなりません。リース契約によりリース資産の引渡しがされた時に適用される税率が、賃貸借処理をしている場合、ずっと適用されます。

Q3-5 工事進行基準の取扱い

当社は、建設業を営んでおり、従前は1年以内で終わるような小規模案件を手掛けておりました。今回、5年にわたる工事期間で総額10億円の案件を受注することとなり、いわゆる長期大規模工事に該当することから、法人税の計算では、工事進行基準によって売上計上することとなりました。この場合、消費税についても同様に工事進行基準の適用をしなければならないのでしょうか。

A 長期大規模工事における資産の譲渡等の時期については、工事進行基準により各課税期間に対応する資産の譲渡等を行ったものとすることに加え、引渡しのあった日とすることも可能です。

　法人税で工事進行基準を適用する場合において、消費税でも同様の処理をしなければならないとは規定されていないので、引渡基準を適用することもできます。

適切な取扱い

1. 工事進行基準の適用の要否

　法人税法上、工事進行基準については、長期大規模工事には強制適用とされ（法法64①）、その他の工事については任意適用とされています（法法64②）。

　長期大規模工事については、法人税法において、
・その着手の日から当該工事に係る契約において定められている目的物の引渡しの期日までの期間が1年以上であること（法法64①）
・その請負の対価の額が10億円以上の工事であること（法令129①）
・当該工事に係る契約において、その請負の対価の額の2分の1以上

が当該工事の目的物の引渡しの期日から１年を経過する日後に支払われることが定められていないものであること（法令129②）
の３要件に該当するものとされています。

２．工事完成基準

工事完成基準とは、工事契約に関して、工事が完成し、目的物の引渡しを行った時点で、工事収益及び工事原価を認識する方法をいいます。

消費税では、建設工事等の請負については、その引渡しの日は、例えば、作業結了日、相手方の受入場所への搬入日、相手方の検収完了日、相手方において使用収益ができることとなった日等、建設工事等の種類及び性質、契約の内容等に応じてその引渡しの日として合理的であると認められる日のうち、事業者が継続して資産の譲渡等を行ったこととしている日によるものとされています（消基通９－１－６）。

ですので、消費税の長期大規模工事においては、企業会計上の工事完成基準であるところの引渡基準が資産の譲渡等の時期の原則です。

３．工事進行基準

工事進行基準とは、工事契約に関して、工事収益総額、工事原価総額及び決算日における工事進捗度を合理的に見積り、これに応じて当期の工事収益及び工事原価を認識する方法をいいます。

法人税では、長期大規模工事の請負をしたときは、その着手の日の属する事業年度からその目的物の引渡しの日の属する事業年度の前事業年度までの各事業年度の所得の金額の計算上、その長期大規模工事の請負に係る収益の額及び費用の額のうち、当該各事業年度の収益の額及び費用の額として工事進行基準の方法により計算した金額を、益金の額及び損金の額に算入するとされています（法法64①）。

具体的な計算は、工事の請負の対価の額及びその工事原価の額に当該事業年度終了の時におけるその工事に係る進行割合を乗じて計算した金額から、それぞれ当該事業年度前の各事業年度の収益の額とされ

た金額及び費用の額とされた金額を控除した金額を当該事業年度の収益の額及び費用の額とします（法令129③）。

　法人税の長期大規模工事においては、工事進行基準が強制適用されています。

4．長期大規模工事に係る消費税の取扱い

　消費税は、長期大規模工事及びその他の工事について、引渡基準を原則としているところ、法人税における取扱いに合わせ、資産の譲渡等の認識を工事進行基準によることを、特例基準として認めています（消法17）。なお、この特例基準については、法人税において工事進行基準を適用していることが要件となっていますが、法人税は工事進行基準としつつも消費税では引渡基準とすることも認めています（消基通9－4－1）。

　また、工事進行基準を適用する際には、消費税の申告書において、その旨を付記する必要があります（消法17④）。

付記事項						
	割賦基準の適用	○	有	◯	無	31
	延払基準等の適用	○	有	◯	無	32
	工事進行基準の適用	◯	有	○	無	33
	現金主義会計の適用	○	有	◯	無	34

誤った取扱い

　長期大規模工事について、法人税において工事進行基準を適用している場合に、消費税においても工事進行基準を適用しなければならないと誤解することがあります。消費税では、あくまで引渡基準を原則としつつ、法人税において工事進行基準を適用している場合に限り、工事進行基準を特例として認めているにすぎません。

ま と め

　中小企業において長期大規模工事及びその他の工事に対し、引渡基準と工事進行基準のどちらも適用することが可能である場合、工事進行基準では基準期間の課税売上高が1,000万円を超えることがあります。すなわち、選択する会計処理の違いにより、免税事業者となるか否かの違いが生じます。よって、各社のタックスプランニングを踏まえて、会計処理を選択することが重要です。ただし、引渡基準を選択した場合には、当該期間において納税負担が重くなることがありますので、資金繰りについても慎重な手当てが必要となります。

　なお、長期大規模工事について、令和元年10月１日の消費税率改正に伴う経過措置を受けている場合、旧税率（8％）で課税売上げとすることになり、同時に相手方に対して書面で、8％の税率である旨を通知しなければなりません。

Q3-6 総額表示義務

当社は、業務用のスーパーを営んでおります。一般のお客様もご来店いただくことは可能ですが、主たるお客様は法人様ですので、事業者間での取引に該当し、総額表示義務の対象外であると考えてもよいでしょうか。

A 事業者だけでなく一般の消費者も顧客であるため、総額表示義務を負っていると考えられます。

ご質問の場合では、主たる顧客は事業者であるとしても、一般消費者を相手とする営業形態であることが明らかであることから、総額表示義務を負っていると考えられます。

適切な取扱い

1．総額表示義務

平成15年度の税制改正より、一定の課税資産の譲渡等について、税込価格での表示であるところの総額表示が義務付けられました。

すなわち、事業者は不特定かつ多数の者に課税資産の譲渡等を行う場合において、あらかじめ課税資産の譲渡等に係る資産又は役務の価格を表示するときは、当該資産又は役務に係る消費税額及び地方消費税額の合計額に相当する額を含めた価格を表示しなければなりません（消法63）。

なお、総額表示義務については、不特定かつ多数の者に対してあらかじめ価格を表示する場合を対象としていますので、当事者間で授受することになる見積書、契約書、請求書等については、消費者を相手とする場合であっても、総額表示義務の対象外となります（国税庁タックスアンサー No.6902「総額表示の義務付け」）。

２．総額表示の対象となる表示媒体

　不特定かつ多数の者に対して価格表示を行う表示媒体については、下表のとおりとされています（平16課消１－８（最終改正：平31課消２－７）の８）。

1	値札、商品陳列棚、店内表示などによる価格の表示
2	商品、容器又は包装による価格の表示およびこれらに添付した物による価格の表示
3	チラシ、パンフレット、商品カタログ、説明書面その他これらに類する物による価格の表示（ダイレクトメール、ファクシミリ等によるものを含む。）
4	ポスター、看板（プラカード及び建物、電車又は自動車等に記載されたものを含む。）、ネオン・サイン、アドバルーンその他これらに類する物による価格の表示
5	新聞、雑誌その他の出版物、放送、映写又は電光による価格の表示
6	情報処理の用に供する機器による価格の表示（インターネット、電子メール等によるものを含む。）

３．具体的な表示例

　次に掲げるような表示が「総額表示」に該当します（例示の取引は標準税率10％が適用されるものとして記載しています。）（国税庁タックスアンサー No.6902）。

　　11,000円

　　11,000円（税込）

　　11,000円（税抜価格10,000円）

　　11,000円（うち消費税額等1,000円）

　　11,000円（税抜価格10,000円、消費税額等1,000円）

［ポイント］

　支払総額である「11,000円」さえ表示されていればよく、「消費税額等」や「税抜価格」が表示されていても構いません。

　例えば、「10,000円（税込11,000円）」とされた表示も、消費税額を含んだ価格が明瞭に表示されていれば、「総額表示」に該当します。なお、総額表示に伴い税込価格の設定を行う場合において、１円未

満の端数が生じるときには、その端数を四捨五入、切捨て又は切上げのいずれの方法により処理しても差し支えありません。

4．表示価格の誤認防止措置

総額表示義務の特例として、平成25年10月１日から令和３年３月31日までの間、現に表示する価格が税込価格であると誤認されないための措置（誤認防止措置）を講じていれば、税込価格を表示しなくてもよいとされています。

誤認防止措置については、国税庁タックスアンサー No.6902「総額表示」の義務付けにおいて以下の２つが例示されていることに加え、「総額表示義務の特例措置に関する事例集（税抜価格のみを表示する場合などの具体的事例）」が公表されています。

例１　値札、チラシ、ポスター、商品カタログ、インターネットのウェブページ等において、商品等の価格を次のように表示する。

例えば、個々の商品の値札に税抜価格のみ記載して、その価格が税抜価格であることが明瞭に分かるよう（税込価格と誤認されないよう）に、次のような表示を行う。

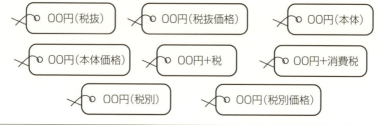

例２　個々の値札等においては「○○円」と税抜価格のみを表示し、別途、店内の消費者が商品等を選択する際に目に付きやすい場所に、明瞭に、「当店の価格は全て税抜価格となっています。」といった掲示を行う。

5．事業者間取引の場合

不特定かつ多数の者に対する取引は、一般的には消費者取引とされています（財務省「総額表示に関する主な質問」Ｑ１）。そのため、

事業者間取引については消費者取引ではなく、専ら他の事業者に課税資産の譲渡等を行う場合となりますので、総額表示義務の対象外となります（消法63）。

ただし、ご質問の場合は、主たる顧客は事業者であるとしても、消費者を相手とする可能性が排除できず、総額表示義務の対象となると解されます。

誤った取扱い

業務用と看板を掲げていることをもって、事業者間取引に該当するものと判断するのではなく、実質的に消費者取引がありえるかどうかを踏まえ、総額表示義務を負っているかを判断する必要があります。

まとめ

不特定かつ多数の者を相手としているか否かによって、総額表示義務を負っているかに違いがありますが、不特定かつ多数の者の判断については実質的判断が必要です。

業務用とうたっていることや、会員制であることをもって、総額表示義務を免れていると形式的に判断することなく、業務用の看板を掲げていても消費者を相手としていないか、会員制であっても募集が不特定多数ではないかという観点からの実質的判断が必要です。

令和3年3月31日までは税抜きの本体価格と消費税額を示す表示も特例として認められますが、令和3年4月1日からは消費税額を含めた税込価格を表示することが義務づけられますので、早めに準備を始めてください。表示方法につきましては Q3-11 をご参照ください。

Q3-7 土地と建物を一括譲渡する場合

当社は遊休保養所を保有していたところ、このたび買い手として甲社が見つかったことから、土地と建物を一括で譲渡することとしました。土地代金と建物代金を区分していなかったのですが、建物価格について消費税の計算上はどのように計算すればよいのでしょうか。

なお、当社は法人税の計算にあたっては、租税特別措置法関係通達62の3(2)-3に照らして計算を行っていました。

　消費税においても、法人税の土地の譲渡等に係る課税の特例の計算における取扱いにより区分することになります。

本来は、時価による課税資産と非課税資産の按分計算が許容されるところですが、ご質問の場合は法人税の計算上で租税特別措置法による按分計算を行っていることから、法人税と整合した取扱いが消費税でも求められます。

適切な取扱い

1．消費税の課税標準

課税資産の譲渡等に係る消費税の課税標準は、課税資産の譲渡等の対価の額とされています(消法28①)。ご質問の場合、建物は課税資産、土地は非課税資産に分類されますので、課税資産である建物の譲渡対価が、課税資産の譲渡等に係る課税標準となります。

2．建物と土地等とを同一の者に対し同時に譲渡した場合の取扱い

事業者が課税資産である建物と非課税資産である土地を同一の者に対して同時に譲渡した場合において、これらの資産の譲渡の対価の額が合理的に区分されていないときがあります。この場合、これらの資

産の譲渡の対価の額に、これらの資産の譲渡の時における当該課税資産の価額と当該非課税資産の価額との合計額に当該課税資産の価額の占める割合を乗じて計算した金額を、当該課税資産の譲渡等に係る消費税の課税標準とすることになります（消令45③）。

　このための合理的な区分の方法としては、
・譲渡時における土地及び建物のそれぞれの時価の比率による按分
・相続税評価額や固定資産税評価額を基にした按分
・土地、建物の原価（取得費、造成費、一般管理費・販売費、支払利子等を含む。）を基にした按分

とされています（国税庁タックスアンサーNo.6301「課税標準」）。

3．所得税又は法人税の土地の譲渡等に係る課税の特例の計算における取扱い

　建物と土地等とを同一の者に対し同時に譲渡した場合は、それぞれの資産の譲渡の対価について合理的に区分しなければならないところ、それぞれの対価につき、所得税又は法人税の土地の譲渡等に係る課税の特例の計算における取扱いにより区分しているときは、その区分した金額によらなければなりません（消基通10－1－5）。

【参考】租税特別措置法関係通達（法人税編）62の3(2)－3

　法人が建物及び土地等を同時に譲渡した場合において、当該土地等の譲渡対価の額が、次による等合理的に算定されており、かつ、当該譲渡に係る契約書において明らかにされているとき（建物の譲渡対価の額から明らかにすることができるときを含む。）は、これを認める。

(1)　建物の譲渡対価の額として相当と認められる価額を建物及び土地等の譲渡対価の額の合計額から控除した金額を土地等の譲渡対価の額としていること。

　（注）　例えば、建物の建築費の額又は購入価額（当該建物の建築又は購入後に要した施設費その他の付随費用の額を含む。）に通常の利益の額を加算した金額を建物の譲渡対価の額としているときは、相当と認められる価額とする。

(2)　土地等の譲渡対価の額として相当と認められる価額を土地等の譲渡対価の

額としていること。ただし、建物及び土地等の譲渡対価の額の合計額から当該土地等の譲渡対価の額を控除した金額が建物の譲渡対価の額として相当と認められる場合に限る。

誤った取扱い

　合理的な区分の方法について、タックスアンサーで示されている以外の方法により按分計算をしてしまった場合、計算結果について税務上認められない可能性があります。

　また、消費税の計算と法人税又は所得税の計算で、異なる取扱いは許容されていませんので、各々で有利になるような選択をすることはできません。

ま と め

　租税特別措置法による土地と建物の按分計算を法人税又は所得税の計算で行った場合には、消費税の計算においても整合させる必要があります。

　また、租税特別措置法による按分計算を法人税又は所得税の計算で行わなかった場合には、例示されている按分計算の間で、税額についての有利不利が生じうることから、選択する按分計算については比較検討が必要になります。

Q3-8 外国法人への特許使用料及び技術指導料の支払い

当社は、国外の法人が現地にて登録している特許を使用して、日本で自動車部品の製造を行っています。今回、当該法人より日本へ特許に関する技術指導で指導員がきました。特許使用料と技術指導料の名目で当該国外法人からインボイスが到着しましたが、この場合の消費税の取扱いについて教えてください。

A 特許使用料については国外取引として、技術指導料については国内取引として処理することとなります。

ご質問の場合、国外で登録されている特許に係る特許使用料であることから、国外取引として不課税になります。

一方、技術指導料については、外国法人の指導員に対する国外への支払いではありますが、国内で行われる役務の提供であることから課税取引となります。ただし、この技術指導の実質が、特許の伝授に該当する場合は、特許権の貸付けとして、不課税となります。

適切な取扱い

1.課税対象取引

消費税の課税の対象となる取引は、国内において事業者が事業として対価を得て行う資産の譲渡等及び外国貨物の輸入取引です(注)(消法2、4、28、消令2)。

(注) 電気通信回線(インターネット等)を介して、国内の事業者・消費者に対して行われる電子書籍・広告の配信等のサービスの提供(「電気通信利用役務の提供」といいます。)については、平成27年10月1日以後、国外から行われるものについても、消費税が課税されることとされました。

この改正に伴い、国外事業者が行う「電気通信利用役務の提供」のうち、

「事業者向け電気通信利用役務の提供」（例：「広告の配信」等）については、当該役務の提供を受けた国内事業者に申告納税義務を課す「リバースチャージ方式」が導入されました（ Q6-4 参照）。

なお、資産の譲渡等とは、事業として対価を得て行われる資産の譲渡及び貸付け並びに役務の提供のことを指します（消法2①八）。

2．特許使用料と技術指導料

特許使用料は、特許権の使用の対価ですので、資産に係る権利の設定その他他の者に資産を使用させる一切の行為に該当することになり（消法2②）、資産の貸付けとして、資産の譲渡等に該当します。

また、技術指導料は、技術指導という役務の提供の対価ですので、資産の譲渡等に該当します。

3．国内取引の判定

課税対象取引は国内において行われたことが要件となりますので、国内取引か国外取引かの判定が必要になります。特許権の使用については、資産の貸付けにあたりますので、貸付けが行われる時において特許権の所在していた場所で判定します（消法4③一、消令6①）。技術指導については、役務の提供にあたりますので、役務の提供が行われた場所で判定します（消法4③二、消令6②）。

4．特許権の登録と消費税

特許権の所在地については、使用する権利の登録をした機関の所在地で判定することとなり、国内で登録されていれば国内取引として課税対象取引になりますが、国外で登録されていれば国外取引として不課税となります（消令6①五）。

また、複数の国において登録されている場合がありますが、この場合には、権利の貸付けを行う者の住所地で判定することとなります。

5．技術指導料

技術指導は、役務の提供にあたりますので、役務の提供が行われた場所が判定基準であり、技術指導の実施場所が国内であるか国外であ

るかで判定することとなります。

　なお、ご質問のような場合には、技術指導のみならず、特許権の伝授に該当する場合がありますが、この場合は、特許権の貸付けに該当することから、4の特許権の登録地での判定に従うことになります。

誤った取扱い

　特許使用料については、権利の登録をした機関の所在地ではなく、使用場所が国内であることをもって、安易に国内取引として判定してしまう可能性があります。資産の使用場所ではなく、資産の所在地に着目した確認が必要です。

　一方で、技術指導料については、役務の提供が行われた場所ではなく、海外への支払いであることをもって、安易に国外取引として判定してしまう可能性があります。役務の提供については実質的にどこで行われているかについて着目する必要があります。

ま と め

課税対象となる国内取引については、
1　資産の譲渡、資産の貸付及び役務の提供である
　　　↓
2　国内において行うものである
　　　↓
3　事業者が事業として行うものである
　　　↓
4　対価を得て行うものである

というステップを踏んで判定することになります。
　本設例は、2のステップにおいて、国内取引か国外取引かで判定が分かれました。
　ここで前提を変え、日本法人が日本で登録している特許を、国外の法人へ使用を許諾する場合について考えますと、登録地が日

本になりますので、特許使用料については国内取引に該当することになります。しかしながら、非居住者に対して行われる特許権の貸付けになりますので、輸出免税の対象となり、売上げに係る消費税の免除に加えて、仕入れに係る消費税も控除されることとなりますので注意してください（消法7①五、消令17②六）。

Q3-9 青空駐車場

当社は製造業を営んでいましたが、設備が老朽化したことにより操業を中止しました。自社で配送していましたので800坪の青空駐車場があり、近隣の運送会社へトラック置き場として賃貸することにしました。駐車場の周囲はフェンスやブロックで囲んであり、アスファルト舗装が老朽化して3分の1は陥没しているので砂利を入れて平坦になるようにして使っていました。駐車枠を示す白線や車止めブロックは所々に残っている程度で、施設としては簡易トイレと洗車用に水道設備があるだけです。屋根やシャッターもなく当社では「青空駐車場」と認識していますので、「土地の貸付け」として消費税は非課税取引として取り扱ってよいでしょうか。

A 消費税の課税対象取引となります。

　土地の貸付けについては、原則として消費税は課さない、とされていますが、この認識から土地の貸付けが全て非課税だと理解するのは誤りです。駐車場として利用するために土地について何らかの整備をしていたら、非課税とされる土地の貸付けからは除かれ、消費税が課税されることになります。

　ご質問の駐車場敷地はアスファルト・砂利敷きで地面が整備されており、フェンスやブロック、トイレや水道設備などがあることから、駐車場という施設の利用に伴って土地が利用される場合に該当しますので、消費税の課税の対象となります。

概　要

「土地の貸付け」は消費税の非課税取引とされますが、施設の利用に伴って土地が使用される場合には、非課税となる土地の貸付けからは除かれ、課税対象取引となります。

適切な取扱い

1．土地の譲渡及び貸付に関する取扱い

(1) 国内において事業者が行った資産の譲渡等には消費税が課されますが（消法4①）、一方、土地（土地の上に存する権利を含みます。）の譲渡及び貸付け（一時的に使用させる場合その他政令で定める場合を除きます。）については消費税を課さないこととしています（消法6①、別表第1一）。このように消費税法が土地の貸付けを非課税としている趣旨は、土地は使用や時間の経過によって摩耗ないし消耗するものではなく、土地そのものの消費を観念することができないことから、消費に負担を求める税である消費税から除外するものと解されます。

(2) ただし、消費税法施行令第8条で、非課税となる土地の貸付けから除外される事項が規定されています。それは次の2つです。
・土地の貸付けの期間が1か月に満たない場合
・駐車場その他の施設利用に伴って土地が利用される場合

　つまり、この2つに該当する場合には、土地の貸付けとして非課税とされる取引には該当せずに、課税対象取引になるということになります。

　次に問題となるのは、貴社が青空駐車場として認識している土地が「駐車場その他の施設利用」に該当する施設を整備しているか、否かということになります。

2．今回の事実認定

　今回の土地は、従前から自社の駐車場として使用していたことから、

老朽化しているとはいえ、アスファルトが3分の2程度は残っており陥没している場所には砂利を敷いて平坦に土地を整備しています。また、周囲の土地と区分するためにフェンスやブロックの設置がされており、駐車場利用者のための施設としてトイレと水道設備の設置もあります。駐車枠の白線や車止めブロックも一部残っており、駐車場としての利用目的で賃貸させることは明らかです。

したがって、土地の貸付けであっても、それが駐車場という施設の利用に伴って土地が使用されるものであれば、消費税法第6条第1項の非課税取引には当たらず、消費税法第4条第1項の課税対象とされることになります。

3．「施設の利用に伴って土地が利用される場合」とは

建物や駐車場など施設の利用に付随して土地が使用される場合は、消費税の課税の対象になります。

したがって、駐車している車両の管理を行っている場合や、駐車場としての地面の整備又はフェンス、区画、建物の設置などをして駐車場として利用させる場合には、消費税の課税の対象となります。

このほか、野球場、プール又はテニスコートなどの施設の利用に伴って土地が使用される場合も消費税の課税の対象となります（国税庁タックスアンサー No.6213「駐車場の使用料など」）。

誤った取扱い

駐車場という設備の種類、程度は様々なものがあると想定されますが、立体駐車場、シャッター付き車庫といった建物又はこれと同等の設備の利用を伴うものでなければ、駐車場という施設の利用に伴って土地が利用されている場合には当たらないとすることはできません。この事例のように自社では「青空駐車場」と認識していても、地面が平坦に整備されており、フェンスや区画、ブロックや建物の設置等をしているときには、「土地の貸付け」に該当するから消費税は非課税、

と短絡的に判断するのは誤った処理です。

　土地の貸付けとして非課税となる場合は、事業者が駐車場又は駐輪場として土地を利用させた場合に、その土地について駐車場又は駐輪場としての用途に応じた地面の整備又はフェンス、区画、建物の設置等をしていないとき（駐車又は駐輪をする車両や自転車の管理をしている場合を除く。）と、規定されています（消基通６－１－５（注）１）。

まとめ

　消費税の非課税取引の最初に記載されている「土地の貸付け」ですが、あらゆる土地の貸付けが消費税の非課税となると認識している方は要注意です。

　「土地の貸付け」が非課税とされるのは、土地の所有者から賃借人に土地を更地状態で賃貸し、その上に賃借人が何らかの設備を施す場合だと消費税法施行令第８条からは解することができます。

　アスファルト舗装などをしていなくても、駐車場貸付けのために砂利などを敷いて整備をしていれば、その駐車場の貸付けは「駐車場その他の施設の利用に伴って土地が利用される場合」に該当するとされ、課税取引と判断されることも考えられます。

　では、一戸に１台分以上の駐車場付きのアパートの場合はどうなるのでしょうか。以下の２要件を満たす場合には、「住宅貸付け」の範囲となり、消費税は非課税となります（国税庁タックスアンサー No.6226「住宅の貸付け」）。

①一戸当たり１台分以上の駐車スペースが確保されており、かつ、自動車の保有の有無にかかわらず割り当てられている等の場合
②家賃とは別に駐車場使用料等を収受していない場合

　このように、土地については、更地は非課税、駐車場施設とみなされる場合は課税、一切整備がされていない青空駐車場は非課

税、駐車場付き住宅の場合は非課税、と課税関係が異なりますので、現場に赴いて現物を確認して現実的な判断をすることが必要となります。

第3章 課税標準

Q 3-10 収用補償金などの取扱い

　当社は機械製造業を営んでいます。作業場として賃借していた他社所有の建物が土地収用法により買収されて下記のような補償金を取得しました。
　当社は、借家人補償金2,000万円と工作物移転料のうち400万円は法人税において「対価補償金」として取り扱われると確認いたしました。そうしますと、これらの補償金は消費税の課税対象取引にも該当するのでしょうか。

　　営業補償金　　3,400万円
　　借家人補償金　2,000万円
　　工作物移転料　1,500万円

 補償金はすべて消費税の課税対象外となります。

　今回賃借していた作業場建物が収用されたことにより収受した補償金は休業に伴う損失補填としての営業補償金、転居先の建物の賃借に要する権利金に充てるための借家人補償金及び資産の移転により生ずる費用に充てるものとしての工作物移転料であり、土地や建物が収用されたことによる対価ではありません。消費税法において課税の対象となる補償金は、所有権その他の権利の対価たる「対価補償金」のみとなりますので、今回受け取った補償金は、すべて消費税の課税対象外取引となります。

概　要

　法人税法において「対価補償金」とみなして課税の特例を受けるこ

とができる補償金と、消費税法の課税対象となる「対価補償金」とは同一ではありません。

　法人税法における課税の特例にするという判断と消費税法における対価性の有無を求める考え方は別個のものですので、混同しないようにしましょう。

　消費税法において課税の対象となる補償金は、所有権その他の権利の対価たる「対価補償金」のみとなります（消基通5－2－10）。

適切な取扱い

1．法人税の取扱い

　法人税法上で圧縮記帳（措法64）や特別控除（措法65の2）の対象となるためには「対価補償金」とみなすものに該当しなければなりません。

・ご質問の場合、転居先の建物の賃借に要する権利金に充てるものとして交付を受ける借家人補償金は、租税特別措置法第64条第2項第2号の場合の対価補償金とみなして取り扱われます。

・また、装置の移設を要することとなった場合において、その移設のために要する経費の補償として交付を受ける補償金は、対価補償金には該当しないのですが、その物自体を移設することが著しく困難と認められる資産について交付を受ける取壊し等の補償金は、対価補償金として取り扱います。

　したがって、ご質問の場合、借家人補償金の2,000万円と工作物移転料のうち400万円は次の表の下線部分に該当し、対価補償金と取り扱うことができますので、法人税法では所得の特別控除の適用を受けることができます。

補償金の区分	補償金の内容	法人税法の取扱い
対価補償金	名義のいかんを問わず、収用等による譲渡の目的となった資産の収用等の対価として交付を受ける補償金（措基通64(2)-1）	◎収用等の場合の課税の特例の適用があります。 ●次の補償金は対価補償金とみなして取り扱うことができます（措基通64(2)-10、64(2)-11）。 　残地補償金、残地買収の対価
収益補償金	事業について減少することとなる収益又は生ずることとなる損失の補填に充てるものとして交付を受ける補償金（措基通64(2)-1(1)）	◎収用等の場合の課税の特例の適用はありません。 ●収益補償金名義で交付を受ける補償金でも対価補償金として取り扱うことができる場合があります（措基通64(2)-5）。
経費補償金	休廃業等により生ずる事業上の費用の補填等に充てるものとして交付を受ける補償金（措基通64(2)-1(2)）	◎収用等の場合の課税の特例の適用はありません。 ●事業廃止の場合の機械装置等の売却損の補償金については一定の条件の下に対価補償金として取り扱われます（措基通64(2)-7）。
移転補償金	資産（棚卸資産を含みます。）の移転に要する費用の補填に充てるものとして交付を受ける補償金（措基通64(2)-1(3)）	◎収用等の場合の課税の特例の適用はありません。 ●次の補償金は、原則として対価補償金として取り扱われます。 ・曳家補償金で実際に建物又は構築物を取り壊した場合（措基通64(2)-8） ・移設困難な機械装置の移転補償金名義の補償金（措基通64(2)-9） ・借家人補償金（措基通64(2)-21）
その他の補償金	対価補償金たる実質を有しない補償金（措基通64(2)-1(4)）	◎収用等の場合の課税の特例の適用はありません。

２．消費税法上の取扱い

(1) 消費税の課税対象となる補償金

消費税法施行令第２条第２項に規定される課税の対象となる「補償金」とは、土地収用法に基づく収用に係る補償金で、補償金の収受により権利者の権利が消滅し、かつ、その権利を取得する者から支払われるものに限る、とされています（消基通５－２－10）。

収用の目的となった所有権その他の権利の対価としてのいわゆる「対価補償金」のみが課税の対象となります（下記の図参照）。したがって下記のような補償金は課税対象となりません。

(2) 消費税の課税対象とならない補償金

減少する収益又は発生する損失の補填に充てるための収益補償金、休廃業等により生ずる事業上の費用の補填等に充てるものとしての経費補償金、資産の移転に係る費用の補填に充てるための移転補償金、また、転居先の建物の賃借に要する権利金とするべき借家人補償金も対価性のない補償金であり、消費税の課税の対象とはなりません（消基通５－２－10）。

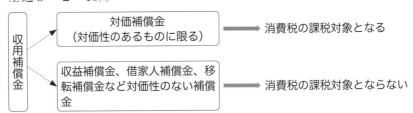

(3) 本事例での判断

本事例における営業補償金は、収益補償金と考えられます。また、借家人補償金、工作物移転料も対価性はないと判断されますので、いずれも消費税の課税対象とはなりません。

３．法人税法上の課税の特例との関係

法人税法上の課税の特例として「対価補償金」とされるものであっても、所有権その他の権利を収用されたために、その権利を取得する

起業者から受けたその権利の消滅に係る補償金ではなく、資産の移転や再築に係る経費の補填や新たに賃借するために補填された補償金については、消費税の課税の対象とはなりません。

誤った取扱い

　法人税法における課税の特例の対象となる「対価補償金」と、消費税の課税の対象となる「対価補償金」の範囲は必ずしも一致するものではありません。収用証明書の補償金の区分が対価補償金ではなく借家人補償金や移転補償金となっていても、このご質問のように対価補償金とみなして法人税の課税の特例の対象となる場合があります。
　収用等の場合の課税の特例の適用を失念すると、納税額が大きく変わるので禍根を残すことになります。
　消費税の課税の対象となる対価補償金は、土地等が収用された場合に収受する「対価補償金」のみであり、本事例のような借家人補償金や営業補償金は対価性のないものであるため、課税の対象とはなりません。

まとめ

　法人税における課税の特例で、借家人補償金や移転補償金を対価補償金とする場合であっても、これらの補償金は対価性がなく消費税の課税対象とはなりませんので混同しないように注意しましょう。
　また、法人税法の特例は、この事例のように本来の「対価補償金」以外にも該当する場合がありますので、収用等の特例の適用にあたっては申告前に所轄税務署に事前相談に行って審理していただくことも必要です。

Q 3-11 軽減税率が適用される飲食料品等の販売の範囲

当社は事業所の社員食堂や高校・大学の学食での給食サービス、パーティやイベントなどへのケータリングサービスを業務としています。

この度、本社敷地内で未稼働だった厨房を改装してランチ限定で食堂をオープンし、テイクアウト用の弁当販売も開始しました。テイクアウト弁当は注文を受けてから調理するために待ち時間が発生しますので、食堂横の空き地に待合用にパラソルとテーブル・椅子を設置しましたところ、持ち帰らないで購入後にパラソル席で飲食するお客様もおられます。

また、オンラインのデリバリーサービスとも提携し、来月から運用を開始します。

食堂、テイクアウト、イートイン、デリバリーサービスの利用客から徴収する消費税率はそれぞれ何％になるのでしょうか。

令和元年10月に消費税率が8％から10％に引き上げられるとともに、飲食料品や新聞の販売に関しては軽減税率8％が導入されました。

・社員食堂、学食、ケータリング、食堂での飲食料品の提供は「外食」となりますので標準税率10％の対象となります。

・食堂でのお持ち帰り用のお弁当とデリバリーサービスは「飲食料品」の販売に該当しますので軽減税率8％の適用となります。ただし、食堂でお弁当を購入しても、テーブルと椅子を利用して飲食されるお客様の場合は「外食」となりますので軽減税率の適用にはならず、標準税率10％の対象となります。

> 概　要

軽減税率8％が適用されるのは、「飲食料品」と「新聞」です。

1．飲食料品の範囲等
(1) 飲食料品とは

軽減税率の対象品目である「飲食料品」とは、食品表示法に規定されている食品（酒類を除きます。）をいい、一定の要件を満たす一体資産を含みます。

この「食品」とは、すべての飲食物をいい、「医薬品」、「医薬部外品」及び「再生医療等製品」は除き、食品衛生法に規定されている「添加物」が含まれます。

ここでいう「飲食物」とは、人の飲用又は食用に供される以下のものです。

① 米穀や野菜、果実などの農作物、食肉や生乳、食用鳥卵などの畜産物、魚類や貝類、海藻類などの水産物

② めん類・パン類、菓子類、調味料、飲料等、その他製造又は加工された食品

③ 添加物（食品衛生法に規定されているもの）

④ 一体資産のうち、一定要件を満たすもの

・酒税法に規定される酒類、医薬品、医薬部外品、再生医療等製品を除きます。

・ドラッグストア等で販売されている重曹や次亜塩素酸ナトリウムは食品衛生法に規定されている添加物であり、食用として販売した重曹等を購入者が清掃用に用いたとしても、販売時の税率は軽減税率となります。

ただし次の外食やケータリング等は、「飲食料品の販売」に含まれず、軽減税率の対象にはなりません。

外食：飲食店営業等、食事の提供を行う事業者が、テーブル・椅子等の飲食に用いられる設備（飲食設備）がある場所において、飲

食料品を飲食させる役務の提供。

ケータリング、出張料理等：相手方が指定した場所において行う加熱、調理又は給仕等の役務を伴う飲食料品の提供。

(2) **一体資産とは**

一体資産とは、例えば、おもちゃ付きのお菓子のように、「食品と食品以外の資産があらかじめ一体となっている資産」で、「一体となっている資産の価格のみが表示されているもの」をいいます。一体資産のうち、税抜価額が1万円以下であって、食品の価額の占める割合が3分の2以上であれば、全体が軽減税率の対象となります。

2．外食等の範囲

(1) **外食とは**

「外食」は、軽減税率の対象とはなりません。ここでいう「外食」とは、飲食店業等の事業を営む者が行う食事の提供で、次の①、②の要件をいずれも満たすものをいいます。

① テーブル、椅子、カウンターその他の飲食に用いられる設備がある場所において行うこと（場所要件）
② 飲食料品を飲食させる役務の提供であること（サービス要件）

具体例としては、レストランやフードコートでの食事の提供が「外食」に該当します（ Q10-2 参照）。

(2) **「飲食店業等の事業を営む者が行う食事の提供」の範囲**

飲食店業等の事業を営む者が行う食事の提供には、飲食料品をその場で飲食させる事業を営む者が行うすべての食事の提供が該当します。したがって、食品衛生法上の飲食店営業や喫茶店営業を営む者が行うものでなくても、(1)①の場所要件、(1)②のサービス要件を満たす場合には「外食」に該当します。

(3) **飲食設備の範囲**

飲食設備とは、飲食に用いられる設備であれば、その規模や目的は

問いません。例えば、テーブルのみ、椅子のみ、カウンターのみ若しくはこれら以外の設備又は飲食目的以外の施設に設置されたテーブル等であっても、これらの設備が飲食に用いられるのであれば、飲食設備に該当します。また、飲食料品を提供する事業者と飲食設備を設置・管理する者（以下「設備設置者」といいます。）が異なっていても、飲食料品の提供を行う事業者と設備設置者との間の合意等に基づき、その設備を顧客に利用させることとしている場合、その設備はその飲食料品を提供する事業者にとっての飲食設備に該当します。しかし、こうした合意等に基づいて利用させることとしているものではなく、誰でも利用できる公園のベンチなどは、原則、飲食設備に該当しません。

⑷ **テイクアウト（持ち帰り販売）**

　飲食店業等の事業を営む者が行うものであっても、テイクアウト（持ち帰り販売）など、飲食料品を持ち帰りのための容器に入れ、又は包装して行う販売は、単なる飲食料品の販売に該当し、軽減税率の対象となります。「外食」に該当するか、「テイクアウト（持ち帰り販売）」に該当するかは、事業者（売り手）が飲食料品を提供する時点（取引を行う時点）で顧客に意思確認を行うなどの方法によって判定します。

⑸ **ケータリング、出張料理**

　相手方が指定した場所において行う加熱、調理や給仕等の役務を伴う飲食料品の提供である「ケータリング」、「出張料理」等は、軽減税率の対象となりません。「加熱、調理や給仕等の役務を伴う」とは、相手方が指定した場所で、飲食料品の提供を行う事業者が食材等を持参し、調理して提供するものや、調理済みの食材をその指定された場所で加熱して提供する場合のほか、「盛り付け」、「配膳」等を行う場合も含みます。

3．新聞の範囲

　軽減税率の対象となる「新聞の譲渡」とは、一定の題号を用い、政

治、経済、社会、文化等に関する一般社会的事実を掲載する週２回以上発行されるもので、定期購読契約に基づくものです。

したがって、コンビニエンスストア等の新聞の販売は、定期購読に基づくものではないため、軽減税率の対象となりません。

適切な取扱い
適用する税率について
・社員食堂や学食、ケータリングサービスに対する消費税：
「外食」に該当しますので、標準税率10％の対象となります。
・レストラン内での飲食に対する消費税：
「外食」に該当しますので、標準税率10％の対象となります。
・テイクアウトに対する消費税：
お客様に対して「持ち帰り」か「店内での飲食」（ご質問の場合は「パラソル席での飲食」）かの意思確認を行って、「持ち帰り」であれば軽減税率８％の対象となり、「店内での飲食」であれば標準税率10％の対象となります。また、屋台やキッチンカー等を使って飲食料品を販売する場合には、椅子やテーブル等の飲食設備がない場合には軽減税率の対象ですが、椅子等を設置して飲食をさせる場合には標準税率の対象となります。販売時にお客様にテイクアウトか否かの意思確認をする必要があります。
・デリバリーサービスに対する消費税：
飲食料品の販売となりますので、軽減税率８％の対象となります。

誤った取扱い
テイクアウトのお弁当を販売後、お客様が持ち帰るか、店内などに設置したテーブル等で飲食するかはお客様都合だ、として会計時に意思確認をすることなくすべて軽減税率で会計を行うことは誤りです。飲食できる設備を設けている場合には、「場所要件」と「サービス要件」

を満たすことになりますので、お客様が飲食設備を使用して飲食した場合は「外食」に該当し、標準税率10％の対象となるからです。

〈令和3年4月1日以降の価格表示について〉

(1) **目的**

　Q3-6 でも記載していますように、価格表示につきましては総額表示義務の特例として誤認防止の措置を講じていれば、令和3年3月31日までは税込価格を表示しなくてもよい、とされています。令和元年10月1日から実施されている消費税の軽減税率制度の導入で、この問で述べたように同じ弁当を購入しても店内飲食であれば外食として標準税率が適用され、テイクアウトであれば飲食料品の購入として軽減税率が適用されることから、同一の飲食料品の購入につき適用される消費税率が異なる場面が出てきます。

　このようなことから、令和3年4月1日からは店内飲食・テイクアウトなどの場面を想定して適切な総額表示を行うことが必要となります。

(2) **具体的な表示方法**

　事業者がどのような価格設定を行うかは事業者の任意ですが、テイクアウトと店内飲食で異なる税込価格を表示する方法には、次の3つの方法が考えられます。

①　テイクアウト等と店内飲食の両方の税込価格を表示する方法

```
           メニュー
           店内飲食   （お持ち帰り）
日替わりランチ  770円    （756円）
```

②　店内掲示等を行うことを前提にどちらか片方のみの税込価格を表示する方法

```
          メニュー
日替わりランチ    770円
 ＊テイクアウトの場合には、税率が異なりますので別価格となります。
```

③　税込価格を統一する方法

　事業者の判断によりテイクアウト等及び店内飲食の税込価格が同一になるようにテイクアウト等の税抜価格を標準税率が適用される店内飲食よりも高く設定、又は店内飲食の税抜価格を低く設定した上で、同一の税込価格を表示することが考えられます。これによって、複数の価格を表示することによるお客様とのトラブルを防止することができると考えられます。

　具体例を示すと、以下のとおりです。

　テイクアウト等の税抜価格　　713円（8％）→770円
　店内飲食の税抜価格　　　　　700円（10％）→770円

```
         メニュー
     日替わりランチ　770円
```

(3)　参考：令和3年3月31日までの税抜価格を表示する方法

　令和3年3月31日までは、表示する価格が税込価格であると誤認されないための措置を講じているときに限り総額表示義務の特例として、税込価格を表示することを要しないとされています。

　その場合には、次の対応を行うことが望ましいとされています。

①　税抜価格とともに消費税額を表示する場合

　テイクアウト等と店内飲食との間で、適用税率が異なるため、両方の消費税額を表示する（又は、一定の注意喚起とともに、どちらか片方のみの消費税額を表示する。）。

（両方の消費税額を表示）

```
              メニュー
           本体価格　（税額：店内飲食/テイクアウト）
  日替わりランチ　700円　　　（70円　/　56円）
```

第3章　課税標準

145

（片方の消費税額を表示）

```
        お持ち帰り弁当メニュー
日替わりランチ　700円＋56円
　＊店内飲食の場合、税率が異なるため消費税額が異なります。
```

② 　税抜価格のみを表示する場合
　店舗内の目立つ場所に、テイクアウト等と店内飲食では適用税率が異なることを掲示などする方法で、消費者に対して注意喚起を行う。

```
              メニュー
日替わりランチ　700円（税抜）
　＊店内飲食とテイクアウトでは、税率が異な
　　りますので消費税額が異なります。
```

```
        お持ち帰り弁当メニュー
日替わりランチ　700円＋税
　＊店内飲食とテイクアウトでは、税率が異な
　　りますので消費税額が異なります。
```

ま と め

　外食の2要件を満たす場合には、「外食」となり軽減税率の対象とはなりません。
　「イベントや屋台での飲食物の提供」や「持ち帰り弁当の販売時」に飲食設備の設置をする場合には、会計時にお客様の意思確認をする必要があります。会計時にお客様とトラブルにならないように価格の表示については注意が必要です。
　また、令和3年4月1日からは価格の総額表示の特例が失効し消費税込みでの価格表示が義務付けられますので、メニュー表の準備など早めに進めてください。

第4章 仕入税額控除

Q4-1 課税仕入れの範囲

課税売上げ、非課税売上げ、不課税売上げの区別は、仕入れが課税仕入れか否かを判断するときにも必要であると聞いたのですが、どのようなものが課税仕入れに該当しますか。

A 課税仕入れは課税売上げの裏返しとなります。つまり、基本的には売り手側で課税売上げとなる取引が、買い手側では課税仕入れとなります。ただし、判断について個別に検討が必要なものもあります。

概　要

課税仕入れとは、以下の要件にあてはまる取引をいいます。(消法2①十二)

① 事業者が事業として他の者から資産を譲り受け、若しくは借り受け、又は役務の提供を受けること
② ①の売り手側が事業としてその資産を譲り渡し、若しくは貸し付け、又はその役務の提供をしたとした場合に課税資産の譲渡等に該当するものであること
③ 給与等を対価とする人的役務の提供でないこと
④ 輸出免税取引でないこと

適切な取扱い

1．課税仕入れに該当するかどうかの判断

上記の課税仕入れの要件にあるように、原則的には売り手側が課税資産の譲渡等と認識する取引が、買い手側では課税仕入れとなります。令和5年9月30日までは、課税仕入れの額を基にして仕入税額控除の計算を行いますが、適格請求書等保存方式が始まる令和5年10月1日

以降は適格請求書の記載事項を基にした金額が仕入税額控除の基礎となります。

2．輸出免税取引

輸出免税取引は、売り手側が消費税を預かっていない取引のため、買い手側では課税仕入れとは認識しません。国際電話料金、国際運賃、外国貨物に係る荷役運搬費、保管料などがそれに該当します。

3．免税事業者や消費者からの仕入れ

免税事業者や消費者は、その売上代金に対して消費税を預かっていません。しかし買い手側は、売り手側が消費税の納税義務者かどうかの判断がつきません。よって、免税事業者や消費者から仕入れた場合であっても、売り手側が資産の譲渡等をしたとした場合に課税資産の譲渡等に該当するものである場合は、買い手側は課税仕入れとなります。この場合、支払金額が消費税込みの金額とされます（消基通11－1－3）。

> （注）ただし、令和5年10月1日以降、適格請求書等保存方式が始まってからは免税事業者は適格請求書等の発行ができませんから、免税業者からの仕入れは課税仕入れとはなりません。なお、免税事業者からの仕入れについて激変緩和措置として令和5年10月1日から令和8年9月30日までは、免税業者からの仕入税額の80％、令和8年10月1日から令和11年9月30日までは仕入税額の50％を仕入税額控除の計算に含めてよいこととされています（ Q12-3 参照）。

4．居住用賃貸建物

令和2年10月1日以降、居住用賃貸建物を取得した場合、居住用賃貸建物に係る仕入税額は仕入税額控除の対象としないこととされました（消法30⑩）。

ただし、令和2年3月31日までに締結した契約に基づき、令和2年10月1日以降に引渡しを受ける居住用賃貸建物についてはこの規定は適用されません（平28改所法等附44）。

5．給与、通勤手当、日当

　給与など雇用契約に基づき支払われる労働の対価については、課税仕入れに該当しません。しかし、国内の出張に伴う出張旅費や宿泊費、日当については、出張先において実質的に消費する諸費用に充てるものであるため、通常必要と認められる部分の金額は課税仕入れになります（消基通11－2－1）。

　また、通勤手当（定期券等現物による支給を含みます。）のうち通勤に通常必要と認められる部分についても課税仕入れになります（消基通11－2－2）。所得税法上の通勤手当の非課税限度を超えるものも通常必要なものは課税仕入れとなります。

6．郵便切手等や商品券等

　郵便切手類については、本来、郵便局で購入した時は非課税仕入れであり、使用した時に初めて課税仕入れを認識するのですが、継続的に購入時に課税処理をしている場合は、課税仕入れとして認められます（消基通11－3－7）。

　また、印紙については、郵便局等で購入した場合には非課税仕入れとなりますが、金券ショップで購入した場合には課税仕入れとなります。

　商品券については、購入時は非課税仕入れとなります（金券ショップで購入しても非課税です。）。一般的にはそのまま贈答用等として使用することが多いかと思われますが、購入後、自らがその商品券を使用して商品を購入したりサービスを受けた場合には、その時点で課税仕入れとなります。

　ガソリン券や電車バスのプリペイドカードは、物品切手等に該当し（消法別表1四ハ）、原則としてしては購入時には課税仕入れには該当しませんが（消基通11－3－7前段）、購入した事業者が、自らがそのプリペイドカードの引換給付を受けるものとして継続して処理している場合には支払い時に課税仕入れとすることが認められています

(消基通11－3－7後段)。

7．クレジット手数料

　飲食店業や小売店業などクレジット決済による売上げ代金の回収を行っている事業者が信販会社に支払うクレジット手数料は、売掛債権を譲渡する際に生じる利息に相当するものとして非課税となります。税務調査でも誤りを指摘されることが多い事項ですので気をつけましょう（ Q1-3 参照）。

誤った取扱い

　建設業やソフトウェア開発業、設計業などで、本来、従業員への賃金として支給すべき業務に対する支払いを外注費で計上していることが見受けられます。出来高払いの給与を対価とする役務の提供は事業には該当しませんが、その一方で、請負による報酬を対価とする役務の提供は事業に該当します。つまり、賃金であれば課税仕入れにはならないため、仕入税額控除できませんが、外注費であれば課税仕入れに該当するため、仕入税額控除できます。賃金か請負か、この論点は税務調査でもしばしば争点となっています。両者の違いは、雇用契約に基づく対価であるかどうかでありますが、その区分が明確でない場合は、次の事項を総合勘案して判定するものとします（消基通1－1－1）。

① その契約に係る役務の提供の内容が他人の代替を容れるかどうか
② 役務の提供にあたり事業者の指揮監督を受けるかどうか
③ まだ引渡しを完了しない完成品が不可抗力のため滅失した場合等においても、その個人が権利として既に提供した役務に係る報酬の請求をすることができるかどうか
④ 役務の提供に係る材料又は用具等を供与されているかどうか

　税務調査において、外注費が否認され賃金であると認められた場合には、消費税額の訂正のほか、源泉所得税の追加納付も必要となりま

す。業務の実態はどちらなのかをあらかじめしっかり検討し、適切な税務処理を行うことが求められます。

まとめ

課税仕入れに該当するかどうかについては、売り手の立場に立った場合に課税売上げにあたるかどうかが主な判断基準となりますが、具体的には、「事業としての仕入れかどうか」「対価性があるかどうか」「労務の対価でないかどうか」等の検討が必要です。

Q4-2 課税売上割合

課税売上割合の計算が必要になるのはどのようなケースですか。また、課税売上割合を計算する時に特に注意すべきことはありますか。

A 課税売上げと非課税売上げが同時にあって、課税仕入れ等に係る消費税額を区分する必要がある場合です。課税売上割合は、分母、分子に計上すべき金額に一定のルールがあります。

概　要

その課税期間における課税売上高が5億円超又は課税売上割合が95％未満である場合には、課税売上げ等に係る消費税額から課税仕入れ等に係る消費税額の全額を控除することができず、そのうち課税売上げに対応する部分のみを控除します。方法としては、個別対応方式と一括比例配分方式が選択できます。なお、簡易課税制度を選択している場合を除きます。

適切な取扱い

1．個別対応方式と一括比例配分方式

(1) **個別対応方式**（消法30②一）

課税仕入れ等に係る消費税額（居住用賃貸建物に係る仕入れ消費税額を除く）を売上げとの対応により以下の3つに分類する必要があります。そのうえで、下記の算式により算出します。

① 課税売上げにのみ要するもの
② 課税売上げと非課税売上げに共通して要するもの
③ 非課税売上げにのみ要するもの

控除対象仕入税額 ＝ ① ＋ （②×課税売上割合）

第4章　仕入税額控除

(2) 一括比例配分方式（消法30②二）

課税仕入れ等に係る消費税額を(1)のように区分せず、全体に対して割合を乗じます。

　　　控除対象仕入税額 ＝ 課税仕入れ等に係る消費税額×課税売上割合

全体の金額のうち控除できる金額を図で表すと下記のようになります。

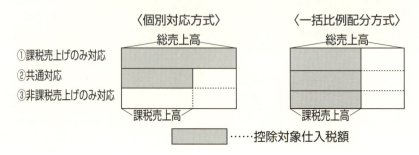

(3) 注意点

比較的多くのケースで個別対応方式による控除対象仕入税額の方が有利となりますが、できれば一括比例配分方式との比較判定をし、有利な方を選択しましょう。ただし課税仕入れに係る消費税額を(1)の①～③に区分するのは労力を要することから、その区分が難しい場合は一括比例配分方式を選択することになります。その場合、届出書を提出する必要はありませんが、一度、一括比例配分方式を選択すると２年間は継続しなければ個別対応方式に変更することができませんので、注意が必要です。

また個別対応方式で(1)の①～③に区分するに際し、課税仕入れの中から①を抽出し、残りをすべて②に該当するものとして取り扱うことはできませんのでこちらも注意が必要です（消基通11－２－18）。

２．課税売上割合の求め方

課税売上割合は次の算式にて計算します（消法30⑥、消令48①）。

$$課税売上割合 = \frac{課税期間中の課税売上高}{課税期間中の課税売上高 + 課税期間中の非課税売上高}$$

（すべて税抜金額）

算式において、課税売上高には輸出免税売上高を含みます。また、分母、分子両方から売上げに係る対価の返還等（返品、値引き、割戻し等）の金額を控除します。

課税売上割合については、原則として端数処理は行いませんが、端数を切り捨てることは認められます（消基通11－5－6）。

3．課税売上割合の分母、分子に算入する取引金額の注意点

(1) 有価証券の譲渡

有価証券の譲渡は非課税売上げではありますが、有価証券は売買が繰り返される投資の性格を有するものであり、売却額をすべて分母に計上すると課税売上割合が下がり、本来の事業の実体と消費税の計算が乖離してしまうため、有価証券の売買については、その売却収入×5％を分母に算入することにしています。具体的には、株式、公社債、コマーシャルペーパー、金銭債権等の譲渡が挙げられます（消令48⑤）。

(2) その他の金融取引

合同会社や協同組合等の出資持分の譲渡については、頻繁に行われる取引ではないため、その全額を分母に計上します。預貯金・公社債・貸付金等の利子や投資信託の収益分配金についても全額が非課税売上高となり、分母に計上します。

自社が資産の譲渡等の対価として取得した金銭債権（売掛金など）の譲渡については、課税売上割合の計算上、分母・分子ともに含めません（消令48②二）。これは、資産の譲渡等の際にすでに売上げが計上されており、その金銭債権を第三者に譲渡した際にさらに売上げを計上してしまうと、資産の譲渡等の対価が二重計上されてしまうためです。ただし、自社が資産の譲渡等の対価として取得した以外の金銭債権の譲渡については、(1)のとおり、売却収入の5％を分母に計上し

第4章 仕入税額控除

ます。

(3) 非課税資産の輸出

非居住者に対する貸付金の利息や外国債券の利息については、輸出取引に該当することが証明された場合には、非課税資産の輸出として課税売上割合の計算上分母、分子両方に計上します。同様に、自己の使用のために資産を海外支店等に輸出した場合にも課税売上割合の計算上分母、分子両方に計上します（消令51、**Q6-7** 参照）。

(4) 特定課税仕入れ

国外事業者が提供する事業者向け電気通信利用役務の提供を国内事業者が受ける特定課税仕入れについては、当該役務の提供を受けた国内事業者が、その支払額を課税標準として消費税の計算を行います。この特定課税仕入れは課税標準には加えますが、課税売上割合を計算する際は分母、分子に算入しません（**Q6-5** 参照）。

4．課税売上割合に準ずる割合

個別対応方式を適用する場合において、納税地の所轄税務署長の承認を受けているときは、本来の課税売上割合に代えて、課税売上割合に準ずる割合を適用することができます。この準ずる割合は、従業員数、従事日数の割合、消費又は使用する資産の価額、使用数量、使用面積の割合その他課税売上げと非課税売上げに共通して要するものの性質に応ずる合理的な基準により算出した割合をいいます。適用にあたっては、全事業について同一の割合を適用する必要はなく、例えば事業の種類ごとや、販売費及び一般管理費その他の費用の種類の異なるごと、事業所別に適用することができます。ただしこの場合には、適用すべき準ずる割合のすべてについて、下記のとおり税務署長の承認を受ける必要があります。

この規定の適用を受けようとする事業者は、「課税売上割合に準ずる割合の適用承認申請書」を納税地の所轄税務署長に提出し、承認を受けた日の属する課税期間から採用することができます。申請書を提

出してから承認を受けるまでには一般的に数週間～1か月程度を要します。決算期末に駆け込みで提出をすると期日に間に合わない可能性がありますので、必ず余裕をもって早めに提出してください。やめようとする場合には「課税売上割合に準ずる割合の不適用届出書」を提出した日の属する課税期間から原則的な課税売上割合に戻ることができます。

　なお、この準ずる割合は一括比例配分方式には適用できませんのでご注意ください。(消法30③、消基通11－5－7、11－5－8)

誤った取扱い

　課税売上割合の計算において、有価証券の譲渡につき譲渡金額の5％を分母に計上すべきところ、計上自体を失念したり、売却益の5％を計上してしまうミスが見受けられます。また、5％ではなく全額を計上してしまうミスも見受けられます。

　課税売上割合に準ずる割合は個別対応方式の共通部分の区分にのみ用いることができますので、一括比例配分方式に用いるのは誤りです。

まとめ

　課税売上割合が99％超であるなど極めて100％に近い場合は、一括比例配分方式を選択しても不利益の額は小さいことから、個別対応方式を選択するためにすべての課税仕入れ取引を　**適切な取扱い**　1(1)①から③の3つに区分する労力と比較し、あえて一括比例配分方式を選択するという案もあります。ただし、一度一括比例配分方式を採用すると2年間は強制適用となりますので気をつけましょう。

Q4-3 課税仕入れの3つの区分

個別対応方式を適用するためには課税仕入れの税額を①課税売上げにのみ要するもの、②課税売上げと非課税売上げに共通して要するもの、③非課税売上げにのみ要するものの3つに区分しなければいけませんが、区分に際し、どのようなことに気を付けるべきでしょうか。また、区分が紛らわしい事例について教えてください。

課税仕入れの税額を区分するにあたっては、行っている事業の形態や経理処理を改めて確認し、最終的にどの売上げに直接対応する課税仕入れなのかを検討しましょう。

概要

土地の購入に係る仲介手数料のように、1つの課税仕入れについても対応する売上げの内容によって仕入れ区分が異なることがあります。まずは3つの区分の定義をしっかり理解したうえで売上げとの対応を考える必要があります。

適切な取扱い

1．課税売上げにのみ要する課税仕入れに該当するもの

課税資産の譲渡等を行うためにのみ必要な課税仕入れをいい、例えば下記のものが該当します（消基通11-2-12）。

① そのまま他に譲渡される課税資産
② 課税資産の製造用にのみ消費し、又は使用される原材料、容器、包紙、機械装置、器具備品等
③ 課税資産に係る倉庫料、運送費、広告宣伝費、支払手数料等

2．非課税売上げにのみ要する課税仕入れに該当するもの

非課税資産の譲渡等を行うためにのみ必要な課税仕入れをいい、例えば下記のものが該当します（消基通11－2－15）。

① 販売用の土地の造成費用
② 有価証券の売買手数料
③ 住宅の賃貸に係る手数料、修繕費

3．共通対応の課税仕入れに該当するもの

事業者が行う課税仕入れに関し、課税売上げにのみ要するものと非課税売上げにのみ要するものは明らかに判断しやすいので、その区分をした後に残ったものが共通対応と考えられます。人的組織で考えると、一般的に管理部門や役員に関するものが共通対応のものに該当し、会計上で部門を設定すると管理がしやすくなります。また、会計上の勘定科目で考えると、一般的に福利厚生費、水道光熱費、賃借料、会議費、交際費、旅費交通費、消耗品費などが考えられます。

4．課税売上割合がゼロの場合

設立第1期目のように開業準備の経費のみがかかり、売上げが発生しない場合は、課税売上割合がゼロになります。この場合、課税仕入れに係る消費税を全く控除できないのではと心配になりますが、課税仕入れを行った課税期間において、対応する課税売上げがあったかどうかは問われないため、個別対応方式を適用する場合には、課税売上げにのみ要するものとして当課税期間に仕入税額控除ができます（消基通11－2－12なお書）。

5．国外での売上げのための課税仕入れ等

海外で所有している工場を売却するために日本で広告費を支出するなど、国外での課税資産の譲渡等のために国内で行った課税仕入れは仕入税額控除の対象になり、個別対応方式を適用する場合は、課税売上げにのみ要するものに該当します(消基通11－2－13、 Q6-1 参照)。

6．課税対象外取引のための課税仕入れ等

　増資手続きのために司法書士に支払った手数料や、助成金を取得するためにかかった手続き費用など不課税取引のために要する課税仕入れについては、どの区分にも当てはまりませんが、個別対応方式による場合には共通対応の課税仕入れとして取り扱います（消基通11－2－16）。

7．土地の購入に係る仲介手数料

　土地の購入に係る仲介手数料については、所得税法上や法人税法上は、土地の取得価額に加算されます。一方で消費税については、その購入した日の属する課税期間において課税仕入れとして認識されます。ただし、下記のようにその目的に応じ課税仕入れの区分が異なります。

①　そのまま販売……………非課税売上げにのみ要する課税仕入れ
②　住宅を建築して販売……共通対応の課税仕入れ
③　住宅を建築して貸付け…非課税売上げにのみ要する課税仕入れ
④　事務所用ビルを建築して貸付け……課税売上げにのみ要する課税仕入れ
⑤　自社ビルを建築して自社利用………共通対応の課税仕入れ

8．土地の売却に係る仲介手数料

　土地・建物を一括譲渡（土地の代金1億円、建物の代金5,000万円）し、仲介手数料を支払った場合、その仲介手数料は共通対応の課税仕入れとなります。ただし、共通対応の課税仕入れであっても、合理的な基準により課税売上げにのみ要するものと非課税売上げにのみ要するものに区分することが可能である場合には、その区分したところにより個別対応方式を適用しても差し支えないことになっています（消基通11－2－19）。

　例えば、この事業者の課税売上割合が90％であった場合には、共通対応仕入れとする方が有利ですが、課税売上割合が30％であった場合

には、手数料を土地の売却部分と建物の売却部分に按分してそれぞれを非課税売上げにのみ要するもの、課税売上げにのみ要するものに分けて適用する方が有利となります。

（注）ただし、たまたま土地の譲渡があった場合には「課税売上割合に準ずる割合」の適用を受け、より有利な税額控除を受けることもできます。

9．広告宣伝費

取り扱っている製品のカタログ代金やコマーシャル料については、課税売上げにのみ要する課税仕入れに該当しますが、会社全体のホームページ作成費用やイメージアップのための社名広告等については、直接課税売上げに結びつかないため共通対応の課税仕入れに該当します。

同様に、特定の仕入れ先や得意先に対する接待、供応、慰安、贈答のための交際費については、課税売上げにのみ要する課税仕入れに該当しますが、顧問弁護士との会食費等売上げとの直接対応が見受けられない交際費については共通対応の課税仕入れに該当します。

誤った取扱い

非課税売上げが預金利息しかない事業者が、仕入税額控除につき個別対応方式によっている場合につき、すべての課税仕入れの税額を課税売上げにのみ要するものと認識しているケースが見受けられますが、それは誤りです。課税売上割合は限りなく100％に近い数字となっているはずですが、預金を取り扱う経理部門や役員に関する課税仕入れは、共通対応として区分する必要があります。また、売上げとの明確な対応関係がないものについても共通対応となりますので注意が必要です。

まとめ

　課税仕入れ等の区分については、課税売上げや非課税売上げに直接結びつくものか否かで概ね判断できます。本社経費や管理部経費、役員経費などは直接結びつかないため、共通対応の課税仕入れと区分されることが多いでしょう。また、勘定科目でおよその区分は可能です。ただしこれらはあくまで一般的かつおおまかな区分であり、課税仕入れは形式的に分類できるものではなく、事業者の業種や組織の在り方、収入の内容によってそれぞれ異なります。分類の考え方についてよく理解したうえで区分を検討しましょう。

Q4-4　短期前払費用と消費税

3月決算の会社について、12月末に翌年1月から12月までの事務所家賃をまとめて支払い、全額費用処理しましたが、これに係る消費税についても当期に全額控除してもよいでしょうか。

A 契約に従い毎年継続して同様の処理を行っている場合には全額控除できます。

概　要

前払費用につき、法人税、所得税において短期前払費用の取扱いを受ける場合には、その前払費用に係る課税仕入れについては、その支出した日の属する課税期間において行ったものとして取り扱います。

適切な取扱い

1．消費税における取扱い

消費税の課税仕入れの時期は、原則として資産の引渡しやサービスの提供があった時とされています。ただし前払費用のうち、所得税や法人税の取扱いにより必要経費の額又は損金の額に算入することが認められている短期前払費用は、その支出した課税期間の課税仕入れに含めることになります（消基通11－3－8）。よって、適切に短期前払費用処理をした費用に係る消費税については、その支払った課税期間で全額控除します。

2．法人税における取扱い

前払費用とは、契約により継続的に役務の提供を受けるために支出した費用のうち、その事業年度終了の時においてまだ提供を受けてない役務に対応するものをいいます。前払費用は、原則として支出した時に資産に計上し、役務の提供を受けた時に損金の額に算入すべきも

のです。

　しかし前払費用の額で、その支出の日から1年以内に提供を受ける役務に係るものを支払った場合において、その支払った金額を継続してその事業年度の損金の額に算入しているときは、原則にかかわらず、その支払ったときに損金の額に算入することが認められます（法基通2－2－14）。なお、所得税においても同様の規定が所得税基本通達37－30の2に定められています。

誤った取扱い

(1)　税理士に対する月額顧問料の一括前払いや1年契約の英会話スクールの授業料の前払いについて、短期前払費用として全額を支払った課税期間の課税仕入れとするのは誤りです。

　　これらは契約期間を通して等質、等量の役務の提供をしているとはいえないためです。

(2)　収益の計上と対応させる必要がある費用については、短期前払費用の通達の適用はありません（法基通2－2－14(注)）。

　　例えば、不動産を転貸している場合において、賃貸収入については期間損益計算による収益計上を行っておきながら、支払賃料については支払い時に短期前払費用として全額費用処理するなど収益と費用の期間対応関係を崩すような処理は認められませんのでご注意ください。

まとめ

　実務上、1年以内に提供の予定がある役務に対する支払を期末までに行った場合に、安易に短期前払費用の適用があると判断して誤った処理をし、税務調査で指摘を受けるケースが見受けられます。その役務の提供が「等質、等量」か、重要性の原則から判

断して適用が可能かどうか、継続性の原則が適用されているか等の条件をしっかり確認するようにしましょう。

Q4-5 軽減税率に関する仕入税額控除

当社は、令和3年6月20日に創業100周年を迎えるにあたり、平成31年1月1日よりプロジェクトを企画してきました。その計画の中で社長の懇意にしているレストランを貸し切ってのパーティーを予定しており、既に当日（令和3年6月20日）の予約も済ませ一部代金の前払いも平成30年度（平成30年4月1日〜平成31年3月31日）中にしていました。そのレストランが、感染症の影響によりケータリング・出張料理若しくはテイクアウトでのサービスなら可能だが、レストランでの食事は難しい場合があるとのことで、予約のキャンセルも含め選択を迫られています。

どの選択をすればどういう消費税の課税関係が発生するでしょうか。

1. ケータリング・出張料理を選択する場合
   サービスの提供を受けた時点で10％課税されます。
2. テイクアウトを選択する場合
   酒類分については10％、飲食料品分については軽減税率の8％が課税されます。
3. 予約をキャンセルする場合
   前払金が返還され消費税の課税関係は発生しません。
   キャンセル料は課税取引となります。

概　要

令和元年10月1日よりそれまでの8％から10％に消費税率が引き上げられ、それと同時に、酒類及び外食を除く飲食料品に、8％の軽減税率が適用されることとなりました。

外食の場合は10％、テイクアウトの場合は8％となり、ケータリング・

出張料理の場合は外食ではないもののサービスの提供を受けるということで10%となります。またテイクアウトの場合でも酒類に関しては10%となります（詳細は Q3-11 、 Q10-2 参照）。

適切な取扱い

このケースにおける一連の取引について不測の事態も想定した場合の消費税の課税関係は下記のとおりとなります。

1．予約代金前払時

短期前払費用には該当せず、消費税の課税関係は発生しません（ Q4-4 参照）。

2．プロジェクトが順調に進んでいた場合

パーティーがレストランで実行された時点で10%課税されます。

3．ケータリング・出張料理を選択する場合

サービスの提供を受けた時点で10%課税されます。

4．テイクアウトを選択する場合

酒類分については10%、飲食料品分については軽減税率の8%が課税されます。

5．予約をキャンセルする場合

前払金が返還され消費税の課税関係は発生しません。キャンセル料を払った場合は課税取引となります。

6．レストランが倒産して前払金を回収不能になった場合

債権放棄することとなり、貸倒処理することとなります。その場合は資産の譲渡等の対価ではありませんので消費税の課税関係は発生しません。

誤った取扱い

前払金の貸倒れについて、消費税込みの金額として課税資産の譲渡等の対価として、貸倒れに係る消費税額を控除するのは誤りです。

まとめ

軽減税率が適用される飲食料品の販売において、実際に8％の消費税率が適用される場合と、軽減税率が適用されずに10％の消費税率が適用される場合については、ケースバイケースですので、仕入税額控除の処理をする場合にはいずれの税率が適用されるか慎重に判断する必要があります。

Q4-6 区分記載請求書と適格請求書

消費税率は10%の標準税率と8%の軽減税率が適用されていますが、請求書等の保存方法はどのようにしたらよいですか。また、令和5年10月1日からインボイス（適格請求書）方式になると聞きますが、どうすればよいですか。

A 令和5年9月までは、区分記載請求書等保存方式が採用され、令和5年10月からは、適格請求書等保存方式が採用されます（Q12-3 参照）。

概要

令和元年10月1日から消費税率引上げとなり軽減税率が設けられました。区分記載請求書等保存方式では、軽減税率対象取引を明確に区分するため、帳簿への記載と区分を明示された請求書等の保存が必要となります。令和5年10月1日から適格請求書等保存方式が採用されることとなっており、売り手側では、インボイス（適格請求書）発行事業者になる登録をしたうえで、登録番号を付してインボイス（適格請求書）を発行しなければなりません。買い手側でも、仕入税額控除のため、登録番号の付されたインボイス（適格請求書）を入手し保存しなければなりません。

適切な取扱い

1. 区分記載請求書等保存方式では、請求書発行者の氏名又は名称・取引年月日・取引の内容・対価の額（税込み）・請求書受領者の氏名又は名称・軽減税率の対象品目である旨・税率ごとに合計した対価の額（税込み）を請求書等に記載します。

　買い手側は、区分記載請求書の保存が仕入税額控除の要件となっ

ていますので、経費等の仕入税額控除を受けられるよう、経理処理することとなります。

　請求書等の交付を受けた事業者は、経理処理するにあたり、必要となる記載内容に不足している項目がある場合においては、記載すべき項目の追記も可とされていることに加え、消費税率引上げ前と同様、免税事業者等からの仕入税額控除も可とされています。

2．適格請求書等保存方式では、上記の区分記載請求書等保存方式より詳細な内容の記載が求められることに加え、適格請求書発行事業者の登録番号の記載が、求められています（ Q12-3 参照)。

誤った取扱い

　軽減税率適用取引がある場合、それを区分していない請求書等は、消費税法上は不適切な取扱いとなります。適格請求書発行には、登録して番号を付与してもらわなければなりません。

まとめ

　令和5年10月1日から適格請求書等保存方式が採用されるまでの期間は、準備期間として要件の緩められた区分記載請求書等保存方式が採用されますが、宥恕規定も設けられておりそこまで厳格な要件とはなっていません。ただし、適格請求書等保存方式が採用されてからは、厳格な要件が設けられることとなる予定ですので、準備期間のうちに、変更される制度に対応できる体制を整えるよう心掛けましょう。

Q4-7 免税事業者からの仕入税額控除

令和5年10月1日から適格請求書等保存方式が導入されると、免税事業者等からの仕入税額控除は受けられなくなるのでしょうか。

A 令和5年10月1日から適格請求書等保存方式が採用されることとなり、原則として、免税事業者・適格請求書発行事業者登録ができていない課税事業者・消費者（以下「免税事業者等」といいます。）からの仕入税額控除は受けられなくなります（ Q12-4 参照）。

概要

令和5年10月1日から適格請求書等保存方式が採用されることとなり、原則として、免税事業者等からの仕入税額控除は受けられなくなります。

適切な取扱い

令和5年10月1日から適格請求書等保存方式が導入され、免税事業者等は適格請求書等を発行不可となる為、免税事業者等からの仕入税額控除はできなくなります。

令和元年10月1日から令和5年9月30日までの間は、区分記載請求書等保存方式が採用され、この期間においては、免税事業者等も請求書等を発行可能で免税事業者等からの仕入税額控除も可能とされています。

令和5年10月1日から実施される適格請求書等保存方式では、免税事業者等は適格請求書を発行できませんので、仕入側で仕入税額控除ができず、取引から排除されることが懸念されています。そのため、

適格請求書等保存方式が導入された後も特例が設けられ、免税事業者等からの仕入税額については令和5年10月1日から令和8年9月30日までの3年間は80％、その後令和11年9月30日までの3年間は50％の割合で、仕入税額控除を受けられるものとされています（平28改所法等附52、53）。

まとめ

　適格請求書等保存方式が採用される令和5年10月1日までの期間は、準備期間として要件の緩められた区分記載請求書等保存方式が採用され免税事業者等も請求書等を発行可能で、免税事業者等からの仕入税額控除も可能とされています。ただし、適格請求書等保存方式が採用されてからは、経過措置として一定割合の仕入税額控除を受けられることとなってはいるものの、原則として、免税事業者等からの仕入税額控除は受けられなくなります。したがって、準備期間のうちに、変更される制度に対応できる体制を整え、必要な場合は適格請求書発行事業者登録を行いましょう。

第5章 簡易課税制度

Q5-1 簡易課税制度

中小事業者は簡易課税制度を選んだ方がメリットがあると聞いたのですが、簡易課税制度はどのような制度ですか。また、その適用を受けるにあたりどのような点に注意すべきでしょうか。

A 簡易課税制度とは、売上げに係る消費税額に一定の割合を乗じることによって仕入れに係る消費税額を計算する簡易な仕入税額控除の方法であり、中小事業者のみが選択できます。簡易なだけに、売上げに係る消費税額や割合を誤ると納税額も大きく変わってしまうので注意しましょう。

概 要

簡易課税制度は、中小事業者の事務負担を考慮して設けられた制度であり、事業者の選択により、一般的な仕入れに係る消費税額の計算に替えて、売上げに係る消費税額のみを使った簡便な計算方法を認める制度です。

簡便な方法であることから記帳や申告作業が楽であるということが大きなメリットとなりますが、適用を受けるにあたっては税務署への届出が必要であったり、この制度を適用していると還付申告をすることができないなどの注意点もあります。

適切な取扱い

1．簡易課税制度の適用要件と算式

事業者につき、

① その課税期間の基準期間（注1）における課税売上高が5,000万円以下であること

② 納税地の所轄税務署長に課税期間が始まる日の前日までに「消

費税簡易課税制度選択届出書」を提出していること

の2つの条件を満たす場合には、下記の算式により計算した金額を控除対象仕入税額とみなして、その事業年度の課税標準額に対する消費税額から控除します（消法37①）。

$$\text{控除対象仕入税額} = \left(\text{課税標準額に対する消費税額} - \text{売上げに係る対価の返還等の金額に係る消費税額}\right) \times \text{みなし仕入率（注2）}$$

（注1）基準期間とは、個人事業者についてはその年の前々年、法人についてはその事業年度の前々事業年度（その前々事業年度が1年未満である法人についてはその事業年度開始の日の2年前の日の前日から同日以後1年を経過する日までの間に開始した各事業年度を合わせた期間）をいいます（消法2①十四）。

（注2）みなし仕入率は、第1種事業から第6種事業まで事業の種類ごとに90％～40％まで区分されています(消令57、詳細については Q5-2 参照)。

2．届出書の効力発生時期及び継続すべき期間

「消費税簡易課税制度選択届出書」については、原則として、その提出をした日の属する課税期間の翌課税期間から効力が発生します。よって、簡易課税制度を選択するか否かについては、基本的に選択したい課税期間の前課税期間の終わる日までに検討し、届出書を提出する必要があるので注意が必要です。

また、簡易課税制度を選択しますと、少なくとも2年間は継続しなければなりません（消法37⑥）。

3．基準期間の課税売上高が5,000万円以下でも簡易課税事業者になれないケース

調整対象固定資産や高額特定資産を取得した事業者が多額の仕入税額控除を受けた場合は課税売上割合や課税仕入れの目的変更に伴う変更による調整が求められていますので、下記の場合、それぞれの課税期間については、簡易課税事業者を選択できません。

① 課税事業者を選択した事業者が、選択により課税事業者となっ

た課税期間の初日から2年以内に調整対象固定資産の取得を行った場合、その調整対象固定資産の取得を行った課税期間の初日から3年を経過する課税期間まで（消法9⑦、37③一）
② 新設法人や特定新規設立法人が基準期間のない課税期間において調整対象固定資産を取得した場合はその調整対象固定資産を取得した課税期間の初日から3年を経過する課税期間まで（消法12の2②、12の3③、37③二）
③ 課税事業者（簡易課税事業者を除く）が高額特定資産を取得した場合、その高額特定資産を取得した課税期間の初日から3年を経過する課税期間まで（消法12の4①、37③三、 Q8-1 参照）。

4．課税売上高の正確な把握

簡易課税制度は売上高に係る消費税額のみを使って控除対象仕入税額を計算するため、課税売上高を正確に把握することが重要となります。

例えば、下請け業者が、材料について有償支給を受けている場合、本来の売上高から材料代を相殺した入金額で売上計上してしまうと、その分課税売上高の計上額が少なくなり、簡易課税による控除対象仕入税額の計算を誤ってしまいます。ただし、外注先等に対して外注加工用の原材料等を有償支給する場合であっても事業者がその原材料等を自己の資産として管理しているときは、その有償支給は課税売上げには該当しないものとされています（消基通5－2－16本文）。その場合、有償支給を受ける外注先等では、当該有償支給を受ける原材料等は課税仕入れに該当せず、発注先から受け取る代金のうち原材料費等を除いた金額が、課税売上げとなります（消基通5－2－16（注））。

このほか、事業者が新たに車を購入する際に、旧車の下取り代金を差し引いて支払う場合についても、消費税額の計算については、車の購入額と売却額を相殺せず、下取り価格を課税売上高として認識し簡易課税制度を適用する必要があります。

これらは、所得を基準に計算する所得税や法人税の額には影響を与えませんが、消費税額の計算については影響を与えるため、売上高とそれに関連する仕入れ、経費については基本的には相殺せず、総額で認識する必要があります。

5．事業区分の正確な把握

　控除対象仕入税額を正確に算出するためには、みなし仕入率の決定が重要であり、そのためには売上取引の事業区分を正確に把握する必要があります。事業区分については、 Q5-2 、 Q5-3 に記載しています。

6．その他の税額控除等との関係

　簡易課税制度は、控除対象仕入税額の特例計算の制度であるため、貸倒れに係る消費税額の控除については、この規定の影響を受けません。よって、貸倒れに係る消費税額については別途、貸倒れが生じた課税期間の課税標準額に対する消費税額から控除します。

　また、貸倒れに係る消費税額の控除を受けた売掛金等を回収した場合には、その回収した売掛金等に係る消費税額は、課税標準額に対する消費税額に加算され、加算後の金額をもとに控除対象仕入税額を計算します（消基通13－1－6）。

　同様に、売上げに係る対価の返還等に対する消費税額についても、対価の返還等があった課税期間の課税標準額に対する消費税額から控除し、控除後の金額をもとに控除対象仕入税額を計算します（消法38①）。

誤った取扱い

1．判定時期

　簡易課税制度の適用を受けるのは、「基準期間」の課税売上高が5,000万円以下である事業者であり、「当課税期間」の課税売上高で判定するのではありません。結果の判定から実際の申告まで原則として

2年間のタイムラグがあるため、簡易課税制度を選べる効力が発生している場合や、簡易課税制度を適用できなくなっていることについてうっかり失念しないよう注意が必要です。

２．一般課税制度との選択

「消費税簡易課税制度選択届出書」を提出した場合には、基準期間の課税売上高が5,000万円以下である課税期間について、「消費税簡易課税制度選択不適用届出書」を提出しない限り必ず簡易課税制度を適用する必要があり、課税期間ごとに一般課税での仕入税額控除制度との有利選択ができるわけではありませんので注意が必要です。

３．特定の部門のみの適用

事業者が各部門ごとの独立採算制を採用している場合において、特定の部門のみに簡易課税制度を適用することはできません。簡易課税制度は事業者の事業全体に対して適用を受けるものです。

まとめ

　簡易課税制度を選択するか否かの判断については、その計算方法の簡易さが最大のポイントにはなりますが、控除できる消費税額の比較という点も重要です。簡易課税制度は、事業区分ごとにみなし仕入率が定められているため、該当するみなし仕入率を乗じて計算した控除対象仕入税額の方が一般課税による控除対象仕入税額より多い場合があります。特に経費に占める人件費の割合が高い事業者については、どちらが有利かしっかり検討したうえで、消費税簡易課税制度選択届出書の提出を行いましょう。

　また、簡易課税制度は、その算式上、還付税額が発生しません。輸出取引が多い事業者や高額の設備投資の予定がある事業者については、簡易課税制度を選択せず、消費税額の還付を受ける方が有利となる場合がありますので気をつけましょう。また、その際に

は消費税簡易課税制度選択不適用届出書の提出期限にくれぐれもご注意ください。

第5章 簡易課税制度

Q5-2 事業区分

簡易課税制度では、事業区分が第１種事業から第６種事業までありますが、この区別は具体的にどうすればよいでしょうか。

A 簡易課税制度のみなし仕入率は事業区分ごとに定められています。事業区分の判定については事業者ごとではなく、事業者が行う一の取引ごと（課税資産の譲渡等ごと）に行います。

概　要

事業区分ごとのみなし仕入率と事業区分の定義は下記のとおりです（消令57①⑤⑥）。

事業区分	みなし仕入率	該当する事業内容
第１種事業	90%	卸売業（他の者から購入した商品をその性質及び形状を変更しないで他の事業者に対して販売する事業をいう）
第２種事業	80%	小売業（他の者から購入した商品をその性質及び形状を変更しないで販売する事業で第１種事業以外のものをいう）、農業・林業・漁業（飲食料品の譲渡に係る事業）
第３種事業	70%	農業・林業・漁業（飲食料品の譲渡に係る事業を除く）、鉱業、建設業、製造業（製造小売業含む）、電気業、ガス業、熱供給業及び水道業 ※１　第１種事業又は第２種事業に該当するものを除く ※２　加工賃その他これに類する料金を対価とする役務の提供を除く
第４種事業	60%	第１種事業から第３種事業及び第５種事業、第６種事業以外の事業（飲食店業等） ※　第３種事業から除かれる加工賃その他これに類する料金を対価とする役務の提供を行う事業を含む

第5種事業	50%	運輸通信業、金融業、保険業、サービス業（飲食店業に該当する事業を除く） ※ 第1種事業から第3種事業までの事業に該当するものを除く
第6種事業	40%	不動産業

適切な取扱い

1．事業者と事業区分

　事業者が行う事業区分の判定については、原則として、その事業者が行う課税資産の譲渡等ごとに行います（消基通13－2－1）。

　したがって、小売業者だからすべて第2種事業の売上げであるとか、建設業者だからすべて第3種事業の売上げであるとは限りませんので、一つ一つの売上取引について上記の事業区分の定義に従い区分する必要があります。

　代表的な業種における取引内容ごとの事業区分は下記のとおりとなります。

業種	事業内容	事業区分
小売業 （例：スーパーマーケット）	(1) 仕入商品を事業者に販売 (2) 仕入商品を消費者に販売 (3) 自社で製造した商品（パン等）の販売	第1種 第2種 第3種
製造業	(1) 自社で製造した製品の事業者への販売（製造問屋） (2) 自社で製造した製品の消費者への販売（製造小売） (3) 下請け業者に加工を依頼した製品の販売 (4) 材料の無償支給を受けて行う加工作業 (5) 作業くず・副産物の売却 (6) 固定資産の売却	第3種 第3種 第3種 第4種 第3種 第4種
建設業	(1) 自社で材料を調達して行う建築工事、修繕工事 (2) 元請けから材料の無償支給を受けて行う建築工事、修繕工事	第3種 第4種

	(3) 解体業	第4種
	(4) 固定資産の売却	第4種
飲食店業	(1) 店内での飲食物の提供	第4種
	(2) 出前サービス	第4種
	(3) 仕入商品であるお土産品の販売	第2種
	(4) 店内で製造した食品の持ち帰り用販売	第3種
	(5) 個室代、サービス料	第4種
サービス業 (例：自動車整備業)	(1) 修理作業	第5種
	(2) タイヤ交換作業で工賃を区分せずタイヤ代として請求	第1種・第2種
	(3) タイヤ交換作業においてタイヤ代と別に請求した工賃	第5種
	(4) 代車料	第5種
不動産業	(1) 購入した不動産の販売	第1種・第2種
	(2) 建設業者に依頼して建築した不動産の販売	第3種
	(3) 不動産物件の仲介	第6種
	(4) 不動産賃貸	第6種
	(5) 自社使用していた不動産の売却	第4種

　このように、同一の事業者であっても売上先や売上げの内容によって複数の事業区分が存在していることになります。

2．第1種、第2種事業での注意点

　第1種、第2種事業における「性質及び形状を変更しない」とは、他の者から購入した商品をそのまま販売することをいいますが、商品に次のような行為を施したうえで販売しても性質及び形状を変更せずに販売したこととして取り扱います（消基通13－2－2）。

① 他の者から購入した商品に、商標、ネーム等を貼付け又は表示する行為

② 組立て式の家具を組み立てて販売する場合のように仕入商品を組み立てる行為

③ 複数の仕入商品を箱詰めする等組み合わせて販売する行為

　また食料品小売店舗で、通常販売する商品に軽微な加工をして加工

前の商品と同じ店舗で販売している場合には、第2種事業として取り扱います（消基通13－2－3）。なおこの場合の軽微な加工とは、仕入商品を切る、刻む、つぶす、挽く、たれに漬け込む、混ぜ合わせる、こねる、乾かす等を指し、加熱処理をする場合は第3種事業に該当します。

3．第3種、第4種事業での注意点

第3種事業に該当する事業であっても、他の者の原料若しくは材料又は製品等に加工等を施して、その加工等の対価を受領する役務の提供等については、第4種事業に該当します（消基通13－2－7）。よって、下請け業者が材料の無償支給を受けて行う製造加工については、第4種事業となります。

なお材料とは、その製造に必要な主材料を指し、副資材や加工材を自己調達しても主材料の提供を受けていれば第4種事業と判定されます。

4．固定資産の売却

どの事業者においても、自己が事業用として使用していた固定資産を譲渡した場合には、第4種事業に該当することになります。

誤った取扱い

クリーニング業や自動車修理業について、加工賃その他これに類する料金を対価とする役務の提供を行う事業に該当するものとして、第4種事業と判定するのは誤りです。この製造か単なる加工かの判定（消基通13－2－7）は、第3種事業の製造業に該当するか否かを判断することが大前提であるため、クリーニング業や自動車修理業のようにそもそもの売上高がサービス業としての事業区分に該当するこれらの事業については第5種事業となります（消基通13－2－7（注））。

ま と め

簡易課税制度については、計算式自体は簡易ですが、事業区分の判定には注意が必要です。事業区分の判定は表面的な業種で判断するのではなく、取引の内容を理解したうえで、どの区分に当てはまるのか個別に判断してください。

Q5-3 日本標準産業分類と事業区分

簡易課税制度を適用する際の事業区分を検討するにあたり、日本標準産業分類は参考になりますか。

A 事業区分は、原則として、それぞれの資産の譲渡等ごとに判定を行うことになりますが、日本標準産業分類を基におおむねの分類をすることができます。

概　要

簡易課税制度における事業区分については、特に第3種事業及び第5種事業につき、日本標準産業分類（大分類）の製造業等及びサービス業等の分類を目安に、これらの事業として一般的に行われる資産の譲渡等に該当するかどうかにより判定を行います（消基通13-2-4）。

国税庁のホームページには、「日本標準産業分類からみた事業区分」として日本標準産業分類と消費税の事業区分との関係を示す表が載っており、そこには留意事項及び具体的な取扱いとして、詳細な事業内容ごとの事業区分が示されていますので参考になります。

適切な取扱い

〈日本標準産業分類の取扱いと異なる点〉

日本標準産業分類は小分類まであわせるとかなりの数の事業に細分化されており、大半の事業が網羅されているといえます。ただし、簡易課税制度における事業区分とは取扱いが異なるものもあります。

(1) **卸売業・小売業**

簡易課税制度では「他の事業者に対して販売する事業」は第1種事業、「消費者に対して販売する事業」は第2種事業として区別するため、日本標準産業分類ではそれぞれ卸売業又は小売業とされる事業であっ

ても、誰に販売するのかにより事業区分が異なることがあります。
〔例〕業務用スーパー、ガソリンスタンド、酒類販売店

　これらの事業では、事業者にも消費者にも商品を販売します。よって、販売先によって事業区分を判断する必要があります。消費税法では、小売業その他不特定多数の者に販売する事業においては、帳簿等への相手先の氏名、名称の記載を省略してもよいことになっていますが、事業区分を適切に行うためには、事業者に対する販売について、請求書、納品書、レシート、帳簿等で区別を明らかにすることが必要となります（消基通13－3－1）。

(2) **製造小売業**

　製造小売業は、日本標準産業分類では小売業に分類されますが、簡易課税制度では第2種事業ではなく製造業として第3種事業に該当します。例えば、菓子製造小売業、パン製造小売業、洋服の仕立小売業等が挙げられます（消基通13－2－6）。

(3) **加工賃等を対価とする事業**

　日本標準産業分類では製造業に該当する事業であっても、他の者の原料若しくは材料又は製品等に加工等を施して対価を受領する事業については、簡易課税制度では「加工賃その他これに類する料金を対価とする役務の提供」として、第3種事業ではなく第4種事業に該当します（消基通13－2－7）。

〔例〕印刷業

　印刷業や製版業については、日本標準産業分類では製造業に該当します。しかし、印刷業者が紙やはがきの支給を受けて行う印刷や、製本業者が印刷物の支給を受けて行う製本業については、第4種事業に該当することになります。

　誤った取扱い

　デパートのテナントが商品を消費者に販売する場合に、すべて第2

種事業と判断するのは誤りです。デパートとテナントとの契約には、手数料契約と消化仕入れ契約とがあります。手数料契約の場合は、テナントが消費者に商品を販売し、その代金のうち一定割合をテナント料としてデパートに支払うこととなり、テナントが行う商品の販売は第2種事業に該当します。しかし、消化仕入れ契約（テナントの売上げをデパートの売上げとして認識し、テナントで売り上げたものについてデパートはテナントからの仕入れを計上する方式の契約をいいます。）の場合は、テナントの売上げ先は消費者ではなくデパートとなり、第1種事業に該当します。消化仕入れ契約であるかどうかについては、契約書を確認する必要があります。

まとめ

事業区分については、日本標準産業分類を参考にすることが大いに有用ではありますが、正しくは資産の譲渡等ごとに区分する必要があることから、簡易課税制度における区分の定義をしっかりと理解する必要があります。1つの事業と思っていても、販売先や仕入れの方法、販売方法等によって複数の事業区分に分かれることがありますので注意が必要です。

Q5-4 複数の事業を営む場合

当社は複数の事業を営んでおり、第1種事業から第6種事業まで複数の事業区分の課税売上げがありますが、みなし仕入率の計算はどのようになりますか。

A 複数の事業を兼業している場合で、取引ごとに事業の種類を区分している場合には、原則的な計算方法のほかに、主な事業のみなし仕入率を使用する特例計算を適用することができる場合があります。

概要

第1種事業から第6種事業までの複数の事業を営んでいる場合には、課税売上高を事業ごとに区分してそれぞれにみなし仕入率を乗じる加重平均法により計算するのが原則ではありますが、これに加えて、2種類以上の事業を営む場合、3種類以上の事業を営む場合のそれぞれについて、全体の売上高のうち75％以上の割合を占める主要な事業区分のみなし仕入率を利用する特例計算が認められています。

適切な取扱い

1．原則的な計算方法

複数の事業を営んでいる場合の控除対象仕入税額は下記のように求めます（消令57②）。

$$控除対象仕入税額 = \left(\begin{array}{c} 課税標準額に対 \\ する消費税額 \end{array} - \begin{array}{c} 売上げに係る対価の返還 \\ 等の金額に係る消費税額 \end{array} \right)$$

$$\times \frac{\substack{第1種事\\業に係る\\消費税額} \times 90\% + \substack{第2種事\\業に係る\\消費税額} \times 80\% + \substack{第3種事\\業に係る\\消費税額} \times 70\% + \substack{第4種事\\業に係る\\消費税額} \times 60\% + \substack{第5種事\\業に係る\\消費税額} \times 50\% + \substack{第6種事\\業に係る\\消費税額} \times 40\%}{\substack{第1種事業に\\係る消費税額} + \substack{第2種事業に\\係る消費税額} + \substack{第3種事業に\\係る消費税額} + \substack{第4種事業に\\係る消費税額} + \substack{第5種事業に\\係る消費税額} + \substack{第6種事業に\\係る消費税額}}$$

2．簡便的な計算方法

複数の事業を営んでいる場合で、次の①及び②のいずれにも該当しない場合には、下記の簡便法により計算することができます。

① 貸倒回収額がある場合
② 売上げに係る対価の返還等がある場合で、各種事業に係る消費税額からそれぞれの事業の売上げに係る対価の返還等に係る消費税額を控除して控除しきれない場合

控除対象仕入税額＝

第1種事業に係る消費税額×90％＋第2種事業に係る消費税額×80％＋第3種事業に係る消費税額×70％＋第4種事業に係る消費税額×60％＋第5種事業に係る消費税額×50％＋第6種事業に係る消費税額×40％

3．2種類以上の事業区分がある場合の特例法

2種類以上の事業を営む事業者で、そのうち1種類の事業に係る課税売上高が全体の75％以上を占める場合には、すべての課税売上高について、その75％以上である事業区分のみなし仕入率を適用することができます。なおこの判定を行う際は、非課税売上高、輸出免税売上高を除いて割合を算定します（消令57③一）。

〔例〕兼業の割合が、第1種事業：80％、第2種事業：20％の場合
　　　第1種事業の占める割合　80％≧75％より、
　　　全体に対して第1種事業のみなし仕入率90％を適用

4．3種類以上の事業区分がある場合の特例法

3種類以上の事業を営む事業者で、そのうち2種類の事業に係る課税売上高の合計額が全体の75％以上を占める場合には、その2種類のうち、みなし仕入率の高い事業に係る課税売上高はそのみなし仕入率を適用し、それ以外の課税売上高は、その2種類の事業のうち低い方のみなし仕入率を適用することができます（消令57③二）。

〔例1〕兼業の割合が、第1種事業：70％、第2種事業：20％、
第4種事業：10％の場合
第1種と第2種事業の占める割合(70％＋20％)＝90％≧75％
よって、第1種事業はみなし仕入率90％、それ以外の事業は
みなし仕入率80％を適用
この場合の控除対象仕入税額は下記のように求めます。

控除対象仕入税額＝（課税標準額に対する消費税額
　　　　　　　　－売上げに係る対価の返還等の金額に係る消費税額）

$$\times \frac{\dfrac{\text{第1種事業に}}{\text{係る消費税額}} \times 90\% + \left(\dfrac{\text{売上げに係}}{\text{る消費税額}} - \dfrac{\text{第1種事業に}}{\text{係る消費税額}}\right) \times 80\%}{\text{売上げに係る消費税額}}$$

〔例2〕兼業の割合が、第1種事業：10％、第2種事業：75％、
第4種事業：15％の場合
(1) 特例計算によるみなし仕入率A
第2種事業の占める割合　75％≧75％　より
全体に対して第2種事業のみなし仕入率80％を適用
(2) 特例計算によるみなし仕入率B
第1種と第2種事業の占める割合(10％＋75％)＝85％≧75％
よって、第1種事業はみなし仕入率90％、それ以外の事業は
みなし仕入率80％を適用
この場合、特例計算によるみなし仕入率Bが最も控除額が
多くなり有利となります。

5．経理処理における事業区分の方法

複数の事業を営む事業者は、簡易課税制度の適用にあたり、事業の種類ごとに課税売上高を区分しなければなりません。そのためには帳簿書類に適切に事業区分を記載することが必要となりますが、下記のような方法によっても区分をすることができます(消基通13－3－1)。

① 納品書、請求書、売上伝票又はレジペーパー等に事業の種類又は事業の種類が区分できる取引の内容を記載する方法

②　事業場ごとに１種類の事業のみを行っている事業者については その事業場ごとに区分する方法

　なお、複数の事業を営む事業者が、課税売上高を事業の種類ごとに区分していない場合には、区分をしていない事業のうち、最もみなし仕入率の低い事業に係るものとして計算を行いますので注意が必要です（消令57④）。

誤った取扱い

　複数の事業を営む事業者が事業区分を行っていなかった場合、最も低いみなし仕入率を適用する必要がありますが、すべての課税売上高を第６種事業に係るものとして計算するのは誤りです。第１種事業と第２種事業との区分ができていない場合はすべて第２種に係るものとし、第１種から第４種までの事業の区分ができていない場合は、すべて第４種事業に係るものとして計算することになります（消令57④）。

まとめ

　第１種から第６種までの２種類以上の事業を兼業する一定の事業者については、特例の計算方式を採用することができますが、そのためには各売上別に事業区分をする必要があります。

　３種類以上の事業を営む一定の事業者が、適切に事業区分をしている場合には、原則計算を含めて複数の計算方法を選択できますので、最も有利なものを選択するようにしましょう。

Q5-5 簡易課税制度の選択ができる期間

簡易課税制度はいつでも自由に選択できるのでしょうか。また、いつでも自由に選択をやめることができるのでしょうか。

A 簡易課税制度を選択しようとする事業者は、「消費税簡易課税制度選択届出書」をその選択しようとする課税期間開始の日の前日までに納税地の所轄税務署長に提出する必要があります（消法37①）。また、簡易課税制度の選択をやめようとする場合は「消費税簡易課税制度選択不適用届出書」をそのやめようとする課税期間開始の日の前日までに提出する必要があります（消法37⑤⑦）。

概　要

　簡易課税制度を選択する場合、又は選択をやめようとする場合は、それぞれその直前の課税期間中に届出書を提出するのが原則ですが、期限内であればいつでも自由に届出書を提出できるわけではなく、一定の制限がある課税期間もあります。また、届出書を期限までに提出できなかった場合でも、課税期間を短縮することにより早期に選択が可能となることもあります。

　なお、新型コロナウイルス感染症の影響による被害を受けたことにより、簡易課税制度を選択する又は選択をやめる必要がある場合は、税務署長の承認により、その被害を受けた課税期間から制度の適用を受ける又はやめることができます（ **Q2** 参照）。

適切な取扱い

1．新たに事業を開始した場合等の簡易課税の効力発生日

　新たに事業を開始した日の属する課税期間、個人事業者が相続によ

り簡易課税制度の適用を受けていた被相続人の事業を承継した場合におけるその相続があった日の属する課税期間、法人が合併や吸収分割により簡易課税制度の適用を受けていた被合併法人や分割法人の事業を承継した場合におけるその合併や吸収分割があった日の属する課税期間については、「消費税簡易課税制度選択届出書」の提出があった日の属する課税期間から効力が生じます（消法37①、消令56）。ただし、その翌課税期間から簡易課税制度を選択することもでき、この場合、事業者は、当該「消費税簡易課税制度選択届出書」において、適用開始課税期間の初日の年月日を明確にしておかなければなりません（消基通13－1－5、Q11-4、Q11-7 参照）。

2．簡易課税制度選択不適用届出書の効力発生日

事業者が簡易課税制度の適用をやめようとする場合には「消費税簡易課税制度選択不適用届出書」を納税地の所轄税務署長に提出する必要があり、その提出した日の属する課税期間の末日の翌日以後から届出書の効力が生じます。ただし、簡易課税制度を選択した課税期間の初日から2年を経過する日の属する課税期間の初日以後でなければ届出書を提出することができませんので注意が必要です（消法37⑤⑥⑦、Q8-3 参照）。

3．調整対象固定資産を購入した場合の簡易課税の選択制限

課税事業者を選択した事業者が課税事業者強制適用の期間中（原則として2年間）に、又は資本金1,000万円以上の新設法人や課税売上高が5億円を超える者に支配される特定新規設立法人が基準期間がない事業年度中（原則として設立から2年間）に、それぞれ調整対象固定資産（一定の100万円以上の固定資産をいいます。**第8章**参照）を購入し、かつ、その購入した課税期間につき一般課税で申告をする場合には、その調整対象固定資産の課税仕入れを行った課税期間の初日から3年を経過する日の属する課税期間の初日以後でなければ、「消費税簡易課税制度選択届出書」を提出することができません（消法37③一、二、

Q11-4 参照)。

4．高額特定資産を購入した場合の簡易課税の選択制限

　課税事業者が、簡易課税制度の適用を受けない課税期間中に高額特定資産（1,000万円以上の棚卸資産又は調整対象固定資産）の仕入れ等を行った場合や、自己建設高額特定資産の仕入れを行った場合には、その仕入れを行った日（自己建設高額特定資産の建設等が完了した日）の属する課税期間の初日から3年を経過する日の属する課税期間までの期間は「消費税簡易課税制度選択届出書」を提出することができません（消法37③三、Q11-5 参照）。

　3や4の規定により、大規模な設備投資をして消費税の還付を狙う事業者について、設備投資以後3年間は、簡易課税制度を選択できないようにすることにより一定の制限を設けています（Q8-1 参照）。

5．課税期間の短縮と簡易課税

　消費税の届出書の提出期限を誤ってしまい、希望していた制度の適用が受けられないという事例が実務上見受けられます。例えば、簡易課税制度を選択したいのにうっかり届出書の提出期限を過ぎてしまった、予定する設備投資にかかる消費税の還付を受けようと思っていたのに簡易課税制度選択不適用届出書の提出期限を過ぎてしまったというようなケースです。このような場合には、「課税期間の短縮の特例」を選択し、課税期間を3か月ごと（1か月ごとも可）に区切ることにより、1年を待たずに希望する取扱いを受けることができます。この特例の適用を受けるためには、「消費税課税期間特例選択・変更届出書」を原則としてその短縮を受けようとする期間の開始の日の前日までに納税地の所轄税務署長に提出することが必要です。また、この特例の適用を受けた場合には、その受けた日から2年間はやめることはできませんので注意が必要です（消法19①三、四、②⑤、Q11-2 参照）。

　課税期間短縮の特例は、期間を短縮する分申告回数も増えるので手続きが煩雑になるというデメリットもありますので、そのことも考慮

したうえで選択を検討しましょう。

> 誤った取扱い

１．簡易課税制度を選択していたことを失念していた場合

　簡易課税制度を選択している事業者の基準期間における課税売上高が5,000万円を超えることにより簡易課税制度を適用することができなくなった場合、又は基準期間における課税売上高が1,000万円以下となり免税事業者となった場合に、簡易課税制度選択届出の効力も同時に消滅すると考えるのは誤りです。数年後に再び基準期間における課税売上高が5,000万円以下となったり、課税事業者となった場合に、簡易課税制度を選択中であることを失念して一般課税により納付する消費税額を計算し、税務当局に税額誤りを指摘されるケースが見受けられます。このようなミスを防ぐために、今後5,000万円超の売上高が続くと予想される場合や当面、免税事業者が続くと予想される場合には、簡易課税制度選択不適用届出書を提出しておくことをお勧めします。

２．２年間の強制適用

　簡易課税制度を選択した場合は原則として２年間は強制適用となります。これと同様に簡易課税制度選択不適用届出書を提出したのちも２年間は強制適用であると勘違いするミスが見受けられますが、そのような制限はなく、簡易課税制度の選択はいつでも可能です。

> ま と め

　簡易課税制度については、届出書の提出に関ししばしば誤りが見受けられます。提出期限を法人税や所得税の申告期限までと勘違いして、提出が遅れてしまったというケースも見受けられます。選択届出書も選択不適用届出書も、提出期限はその課税期間開始の日の前日までとなっていますので注意しましょう。ただし、提出が

遅れてしまった場合においても、課税期間の短縮を選択することにより、次のまるまる1年を待たずに届出書を提出することが可能となります。その際はメリットとデメリットをよく比較検討したうえで短縮するかどうか決めましょう。

第6章 国際取引

Q6-1 国外への商品移送の際の消費税の取扱い

当社では、国内販売を中心にして事業を行ってきましたが、この度、国外で販売することにしました。日本から国外の営業倉庫に商品を送り出し、顧客からの注文に応じて顧客に出荷して代金はクレジットカードで回収します。この場合の消費税の取扱いはどうなりますか。

A 国外の営業倉庫から国外の消費者に商品を販売する取引は国内における取引に該当しませんので消費税はかかりません。消費税の課税対象外で不課税取引となります。また、国外で販売するため、国内から国外の営業倉庫に輸出する行為は、資産の譲渡等には該当しませんが、輸出免税取引とみなして仕入税額の計算を行うこととされています。

概　要

　国外の営業倉庫に商品を保管し、インターネットを通じて商品を販売し、クレジットカードで代金を回収する取引は、国内での資産の譲渡に該当しませんので、不課税取引となります。国内から国外の営業倉庫への商品の移送は、資産の譲渡には該当しませんが、輸出免税取引として課税売上割合の計算では課税取引として取り扱われます。

　輸出免税取引とされる資産の譲渡等とは次の要件を満たすものをいいます（消法7、消基通7-1-1）。
　①　課税事業者によって
　②　国内において行われる
　③　課税資産の譲渡等に該当するもの
　④　次の取引に該当するもの
　　イ）　本邦からの輸出として行われる資産の譲渡又は貸付け

ロ) 外国貨物の譲渡又は貸付け
ハ) 国内及び国内以外の地域にわたって行われる旅客、貨物の輸送又は通信、並びにこの輸送の用に供される船舶又は航空機の譲渡、貸付け又は修理
ニ) イ)からロ)の資産の譲渡等に類する取引で所定のもの
⑤ 必要な証明のなされたもの

適切な取扱い

　自己が国外において販売するために課税資産を輸出する行為は資産の譲渡等にはなりません。しかし、国外の子会社で販売するために輸出したものは、国内で課税資産を譲渡する取引になりますので、輸出免税取引になります（消法7）。

　なお、国外で自己が使用するためや、国外で自己が販売するために課税資産を国外に輸出したものは、輸出免税取引とみなして課税売上割合の計算において、資産の譲渡等の金額と課税資産の譲渡等の金額のいずれにも含めて計算を行います（消法31②）。

誤った取扱い

　国外で販売するために国外の営業倉庫へ国内から商品を輸出する取引は輸出免税取引になりませんが、国外において当該国の消費税や付加価値税、GST（Goods and Services Tax）が課税されることになりますので、当該国における税について十分調査してトラブルのないようにしてください。

まとめ

　国外での商品の販売は、消費税の不課税取引となりますが、当該国の消費税等の間接税が課税される場合がありますから留意して

ください。
　国外で商品を販売するための日本からの輸出は、輸出免税取引として、課税売上割合の計算に反映され、仕入税額控除を適切に行うことにより、消費税の国境間調整が行われます。

Q6-2 免税店の開設手続き等

当社は化粧品や日用品、雑貨を販売しています。私の経営する店でも外国人旅行者が来店することがあるので消費税の免税販売を行いたいと考えています。消費税の免税店の仕組みと申請手続きについて教えてください。

A 輸出物品販売場で通常生活の用に供する物品で、食品類、飲料類、薬品類、化粧品類その他の消耗品と、消耗品を除く一般物品の販売が消費税の免税の対象とされます。消耗品は非居住者1人に対する同一店舗における1日の販売額が5,000円以上50万円までは消費税が免税となります。一般物品は非居住者1人に対する同一店舗における1日の販売額が5,000円以上のものが免税となります（消法8、消令18）。

概　要

　税務署の認可を受けた免税店（消費税法では「輸出物品販売場」と呼ばれます。）では外国人旅行者等に免税対象とされる商品を販売する場合は消費税が免除されます。この免除は輸出免税と同じ考え方です。

　免税店には一般型と手続委託型があります。「一般型輸出物品販売場」は免税店を経営する事業者自身が免税販売手続をする免税店です。一方、商店街やショッピングセンター等の特定商業施設内に置かれるのが「手続委託型輸出物品販売場」で、免税販売手続を代理するための設備（免税手続カウンター等）で商店街加盟店やテナントが販売した免税品の免税手続を代理する仕組みです。

　貴社の場合は免税店を自社で運営されていますので一般型輸出物品販売場の許可申請を税務署にすることになります。

本問では以下は「一般型輸出物品販売場」について説明します。

適切な取扱い

1．免税対象とされる物品

輸出物品販売場における消耗品と一般物品が免税販売の対象とされています。

輸出物品販売場を経営する事業者が、外国人旅行者などの非居住者に対して下記の通常の生活用品を一定の方法で販売する場合に消費税が免除されます。免税対象となる購入者は、非居住者（外国人（日本に居住する人を除きます。）と外国に居住する日本人）です。

① 一般物品（1人に対する同一店舗における1日の販売合計額が5,000円以上のもの）

通常生活の用に供される物品（次の消耗品を除きます。）

② 消耗品（1人に対する同一店舗における1日の販売額が5,000円以上50万円までのもの）

食品類、飲料類、薬品類、化粧品類、その他消耗品

2．免税店の申請方法

輸出物品販売場を開設しようとする事業者は、販売場ごとに、「輸出物品販売場許可申請書」を事業者の納税地を所轄する税務署に提出し許可を受ける必要があります。

輸出物品販売場許可の要件は下記のとおりとされています（消基通8-2-1）。

① 販売場の所在地は、非居住者の利用度が高いと認められる場所であること

② 販売場が非居住者に対する販売に必要な人員の配置及び物的施設（例えば非居住者向け特設売場等）を有するものであること

③ 申請者が許可申請の日から起算して過去3年以内に開始した課税期間の国税について、その納税義務が適正に履行されていると認め

られること
④　申請者の資力及び信用が十分であること
⑤　①から④のほか許可することにつき特に不適当であると認められる事情がないこと

また、この許可要件を満たしているかどうか判定するため、輸出物品販売場許可申請書には次の資料等の提出が求められています。
①　許可を受けようとする販売場の見取図
②　社内の免税販売手続マニュアル
③　免税販売手続を行う人員の配置状況が確認できる資料
④　申請者の事業内容がわかるもの（会社案内、ホームページ掲載情報）
⑤　許可を受けようとする販売場の取扱商品（主なもの）がわかるもの（取扱商品の一覧表など）
⑥　許可を受けようとする販売場において使用する購入者への必要事項の説明のための案内等（なお、従来の書面による免税販売手続を行う販売場の場合は、「許可を受けようとする販売場において作成する購入記録票のサンプル」とされています。）

３．免税販売の手続き

輸出物品販売場での販売の手順は次のとおりです。
①　購入者のパスポート等の提示を受けます。
②　非居住者であることを確認します。
③　購入者に対して必要事項を説明します。
④　免税対象物品を引き渡します。
⑤　購入記録情報を国税庁にインターネット経由で提供します。
⑥　購入記録情報を７年間保存します。

４．免税販売手続の電子化

　令和２年４月１日から免税店の効率化を図り免税店の一層の増加に備えるため、免税販売手続が電子化されました。
　購入記録票が廃止されパスポートへの貼付けや割印が不要になり、

代わって、パスポート等の提示と情報提供を受け購入者に必要事項を説明したうえで「購入記録情報」を作成し、インターネットを通じて国税庁に情報提供することになります。購入記録情報については電磁記録のままか、紙に印刷して7年間保存することとされています。

5．購入記録情報

　購入記録情報とは、免税対象物品を購入する非居住者から提供を受けたパスポート情報及び免税対象物品購入を記録した電磁的記録をいいます（消令18⑥）。

① 　パスポート情報
　ア　氏名、国籍、生年月日、在留資格及び上陸年月日
　イ　旅券等の種類及び番号
② 　免税店を経営する事業者の氏名又は名称、納税地
③ 　免税店の名称、所在地、税務署から通知を受けた識別符号
④ 　免税品の販売日
⑤ 　免税品の品名、数量、価額、一般物品か消耗品か、価額の合計額
⑥ 　販売した免税品を運送業者に引き渡し海外に直送する場合は、その運送業者の氏名又は名称
⑦ 　手続委託型免税店（特定商業施設内で免税手続カウンターを設置している一般型輸出物品販売場を含む。）で同一日、同一人に販売した一般物品の合計額と消耗品の合計額について、それぞれの販売価額を別々に合算して、免税対象となる下限額を判定した場合は、その旨
⑧ 　軽減税率対象品は、その旨

6．臨時販売場制度

　臨時販売場は、イベント等のために7月以内の短期間設置する免税店で、臨時販売場設置の許可を得て運営している事業者に免税販売が認められる制度です（消法8⑧⑨）。
　また、令和3年10月1日からは自動販売機型輸出物品販売場も認め

られます（消規10の９）。

７．経過措置

　免税販売手続の電子化について、経過措置として令和３年９月30日までは従来の紙ベースの手続きが容認されています（平30改消令等附１三、４③④）。

誤った取扱い

・免税事業者は輸出物品販売場の開設はできません。
・複数の店舗を輸出物品販売場としたい場合は、店舗ごとに許可を受けなければなりません。なお、この許可を同時に受ける時には、販売場の所在地、名称及び所轄税務署名は、適宜の様式に記載し、輸出物品販売場許可申請書に添付して申請することができます。
・輸出物品の販売の対象者は非居住者とされていますが、この確認は旅券等により行わなければなりません。この確認ができない場合には免税販売はできません。
・外国に在住する日本人についても免税販売の対象となります。

まとめ

　輸出物品販売場の運用については、海外からの旅行者の増加に伴い地域おこしの重要な産業となっていますので手続きや書類の記載等の誤りが生じないようにしてください。観光庁や国税庁の相談窓口でアドバイスを受けたり、それぞれが作成している下記のパンフレットを参考にしてください。

　　国税庁パンフレット「輸出物品販売場制度に関するＱ＆Ａ」
　　国税庁パンフレット「臨時販売場制度に関するＱ＆Ａ」
　　観光庁、経済産業省「消費税免税店の手引き」

Q6-3 国外の事業者への役務提供

当社は、国外のＡ社本店と契約を締結して市場調査を行い、その結果を報告書にまとめて提出し報酬を得ています。この報酬には消費税はかかりますか。なお、Ａ社は日本に支店を有していますが、この支店は専ら仕入活動をしています。

A
この役務の提供は輸出免税取引として取扱い、消費税を取引先に請求して収受する必要はありません。

概　要

国外の非居住者に対する役務の提供は輸出免税取引となります。しかし、国外の非居住者（消令1②二）に対して役務提供を行った場合でも、当該非居住者が国内に支店を有している場合は国内の支店を通じて取引したものとして、国内取引として通常の課税売上げとされます。ただし、当該役務の提供が国外の非居住者との直接取引であり、かつ、この支店が当該役務と関係のないものであれば、当該役務の提供は輸出免税取引として取り扱って問題ありません。

適切な取扱い

事業者が、国外の非居住者に対して役務の提供を行った場合、原則的に輸出免税取引となります（消法7①五、消令17②七）。しかし、事業者が非居住者に対して役務の提供を行った場合に、非居住者が国内に支店や出張所等を有しているとき、その役務の提供は支店や出張所等を経由して行ったものとされますので、輸出免税取引の対象にはなりません（消基通7-2-17）。

ただし、国内に支店や出張所等を有する非居住者に対する役務の提供でも、次の要件を全て満たす場合には、輸出免税取引として取り扱

っても差し支えないとされています。
① 役務の提供が非居住者の国外の本店等との直接取引であり、非居住者の国内の支店、出張所等はその役務の提供に直接的にも間接的にもかかわっていない場合
② 役務の提供を受ける非居住者の国内の支店、出張所等の業務は、当該役務と同種か関連する業務でないこと

誤った取扱い

次の取引は非居住者への役務提供であっても国内におけるものとされるため、輸出免税取引とはなりません（消基通7－2－16）。
① 国内に所在する資産に係る運送や保管
② 国内に所在する不動産の管理や修理
③ 建物の建築請負
④ 電車、バス、タクシー等による旅客の輸送
⑤ 国内における飲食又は宿泊
⑥ 理容又は美容
⑦ 医療又は療養
⑧ 劇場、映画館等の興行場における観劇等の役務の提供
⑨ 国内間の電話、郵便又は信書便
⑩ 日本語学校等における語学教育等に係る役務の提供

まとめ

　非居住者に対する役務提供は、消費税法上輸出免税取引になるか国内取引になるか判定が難しい事例が多くあります。国外事業者に対する役務提供で国内に支店や事業所がない場合、当該役務の消費される場所が国内でない場合は輸出免税の対象となると判断できます。

また、非居住者への役務提供で輸出免税取引となるものは貨物のように輸出証明がなされるものではありませんので、上記の事実関係が明確になるように契約書、請求書等の内容をよく整備してください。

Q6-4 インターネットを通じたサービス提供

当社は日本でホテル業を営んでいます。インターネットを通じて海外のお客様を紹介してもらっており、当該ホームページを運営する海外のA社と契約しています。

当社ホテルでは宿泊者から宿泊料を受け取って、紹介してもらったA社には紹介手数料を支払います。また、当社は、社内のシステム及びデータを海外のB社が運営するクラウドで運用保存し、海外のC社のテレビ会議システムを使って海外のお客様からの問い合わせ回答や、国内の会議を行っています。この場合消費税はどのように取り扱えばよいですか。B社、C社のサービスは事業者だけでなく消費者も使うことができます。

A 貴社の受けるホテル顧客紹介サービス、クラウドサービス、ネット会議サービスはいずれも電気通信利用役務の提供に該当します（消法2①四の二、八の三、八の四、消基通5-8-3）。

国外事業者が国内事業者に当該サービスを提供する場合は、国内事業者においてリバースチャージ方式により課税されます。

国外事業者が国内の事業者と消費者に当該サービスを提供する場合には国外事業者が消費税の課税事業者となりますが、経過措置により、国内事業者での仕入税額控除はできないものとされています。ただし、この場合で国外事業者が登録国外事業者である場合には仕入税額控除の対象になります。

概　要

「事業者向け電気通信利用役務の提供」の課税方式は、国外事業者

でなくサービスの提供を受ける国内事業者に申告納税義務があります。他方、「消費者向け電気通信利用役務の提供」とは、国内の消費者向けだけでなく、事業者向けに限られていない電気通信利用役務の提供についても含まれます。「消費者向け電気通信利用役務の提供」については国外事業者に申告納税義務があります。

適切な取扱い

1．事業者向け電気通信利用役務の提供

　事業者向け電気通信利用役務の提供は国内事業者に申告納税義務がありますので、Ａ社との契約で貴社が支払うサービス料は特定課税仕入れとなり、一般の課税売上高の金額に加えて課税標準となります。同時に、特定課税仕入れは一般の課税仕入れに加えて課税仕入れ等の税額に合計されます。即ち、事業者向け電気通信利用役務の提供に対する支払額は、課税標準の売上げ消費税と課税仕入れの仕入れ消費税に同時に計上されることにより、国内事業者が計上している課税仕入れに係る消費税額と同額が課税売上げに計上されて相殺されますので、差し引きはゼロとなる訳です。この仕組みをリバースチャージ方式と呼びます（消法４①）。

　なお、課税売上割合が95％以上の場合や簡易課税事業者については、特定課税仕入れについてのリバースチャージ方式の適用は不要とされています（平27改所法等附42、44②）。

2．消費者向け電気通信利用役務の提供

　Ｂ社、Ｃ社から受けるサービスは、消費者向け電気通信利用役務となりますので、Ｂ社、Ｃ社が消費税の申告納税義務者となります。Ｂ社、Ｃ社の方で課税売上げとして取り扱われることになりますから、貴社では課税仕入れとなります。しかしながら、これには経過措置が設けられていて、当分の間、国内事業者では課税仕入れとして仕入税額控除の対象とならないこととされています（平27改所法等附38、消

基通11-1-3（注）2）。

　ただし、その国外事業者が「登録国外事業者」の場合は、国内事業者において課税仕入れとして仕入税額控除の対象として構いません。「登録国外事業者」とは国税庁宛に所定の登録の手続きをした事業者をいいます（平27改所法等附39）。登録国外事業者はサービスを提供した国内の事業者や消費者宛に請求書等を発行しますので、受けた側は課税仕入れに係る請求書等として保存してください。

誤った取扱い

　A社から受ける「事業者向け電気通信利用役務」の対価として支払った額を課税仕入れだけに算入して、課税標準に加えないのは誤りです。また、B社、C社から受ける「消費者向け電気通信利用役務」の対価として支払った額を課税仕入れに加えるのは誤りです。ただし、B社、C社が「登録国外事業者」である場合は支払額を課税仕入れとして仕入税額控除の対象とすることができます。

まとめ

> 　電気通信利用役務の提供を受ける場合は、まず、事業者向けなのか、消費者や事業者向けなのかを区分します。事業者向け電気通信利用役務の提供への支払いはリバースチャージ方式で処理します。消費者向け電気通信利用役務の提供への支払いは課税仕入れとなりませんが、相手が登録国外事業者の場合は課税仕入れとして構いません。

第6章　国際取引

Q6-5　芸能・スポーツ等の役務の提供

当社では、海外から有名なミュージシャンを呼んで国内の音楽ホールでコンサートを開いています。現在計画中のものはミュージシャンの呼び寄せのための報酬が2,000万円です。この2,000万円の呼び寄せ料について消費税はどう取り扱えばよいでしょうか。

A 特定役務の提供としてリバースチャージ方式が適用され、呼び寄せ側の報酬支払額2,000万円が特定仕入れとして課税売上げに加えられることになります。

概　要

　特定役務の提供とは、国外事業者（外国人タレント等）が国内で行う演劇や演奏会といったもので、国外事業者の消費税の申告と納税は不要とする一方、呼び寄せ側の国内事業者では特定役務の提供の額を課税標準に加えると同時に特定課税仕入れとして処理します。

　特定役務の提供についてはリバースチャージ方式で呼び寄せ側で消費税の課税売上げと課税仕入れの両側に計上することとされています。特定役務の提供の取引金額を課税仕入れにのみ計上して、仕入税額控除を計上することによる消費税の不合理な納税漏れを防ぐ仕組みです（消法2①八の五、消令2の2）。

適切な取扱い

1．特定役務の提供

(1) 特定役務提供の意義

　特定役務の提供とは、資産の譲渡等のうち、国外事業者が行う演劇その他の役務の提供で電気通信利用役務の提供に該当しないものをいいます（消法2①八の五）。特定役務の提供とされる演劇その他のも

のとは、映画若しくは演劇の俳優、音楽家その他の芸能人又は職業運動家の役務の提供を主たる内容とする事業として行う役務の提供のうち、国外事業者が他の事業者に対して行う役務の提供とされています（消令2の2）。この職業運動家には、運動家のうち、いわゆるアマチュア、ノンプロであっても報酬・賞金を受ける者や、陸上競技などの選手に限らず、騎手、レーサーのほか、大会などで競技する囲碁、チェス等の競技者等も含まれます（消基通5－8－5）。

(2) **不特定多数の者に対する役務の提供**

なお、その国外事業者が不特定かつ多数の者に対して行う場合は特定役務の提供から除かれています。国外事業者である音楽家自身が国内で演奏会等を主催し、不特定かつ多数の者に役務の提供を行う場合において、それらの者の中に事業者が含まれていたとしても、当該役務の提供は特定役務の提供には該当しません（消令2の2、消基通5－8－6）。

(3) **支払い対価の金額と源泉所得税**

国外の芸能・スポーツ等の役務提供者に対して事業者が支払う金額に源泉所得税が課税される場合、特定課税仕入れに係る支払対価の額は、源泉徴収前の金額となります（消基通10－2－1なお書）。なお、ここで特定課税仕入れとは、課税仕入れのうち特定仕入れに該当するものをいいます。特定仕入れとは、事業として他の者から受けた特定資産の譲渡等をいいます。特定資産の譲渡等とは、事業者向け電気通信役務の提供及び特定役務の提供をいいます（消法2①八の二）。

(4) **特定役務提供の対価の金額**

特定役務の提供を受ける事業者が、その役務の提供を行う者が必要とする往復の旅費、国内滞在費等の費用を負担する場合の費用は、特定課税仕入れに係る支払対価の額に含まれます。ただし、当該費用について、その外国人タレント等に対して交付せずに、直接、航空会社、ホテル、旅館等に直接支払われている場合、その費用を除いた金額を

特定課税仕入れに係る支払対価の額としているときはその処理は認められます（消基通10－2－3）。

(5) 特定役務の提供の範囲

　事業者が特定役務の提供を受けた場合、特定課税仕入れに係る支払対価の額には、芸能人の実演の録音、録画、放送又は有線放送につき著作隣接権の対価として支払われるもので、契約その他において明確に区分されているものは含まれません。なお、著作隣接権の対価は資産の譲渡又は貸付けの対価に該当します（消基通10－2－4）。

2．リバースチャージ方式による課税

　この事例では、2,000万円の報酬の支払額は特定課税仕入れとして呼び寄せ側の事業者の課税資産の譲渡等に加えて消費税申告額の計算を行います（消法4①）。

　リバースチャージ方式で特定課税仕入れに対して消費税が課されるのは、特定課税仕入れを行う事業者で、各課税期間の課税売上割合が95％以上の場合や簡易課税事業者は除かれます（平27改所法等附42、44②）。リバースチャージ方式で特定課税仕入れに対して課税される場合には、特定役務の提供を受ける対価として消費税額を支払う必要はありません。すなわち、特定課税仕入れの金額は消費税抜きの金額となります（消法30①）。

誤った取扱い

1．課税売上げと課税仕入れの計算

　この事例の国内事業者の課税売上割合が95％未満で簡易課税制度の適用を受けていない場合、2,000万円の特定役務の提供を受けた国内事業者が2,000万円を課税仕入れにだけ算入して消費税の計算を行う処理は誤りです。2,000万円の特定課税仕入れを課税売上げにも計上して課税標準額とします。

2．課税売上割合の計算

　リバースチャージ方式が適用される場合、特定課税仕入れは課税標準に加算されますが、課税売上割合を算定する場合、特定課税仕入れの金額は資産の譲渡等に該当しませんので、課税売上割合の計算において分母、分子のいずれにも算入されません（消法30⑥）。

> **ま と め**
>
> 　特定役務の提供を受けている場合、課税売上げと課税仕入れの両方に算入して消費税額の計算を行います。

> **Q6-6** 国内での課税仕入れと輸入貨物の保税地域からの引取り
>
> 当社は国内で仕入れた国産機械と国外からの輸入機械を国内で販売しています。この場合の消費税はどのように処理したらよいでしょうか。

> **A** 国産機械については国内における税込み課税仕入れ金額を110で割り7.8を乗じて仕入れに係る消費税額を計算します。輸入機械に係る消費税額は保税地域からの貨物の引取りの際に実際に課税された実額を基に計算します。

概　要

　国内取引で生じる課税仕入れの額並びに仕入れに係る消費税額は次の適切な取扱いのとおり集計を行います。輸入貨物の引取りに係る消費税等の額は実際の支払額で把握して、国内仕入れと区分して管理集計しなければなりません。

適切な取扱い

1．国内取引に係る原則的な仕入れ税額の計算方法（平16課消1－8「事業者が消費者に対して価格を表示する場合の取扱い及び課税標準額に対する消費税額の計算に関する経過措置の取扱いについて」）

(1) **本則**

　国内取引で生じる仕入れ消費税額の計算については、原則として、当該課税期間中に国内において行った課税仕入れに係る支払対価の額の合計額に110分の7.8（軽減対象資産については108分の6.24）を乗じて計算し、金額に１円未満の端数があるときは、その端数を切り捨てて計算します。

(2) 国内取引から積み上げ計算で仕入れ消費税額の計算を行う場合

　課税仕入れの都度課税仕入れに係る支払対価の額について、税抜経理方式により経理処理を行っている場合、下記の取扱いをしているときは適切な処理と認められます。

① 課税仕入れ先から受け取った領収書、請求書等に、本体価額と消費税額等が区分表示されていて、その金額を基に消費税等の金額を仮払消費税等として経理しその合計額の100分の78（軽減税率適用取引は80分の62.4）の金額を課税仕入れに係る消費税額とする。

② 課税仕入れ先から受け取った領収書、請求書等に明示された税込価格に110分の10（軽減税率適用取引は108分の8）を乗じて算出した額を仮払消費税等として経理しその合計額の100分の78（軽減税率適用取引は80分の62.4）の金額を課税仕入れに係る消費税額とする。

③ 課税仕入れ先から受け取った領収書、請求書等では本体価額と消費税額等とが区分して記載されていない場合、あるいは課税仕入れ先から受け取った領収書、請求書等では消費税額等の金額が明示されていない場合、課税仕入れ帳簿等により、課税仕入れの支払額に110分の10（軽減税率適用取引は108分の8）を乗じた金額（1円未満の端数は切捨て又は四捨五入に限ります。）を仮払消費税等として継続的に計上しているとき、その仮払消費税等の合計額の100分の78（軽減税率適用取引は80分の62.4）の金額を課税仕入れに係る消費税額とする。

2．特定課税仕入れに係る消費税額

　その特定課税仕入れの支払対価の額に100分の7.8を乗じて計算します（消法30①、消基通11－4－6）。

3．輸入貨物の引取りに係る消費税等

　輸入貨物を保税地域から引き取る場合に支払う消費税、地方消費税については、消費税等を支払う際に受け取る証拠書類に基づいて、実

際の金額により積み上げ計算を行います（消法30①）。

> 誤った取扱い

　保税地域から輸入貨物を引き取る際に課税される消費税等の金額を、国内における仕入れ消費税額の計算と同様の方法で行うのは誤りです。

> まとめ

　輸入貨物の引取りの仕入れ消費税額の計算では国内の課税仕入れとは異なる処理が求められます。事務負担や使用するソフトウェアの特性を総合的に勘案して適切な処理方法を選択してください。

Q6-7 自己が国外で使用するための資産の輸出

当社の海外子会社の工場で使う機械を国内で仕入れ、海外子会社に送りました。この機械は日本本社の所有とし使用料を受け取ることとしています。この場合、消費税の取扱いはどうなりますか。また、海外子会社に対する貸付金について利息を受け取っていますが、消費税では非課税売上げになると考えていいですか。

A 海外子会社の工場で使う機械を現地工場に輸出して使用料を収受している場合、受け取る使用料は国外における資産の貸付けになりますので消費税は不課税となります。国外で自己が海外子会社に賃貸するための輸出について消費税はかかりませんが、課税売上割合の計算上は輸出免税売上げとみなされます。また、海外子会社に対する貸付金に係る受取利息については、輸出免税売上げの金額とみなされて課税売上割合の計算を行います。

概　要

機械装置の賃貸収入は当該資産のある場所により課否判定をするため、国外にある場合は、消費税は課税されません。事業者自身が国外で使用する資産を輸出した場合、所定の証明がされていれば、輸出免税取引とみなされ、課税売上割合の計算を行います。同様に、非課税資産を輸出する場合も輸出免税取引とみなされ、課税売上割合の計算を行います。

適切な取扱い

1．国外における資産の貸付け

資産の譲渡等が国内において行われたかどうかの判定は、資産の譲

渡又は貸付けの場合、譲渡又は貸付けが行われる時にその資産が所在していた場所によって行います。ご質問の場合、国外にある機械装置を海外子会社に賃貸して使用料を受け取ることになりますので、国内における資産の譲渡等には該当せず消費税の不課税取引となります（消法4③一）。

2．貨物を自己が国外で販売する場合や自己で使用するための輸出

事業者が国外で販売したり使用したりするために輸出する貨物（商品、製品、機械装置、器具備品等）については、消費税が課される資産の譲渡にはなりませんが、所定の証明がされたときは、輸出免税取引とみなされます（消法31②）。これは当該貨物を国内で仕入れる時に支払う消費税を仕入れ税額として控除することを可能にするための仕組みで、国外の事業者や消費者に日本の消費税を負担させない消費税の国境調整を行うための制度です。課税売上割合の計算上、分子の課税資産の譲渡等の金額及び分母の資産の譲渡等の金額のそれぞれに含めて計算します。

この場合の課税売上割合の計算における輸出免税の金額はFOB（本船甲板渡し価格）とされています（消令51④）。

3．非課税資産の輸出等

事業者が非課税資産の譲渡等のうち輸出取引を行った場合、所定の証明がされたときは、課税資産の譲渡等に係る輸出取引に該当するものとみなして、仕入れに係る消費税額の控除の規定を適用します（消法31①）。この規定も消費税を国外の事業者に負担させない国境調整を行うための仕組みです。輸出免税取引とみなされる非課税資産の譲渡例としては、ご質問のような非居住者への貸付金からの受取利息や商品券等の物品切手、身体障害者用物品の譲渡があります。

課税売上割合の計算では、非課税物品の国外への譲渡の対価や各非課税資産に係る利子、利子相当額が対価の金額となります（消令17③、10①、51）。

なお、非課税資産の非居住者への譲渡のうち有価証券や支払手段、金銭債権の譲渡は輸出免税売上げとみなされないとされていますので（消令51①）、課税売上割合を計算する上で分子の輸出免税売上げには計上されません。一方、有価証券、金銭債権の非居住者への譲渡は譲渡の対価の額の５％が非課税資産の譲渡として分母の資産の譲渡等の金額には計上されます。

誤った取扱い

　国外の事業者である海外子会社から受け取った配当金を、非課税資産の輸出免税取引とみなして課税売上割合の計算を行うことは誤りです。受取配当金は不課税取引となります。

まとめ

　国外事業者に対する貸付金利息や海外で事業者自身が使うための輸出で、輸出免税取引とみなされるものについては、課税売上げに係る仕入れ消費税額を個別対応方式で計算する場合、区分は課税売上げ用の課税仕入れとして処理することができます。これは、国外の事業者や個人に日本の消費税を負担させないための国境調整のための措置です。なお、国内の事業者や個人から受け取る貸付金利息のための仕入れ消費税額は、非課税売上げ用の課税仕入れとして処理します。

Q6-8 外国法人が国内で事業を始める場合

国外に拠点をおく当社は、長年、国外で高級家具を製造販売してきました。今般、日本国内で当社製品を販売するため、国外から日本の物流倉庫に商品を運送して保管します。国外でインターネットを通じて注文を受けてから、日本の物流会社に配送委託して日本のユーザーに販売します。代金はクレジットカード決済で直接、国外の本社にて収授します。なお、日本国内には販売のための子会社や支店を設ける予定はありません。この場合、消費税の取扱いはどうなりますか。

A 外国法人で国内に支店等の事業所がない場合でも、国内で資産の譲渡等を行う場合、消費税の納税義務があります（消基通5－1－11）。ただし、免税事業者となるか否かについては、消費税法の規定に沿って判定します。なお、外国法人が国内で事業をする場合、外国会社の登記をしなければなりません。

概　要

会社法では、国内で事業を行う非居住者たる法人は、国内で事業を行う場合、外国会社として登記しなければなりません。消費税法上は、国内に支店等の事業所がない場合でも、新設法人、新規設立法人、基準期間や特定期間の課税売上高により納税義務者となるか否かの判定を行います。

適切な取扱い

1．会社法による外国会社の登記

外国法人は、外国会社の登記をするまでは日本において取引を継続

してすることができないものとされています（会社法818）。外国会社が日本において継続して取引をしようとするときは、日本における代表者を定めなければならず、そのうち1人以上は、日本に住所を有する者でなければならないとされています（会社法817）。また、外国会社が会社法第817条の規定により初めて日本での代表者を定めたときは、3週間以内に、次の区分に応じ外国会社の登記をしなければなりません（会社法933①）。

① 日本に営業所を設けていない場合は日本における代表者の住所地
② 日本に営業所を設けた場合は営業所の所在地

2．消費税の納税義務

(1) 新設法人に該当する場合（消法12の2）

外国法人が本国で設立されてから2年以内で、事業年度の基準期間がない場合、外国法人の登記を行った日の事業年度開始の日における日本国内での登記上の資本金又は出資金の額によって1,000万円以上かどうかを判定します。第2事業年度目については、前事業年度の貸借対照表に記載された資本金の額又は出資金の額により判定します。この資本金又は出資金の金額が1,000万円以上であれば当該外国法人は課税事業者となります。

(2) 特定新規設立法人に該当する場合（消法12の3）

実際のところ考えにくいですが、基準期間のない外国法人のうち、その基準期間がない新設開始日において特定新設法人に該当する場合、当該外国法人は課税事業者となります。

(3) 上記以外の場合

新設法人、特定新規設立法人に該当しない場合、通常の課税事業者か否かの判定を行います。外国法人の国内における基準期間の課税売上高が1,000万円以上となった課税期間、又は、特定期間の課税売上高が1,000万円以上となった場合（給与等により判定する場合を含みます。）、外国法人は課税事業者となります。

⑷ **課税事業者を選択した場合**

外国法人が国内における登記を行った事業年度において消費税課税事業者選択届出書を提出した場合、課税事業者となります。

３．**納税義務者となった時の届出等の手続き**（消令43三、国税庁タックスアンサーNo.6635「非居住者及び外国法人の申告・届出の方法」）

⑴ **納税地**

国内に支店等を設置していない外国法人が届出や申告を行う場合、適切な場所を納税地として事前に定めておく必要があります。その納税地を基にして「消費税課税事業者届出書」や「消費税課税事業者選択届出書」の届出を行います。

なお、この納税地は納税者の最も便利な場所を選べばよく、例えば、代理店等の国内における事業の中心となる場所を納税地として選択します。

⑵ **申告書、届出書の記載要領**

届出書や申告書に記載する氏名や名称については、ローマ字表記のほか、カナ表記で行います。

⑶ **納税管理人の選任**

外国法人については納税管理人を選任しなければなりません（通則法117）。納税管理人の選任や解任の届出は、「消費税納税管理人届出書」や「消費税納税管理人解任届出書」により行います。

誤った取扱い

⑴ 外国法人が納税義務者となる事業年度の判断について、国内の法人とは違った観点が求められますので、留意が必要です。

また、納税管理人の選任が求められます。

⑵ 外国法人が国内に支店や営業所等のPE（Permanent Establishment）を保有しない場合、法人税は課税されませんが、消費税は資産の譲渡等を行う場合に納税義務が生じます。

ま と め

国内にPEがない外国法人の場合でも国内における資産の譲渡等については消費税が課税されます。外国法人が課税事業者となるか否かについては、新設法人に該当しない場合、基準期間における課税売上高や特定期間における課税売上高（給与等の総額により判定する場合を含みます。）により判定します。

第7章 インターネットを利用した国境を越えるサービス

Q7-1 電気通信利用役務の提供に係る消費税

国境を越えた電気通信利用役務提供取引の課税関係はどうなりますか。また、リバースチャージ方式とはどういうものですか。

A 納税義務者は、「国内に所在する役務提供を受けた者」です。リバースチャージ方式とは、国外事業者から事業者向け電気通信利用役務の提供（特定課税仕入れ）を受けた場合に役務の提供を受けた国内事業者に消費税を課す課税方式です。

概　要

インターネットを介して国内の事業者又は消費者に対して行われるデジタルコンテンツの配信等の役務提供についてはリバースチャージ方式という課税方式が導入されています。

適切な取扱い

1．国境を越えた電気通信利用役務の提供

国際運輸・国際通信・国際郵便・保険・プラント建設に係る情報提供等といった役務に該当しない「電気通信利用役務の提供」は、電子書籍の配信やクラウドサービス・ECサイトの提供等という役務の提供でその役務の提供が行われる場所が明らかでないものです。

これらのサービスに関する消費税の取扱いは、次表のとおりです。

役務の提供を受けた者が国内事業者や消費者の場合、電気通信利用役務の提供に係る消費税が課税されます（消法4③三）。

〈国境を越えた電気通信利用役務に関する課税関係〉

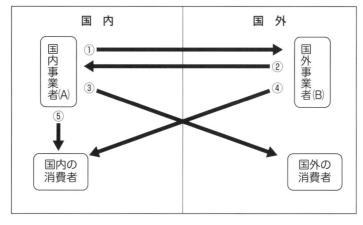

電気通信利用役務の提供に該当する取引の具体例については、対価を得て行われる次のような取引が挙げられます（消法2①八の三、消基通5－8－3、国税庁消費税室「国境を越えた役務の提供に係る消費税の課税に関するQ&A問2－1」）。

(1) インターネット等を介して行われる電子書籍・電子新聞・音楽・映像・ゲーム等の様々なアプリケーションを含むソフトウェアの配信
(2) 顧客に、クラウド上のソフトウェアやデータベースを利用させるサービス
(3) 顧客に、クラウド上で顧客の電子データの保存を行う場所の提供を行うサービス
(4) インターネット上のショッピングサイト・オークションサイト

を利用させるサービス（商品の掲載料金等）
　(5)　インターネット上でゲームソフト等を販売する場所を利用させるサービス
　(6)　インターネットを介して行う宿泊予約、飲食店予約サイト（宿泊施設、飲食店等を経営する事業者から掲載料等を徴するもの）
　(7)　インターネットを介して行う英会話教室等（電話、電子メールによる継続的なコンサルティング）

２．リバースチャージ方式

　リバースチャージ方式とは、国外事業者が行う「事業者向け電気通信利用役務の提供」について、当該役務の提供を受けた国内事業者に申告納税義務を課す方式のことをいいます（消法５①）。

　本来であれば、該当する取引の役務提供者である売り手に課税売上げの消費税を納付させるところ、課税仕入れの消費税を当該役務の受益者に申告・納税させる制度です。

　この方式が採用された背景には、国外事業者に対して日本の消費税について申告納税義務を課し、適正に申告させ、徴収を行うことが難しいという事情があります。リバースチャージ方式による申告納税によれば、国外事業者（売り手）からの納税がなく、かつ、国内事業者（買い手）によって仕入税額控除だけがなされる状況を回避できます。

　一方で、役務の提供を受けた者側の事務負担が増えるため、リバースチャージ方式が適用されるのは、電気通信利用役務の提供の中でも、「事業者向け」とされるものだけとなります。また、役務の提供を行う国外事業者には、当該取引がリバースチャージ方式の対象であることを表示する義務が課されます。

　「事業者向け」の要件としては、役務の性質又は当該役務の提供に係る取引条件等から、当該役務の提供を受ける者が通常事業者に限られるものとされています。具体的には、インターネット上の広告配信や金融・法務データの配信サービス、クラウドサービス等で取引条件等

から事業者向けであることが明らかな取引が該当します（消法２①八の四）。

　事業者向け電気通信利用役務の提供を受けて、課税仕入れ（特定課税仕入れといいます。）を行った国内事業者は、当該特定課税仕入れを課税標準の額に加えて申告・納税する義務が課されます。同時に、当該特定課税仕入れについて、仕入税額控除の対象とすることができます。

　なお、上記の取扱いのルールに関わらず、事務簡素化のため、課税期間における課税売上割合が95％以上である事業者や、簡易課税制度を適用している事業者については、当分の間、当該特定課税入れはなかったものとされます（平27改所法等附42、44②）。したがって、当該特定課税仕入れを行ったとしても、課税売上割合が95％以上である場合や簡易課税事業者の場合は、その課税期間の消費税の確定申告については申告に含める必要がなく、当該特定課税仕入れも仕入税額控除の対象から外れることに注意が必要です。

〈リバースチャージ方式の申告要否と仕入税額控除の可否〉

区分			役務提供を受ける側の取扱い
国外事業者からの電気通信利用役務の提供	事業者向け電気通信利用役務の提供に該当	課税売上割合95％以上又は簡易課税	・リバースチャージ方式による申告不要 ・当該役務の提供の対価に係る仕入税額控除不可
		上記以外	・リバースチャージ方式による申告が必要 ・課税標準に計上、同時に、当該役務の提供の対価に係る仕入税額に計上
	消費者向け電気通信利用役務の提供に該当	登録国外事業者からの役務提供	・当該役務の提供の対価に係る仕入税額控除可能（登録番号の保存が必要）※
		上記以外	・当該役務の提供の対価に係る仕入税額控除不可

※具体的には、クラウド上で電子データの保存を行うサービスや、ECプラットフォームを提供するサービスを、外国法人が提供しています。これらの役務提供を日本の事業者が受ける場合に、カスタムオーダーをしない通常の利用を前提とすれば、消費者向け電気通信利用役務の提供に該当します。

いくつかの外国の事業者が国税庁の登録国外事業者に登録されています。したがって、その利用料には、日本の消費税が課税されており、当該消費税は仕入税額控除の対象となります。
　また、外国法人が提供する消費者向け電気通信利用役務でも、登録国外事業者に登録されていないものもあります。この場合、利用料には日本の消費税が課税されておらず、仕入税額控除の対象にはなりません。

誤った取扱い

　以上は、あくまでも電気通信利用役務の提供等に係る取引だけが対象になる点に注意が必要です。インターネットを介したソフトウェアの配信等の取引に限定され、例えばソフトウェアのライセンスを貸与する場合は、資産の貸付けを行う法人が国内事業者であれば、貸与先が国外事業者であっても国内取引となり、消費税は課税となります。

まとめ

・電気通信利用役務の取引について、サービスの受け手が国内事業者である場合、当該取引は国内取引になります。
・事業者向け電気通信利用役務の提供に該当する場合には、当該サービスを利用した国内事業者側に消費税の申告義務が課されます（リバースチャージ方式）。
・経過措置により一定の場合には申告義務が当面免除されますが、対象となる取引をきちんと認識し、申告する準備が必要です。

Q7-2 電子書籍の販売

北海道在住の私はインターネットを利用して、日本国内外のユーザーに対して、電子書籍の販売を行っています。この場合の消費税の取扱いはどうなりますか。

A 電子書籍の購入者が、日本国内の事業者又は消費者である場合、消費税の課税取引となります。日本国外の事業者又は消費者が購入者の場合は不課税取引となります。

概要

国内事業者が、インターネットを介して行う電子書籍の配信は、電気通信利用役務の提供に該当します。役務の提供を受ける者の住所等が国内であれば、国内取引として、消費税の課税取引となります。逆に住所等が国外であれば、国外取引として、不課税取引となります。

適切な取扱い

電子書籍の販売を行う、北海道在住の課税事業者を前提としますと、「電子書籍の購入者」が国内に所在するかどうかが、国内取引か国外取引かの判断基準となります。具体的には、電気通信利用役務の提供を受ける者の住所若しくは居所（現在まで引き続いて1年以上居住する場所）又は、本店若しくは主たる事務所の所在地が国内か国外かで判断を行います（消法4③三）。

電子書籍の購入者の住所等が国内かどうかの判断については、販売者側で、客観的かつ合理的な基準に基づいて判定する必要があります。例えば、購入者がインターネットを通じて申し出た住所地と、購入者が決済で利用するクレジットカード等の決済情報とを照合して確認し、購入者の住所等が国内か国外かを判断することになります。

なお、国内に住所等を有する者に対して、その者が国外に滞在している間に行う役務提供や、内国法人の国外事業所等に対して行う役務提供であっても、原則として国内取引として取り扱う必要があります（消基通 5 － 7 －15の 2 、11 － 2 －13の 2 ）。
　電子書籍の購入者が国外にいる事業者又は消費者である場合、当該購入取引は国外取引として消費税は不課税となります。

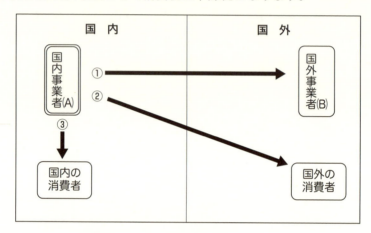

取引	課税関係
①	国外取引：不課税
②	国外取引：不課税
③	国内取引：課税(A)

誤った取扱い

　国外に住所等がある国外の消費者に対して、日本への旅行中にインターネットを介した電子書籍の販売を行った場合には、役務提供を受ける消費者は一時的に国内にいるだけですので、国内取引には該当しません。
　同様に、国内に住所等がある日本の消費者に対して、海外旅行先においてインターネットを介した電子書籍の販売を行った場合には、役

務提供を受ける消費者は一時的に国外にいるだけですので、国内取引として消費税が課されます。

まとめ

・電子書籍を販売する国内事業者は、国内に住所等がある事業者又は消費者に対する役務提供については、国内取引の課税売上げとして処理する必要があります。
・国内に住所等があるかどうかは、購入者が電子書籍を購入した際に登録した住所地情報やクレジットカード等の決済情報に含まれる所在地情報に基づいて、個別に判断を行います。

Q7-3 電子新聞の配信

私はシンガポールに住んでいますが、シンガポールの会社で日本のニュース配信サイトを運営しております。登録ユーザーから使用料を徴収してサイトの運営をしており、ユーザーは日本人が中心であるものの世界中に広がっています。この場合の日本の消費税の取扱いはどうなるのでしょうか。

A 国外事業者が、インターネットを介して行う電子新聞の配信は、電気通信利用役務の提供に該当します。役務の提供を受ける者の住所等が国内であれば、国内取引として消費税の課税取引となります。逆に住所等が国外であれば、どちらも国外間の取引であり、日本の消費税の対象範囲外です。

概 要

シンガポールに在住し、シンガポールの会社で日本のニュース配信サイトを運営している場合、電子新聞の購読者が日本国内に所在するかどうかが、国内取引か国外取引かの判断基準となります。日本国内に在住するものとして国内取引と判断された場合、消費税の国内取引として、課税売上げの消費税を認識する必要があります。

したがって、サイト運営者は、ニュース配信サイトに登録された顧客情報から、購読者が日本国内に居住していると判断できる取引を特定し、課税対象となる取引を把握しなければなりません。

電子新聞の購読者が国外にいる場合には、当事者の双方が国外居住者になるため、特に課税関係は発生しません。

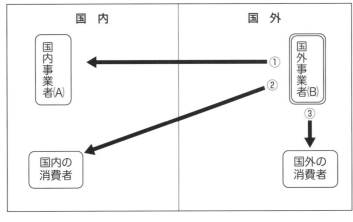

(注) Bが登録国外事業者に該当する場合のみ、国内事業者Aは仕入税額控除を受けることができます。

適切な取扱い

〈電子新聞の配信サイト運営は消費者向け電気通信利用役務の提供に該当〉

　国内取引であると判断された後のステップとして、提供しているニュース配信サービスが、事業者向け電気通信利用役務の提供に該当するのか、消費者向け電気通信利用役務の提供に該当するのかを判断する必要があります。

　ニュース配信サービスであれば、その役務の性質から事業者向けのみであるとは判断できませんので、消費者向け電気通信利用役務の提供に該当します（消基通5－8－4（注））。

　ご質問のサイト運営は、消費者向け電気通信利用役務の提供に該当しますので、サイト運営者が自ら課税売上げの消費税を申告・納税す

る必要があります。仮に日本国内に事務所等がない場合には、申告書又は届出書の提出や税金の納付等、国税に関する事務を行うための納税管理人を選任する必要があります。

なお、ニュース配信サイトであっても、事業者と個別に契約を行うような専門性の高いサービスを提供する場合は、事業者向け電気通信利用役務の提供に該当する可能性があります。その場合の取扱いは Q7-1 で解説しています。

誤った取扱い

国内事業者が、国税庁長官の登録を受けた登録国外事業者（平27改所法等附39①）ではない国外事業者から、消費者向け電気通信利用役務の提供を受けた場合に、課税仕入れとして処理するのは誤りです(消基通11－1－3（注2））。

まとめ

- 電子新聞を配信する国外事業者は、国内に住所等がある事業者又は消費者に対する役務提供については、国内取引の課税売上げとして処理する必要があります。
- 国内に住所等があるかどうかは、購入者が電子新聞を購読した際に登録した住所地情報やクレジットカード等の決済情報に含まれる所在地情報に基づいて、個別に判断を行います。
- 消費者向け電気通信利用役務の提供を行う場合、サイト運営者が登録国外事業者かどうかで、購読者側で課税仕入れの仕入税額控除ができるか否かが変わります。

Q7-4 日本への旅行商品販売サイトの運営

東京に住んでいる私は、国外に所在する旅行会社や消費者に対して日本への旅行商品を企画開発し、販売する旅行代理店を国内で経営しています。

国外の旅行会社や消費者に対して、ホームページ上で、旅行商品を販売し、申込みをしてもらいます。この場合、消費税はどのように取り扱えばよいですか。

A 旅行商品を販売するウェブサイトを運営し、宿泊予約の取次をする取引は、電気通信利用役務の提供に該当します。今回は、国内事業者が国外の旅行会社や消費者に対してサービスを提供することになるため、国内事業者が受領する取次手数料は、国外取引として、不課税で処理されます。

適切な取扱い

東京に住んでいる国内事業者が、ホームページ上で、国外に所在する旅行会社や消費者から日本滞在時の宿泊予約を取次ぎ、取次手数料又はサイト利用料を収益として計上する場合、当該取引は電気通信利用役務の提供に該当し、役務の提供を受ける者が海外に居住しているため、国外取引として消費税は不課税となります。

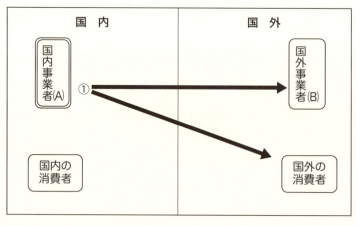

取引	課税関係
①	国外取引：不課税

　海外からの旅行者より宿泊代金及び取扱手数料を受領した際と、当該宿泊代金を国内ホテル等へ支払った際の会計処理は以下のようになると考えられます。

A　海外に所在する旅行会社・旅行者からの宿泊代金及び取扱手数料に係る会計処理

現　金	110	／	仮受金	100
		／	取扱手数料（不課税）	10

（注）宿泊代金が100、取扱手数料が10と仮定しています。

B　国内ホテル等への支払宿泊料に係る会計処理

仮受金	100	／	現　金	90
		／	紹介手数料（課税）	10

（注）国内ホテル等への送客手数料は、国内取引として消費税は課税となります。

誤った取扱い

電気通信利用役務の提供については、サービス提供を行う者の住所や会社の所在地が国内かどうかではなく、サービス提供を受ける者の住所や会社の所在地が国内かどうかによって消費税の取扱いが変わります。サービス提供を受ける者や会社が国外にある場合には、消費税は不課税としてかかりませんので、留意する必要があります。

まとめ

・国外の旅行会社や消費者に対して行う電気通信利用役務の提供は、国外取引で消費税は不課税です。
・サイト運営者は、サイトの利用者が国外に居住していることを、利用者の住所等の情報によって、客観的かつ合理的に確認する必要があります。

Q7-5 ショッピングサイトを利用させるサービス

フランスにあるバッグ製造会社は、フランスで製造したバッグを日本の通信販売サイトを通じて販売しています。この場合、消費税の取扱いはどうなりますか。

A フランスの会社が、製造したバッグを日本の通信販売サイトを通じて販売する場合、日本の通販会社はインターネット上のショッピングサイトを利用するサービスをフランスの製造会社に対して提供しています。電気通信利用役務の提供はフランスの製造会社が受けていますので、国外取引となり、消費税は不課税です。

・・・・・・・・・・・・・・・・・・・・・・・・・・・・・・・・・・・

バッグ自体の輸入については、フランスから日本へ持ち込むと外国貨物として保税地域に入ります。保税地域から国内に引き取る際に、輸入関税と外国貨物にかかる消費税が課税され、外国貨物を引き取る者が消費税の納税義務を負います。

適切な取扱い

日本の通販会社が、フランスの製造会社に対してホームページ上での商品の掲載代金等を受領する場合、日本の通販会社は、フランスの製造会社に対して取扱手数料を計上することになります。

通信販売サイト経由で、日本の国内消費者からの注文が入った際には、日本の通販会社又は直接、国内消費者がフランスの製造会社から商品を輸入することになります。これは商品の輸入に該当しますから、輸入貨物に係る消費税が課税されます。

取扱手数料について、国内事業者が非居住者に対して行う電気通信利用役務の提供については、通信販売サイトにおける商品の掲載とい

う役務提供を受ける者がフランスの製造会社となるため、国外取引として消費税は不課税となります。

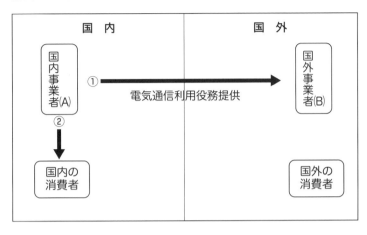

取引	課税関係
①	国外取引：不課税
②	国内取引：課税

誤った取扱い

　国内のバッグ製造会社が、国外の通販会社が運営するショッピングサイトを利用する場合には、商品掲載のサービスを受ける国内の会社が支払う掲載料金の消費税は課税取引となります。また、消費税の申告・納税はリバースチャージ方式により、国内のバック製造会社が行う必要があります。

　ただし、国外の通販会社が商品の掲載を行う場合であっても、消費者も含めて広く提供されているような場合には、「事業者向け」ではなく、「消費者向け」電気通信利用役務の提供に該当する可能性があるので注意が必要です（消法２①八の四）。国内のバック製造会社においては、当該役務提供に係る役務の性質又は当該役務の提供に係る取引条件等から、役務提供を受ける者が通常事業者に限られるもので

あるかどうかを確認する必要があります。もし、事業者向けの電気通信利用役務の提供に該当しない場合には、消費税の申告・納税は国外の通販会社が行うことになり、国内のバック製造会社はリバースチャージ方式による申告・納税の必要はありません。

　なお、事業者向けの電気通信利用役務の提供に該当する場合には、通常、役務の提供を行う国外事業者が、特定課税仕入れとして役務を受けた者が消費税を納める義務がある旨を表示することが求められますので、取引開始時に確認をするのがよいと思います（消法62）。

まとめ

- 国外事業者が国内事業者の通販サイトを利用する場合、通販サイトを運営する国内事業者の取扱手数料は、国外取引として消費税は不課税です。
- 国内事業者は、サイトの利用者が国外事業者であることを、利用者の住所等の情報によって、客観的かつ合理的に確認する必要があります。

第8章 固定資産取得と消費税

Q8-1 高額特定資産

私は法人名義でX7年8月に店舗用賃貸ビルを1億円（税抜き）で購入しました。この店舗用賃貸ビル取得等により、X7年度は消費税の還付を受ける見込みです。当社は12月決算です。

この場合、X8年度、X9年度は消費税の免税事業者に該当すると考えていますが、誤りないでしょうか。

課税期間	X4年度	X5年度	X6年度	X7年度	X8年度	X9年度
課税方式	一般課税	一般課税	一般課税	一般課税	？	？
課税売上高	1,300万円	1,200万円	1,000万円以下	1,000万円以下	1,000万円以下	1,000万円以下

店舗用賃貸ビル取得（12月）
消費税還付

高額特定資産を取得してから3年間

X8年度とX9年度は消費税の課税事業者となります。

- -

消費税のいわゆる「還付逃げ」スキームは、高額特定資産を取得した場合の規制により実質的に封じられています。

具体的には、当該法人は免税期間でも簡易課税期間でもないX7年度において1億円（税抜き）の資産（高額特定資産に該当）を取得しているため、高額特定資産の取得をした場合の中小事業者に対する特例の適用を受けて、その高額特定資産を取得した課税期間の初日以後3年間は、免税事業者にも簡易課税制度適用事業者にもなることができません（消法12の4①、37③）。

ここで、X9年度は調整対象固定資産に係る第3年度の課税期間に該

当しますので、通算課税売上割合の著しい変動があった場合、もしくは、3年以内に非課税業務用に転用した場合には仕入税額控除の減額調整を受けて、結果として、X9年度の消費税申告において多額の納税が発生する可能性があります（消法33、34）。

なお、新型コロナウイルス感染症による影響を受けた場合に適用を受けられる特例がありますので、留意してください（ Q2 参照）。

概　要

事業者が、免税期間及び簡易課税期間以外の課税期間中に高額特定資産を取得した場合には、その取得日の属する課税期間の初日から3年間は免税事業者になれず、簡易課税制度の選択もできません（消法12の4①、37③三、四）。

この制度導入の背景には、居住用不動産の賃貸業を営む事業者が不動産を取得する課税期間において課税事業者の選択をし、かつその不動産取得をした課税期間においては非課税売上げである家賃収入を発生させず自動販売機収入などの課税売上げのみを発生させることにより消費税の還付を受ける手法がありました。なお、居住用賃貸建物については課税仕入れとしない、というより強い規制が、令和2年10月1日から始まっています（ Q8-8 参照）。

しかし、不動産のような固定資産は長期間にわたって使用されるものであり、課税仕入れを行ったときの現況のみで税額控除関係を完結してしまうことは消費税法の期待から外れています。このような消費税法の期待外の消費税還付手法に対応するため上述のとおりの制限が設けられており、この制限がかかる3年間の間に課税売上割合が著しく変動した場合の調整の制度（ Q8-2 参照）を適用することとされています（消法33）。

> 適切な取扱い

1. 高額特定資産を取得した場合の特例

　事業者が免税期間及び簡易課税期間以外の課税期間中に、高額特定資産(注)の仕入れ等を行った場合には、消費税課税事業者選択届出書の提出の有無にかかわらず、その課税期間の初日から3年間は免税事業者に戻ることができず、簡易課税制度を選択することもできません（消法12の4①②、37③三、四、消令25の5①一）。

　　（注）高額特定資産とは、一取引単位につき、支払対価の額が税抜き1,000万円以上の棚卸資産又は調整対象固定資産をいいます。

2. 高額特定資産の取得に係る課税事業者である旨の届出書

　高額特定資産の仕入れ等を行ったことにより、納税義務の免除の規定の適用を受けないこととなる事業者が、基準期間における課税売上高が1,000万円以下となった場合には、高額特定資産の取得等に係る課税事業者である旨の届出書（次ページ参照）を提出する必要があります（消法57①二の二）。

3. 調整対象固定資産を取得した後に課税売上割合が著しく変動した場合の調整

　Q8-2 にて詳しく説明しておりますのでそちらをご参照ください。

> 誤った取扱い

　高額特定資産の取得をした場合には、その取得の年に消費税課税事業者選択不適用届出書を提出しても免税事業者に戻ることはできません。また、消費税簡易課税制度選択届出書を提出しても簡易課税制度の適用を受けることはできません。

【記載例】

高額特定資産の取得等に係る課税事業者である旨の届出書

収受印 令和 X7 年 12 月 20 日	届出者	(フリガナ) 納 税 地	(〒 −) (電話番号 − −)
		(フリガナ) 氏名又は名称及び代表者氏名	印
＿XX＿税務署長殿		法 人 番 号	※ 個人の方は個人番号の記載は不要です。

　下記のとおり、消費税法第12条の4第1項又は第2項の規定の適用を受ける課税期間の基準期間の課税売上高が1,000万円以下となったので、消費税法第57条第1項第2号の2の規定により届出します。

届出者の行う 事業の内容	不動産賃貸業			
この届出の適用 対象課税期間	※消費税法第12条の4第1項又は第2項の規定が適用される課税期間で基準期間の課税売上高が1,000万円以下となった課税期間を記載してください。 自 令和 X8 年 1 月 1 日　　至 令和 X8 年 12 月 31 日			
上記課税期間の 基 準 期 間	自 平成/令和 X6 年 1 月 1 日 至 平成/令和 X6 年 12 月 31 日	左記期間の 課税売上高	XXX,XXX,XXX	円
該当する資産の区分等	☑ ①高額特定資産 　　（②に該当するものを除く）	高額特定資産の仕入れ等の日 平成/令和 X7 年 12 月 15 日	高額特定資産の内容 建物（店舗用賃貸ビル）	
	□ ②自己建設高額特定資産	自己建設高額特定資産の仕入れ等を行った場合に該当することとなった日 平成/令和 　　年　　月　　日		
		建設等の完了予定時期 平成/令和 　　年　　月　　日	自己建設高額特定資産の内容	

※該当する資産の区分に応じて記載してください。

※消費税法第12条の4第2項の規定による場合は、次のとおり記載してください。
1「高額特定資産の仕入れ等の日」及び「自己建設高額特定資産の仕入れ等を行った場合に該当することとなった日」は、「消費税法第36条第1項又は第3項の規定の適用を受けた課税期間の初日」と読み替える。
2「自己建設高額特定資産」を、「調整対象自己建設高額資産」と読み替える。

参 考 事 項	
税理士署名押印	印 (電話番号 − −)

※税務署処理欄	整理番号		部門番号		番号確認		
	届出年月日	年　月　日	入力処理	年　月　日	台帳整理	年　月　日	

注意　1．裏面の記載要領等に留意の上、記載してください。
　　　2．税務署処理欄は、記載しないでください。

第8章 固定資産取得と消費税

まとめ

　簡易課税制度の適用を受けていない課税事業者が1,000万円（税抜き）以上の高額特定資産を取得した場合には、その後３年間は免税事業者にも簡易課税制度適用事業者にもなれません。
　「還付逃れ」等を意図していない場合にも適用対象となるケースがありますので、注意をしてください。

Q8-2 調整対象固定資産の取得後に課税売上割合が著しく変動した場合

当社は電気部品の卸売業を主たる事業としていた法人ですが、近年、電気部品の卸売業は規模を大幅に縮小しております。

ところで、前々課税期間において2億円（税抜き）で本社ビルを新たに建設しましたが、前々課税期間においては課税売上高が5億円を超えたため一括比例配分方式により仕入税額控除の計算をしておりました。また、前課税期間は土地を8億円で売却している関係で課税売上割合が大きく減少しています。

当課税期間の消費税額の計算において、何らかの調整が必要になると思われますが、どのような調整が必要になるか教えてください。

単位：万円（税抜き）

	前々課税期間 (仕入課税期間)	前課税期間	当課税期間 (第3年度の課税期間)	3期間通算
課税売上高	51,000	20,000	9,000	80,000
非課税売上高	50	80,050	50	80,150
合　計	51,050	100,050	9,050	160,150
課税売上割合	99.90%	19.99%	99.45%	49.95%

当課税期間において、前々課税期間に建設した本社ビルの取得に係る消費税について、課税売上割合が著しく減少した場合の調整をする必要があります。

・・・・・・・・・・・・・・・・・・・・・・・・・・・・・・・・・・・・

まず、前々課税期間に建設した本社ビルは取得価額が税抜き100万円以上の建物であるため、調整対象固定資産に該当します。

次に、当該調整対象固定資産を取得した課税期間（以下「仕入課税

期間」といいます。）において、一括比例配分方式により消費税額の計算をしており、かつ第3年度の課税期間に当たる当課税期間の末日においてこの本社ビルを保有しているため、当課税期間において課税売上割合が著しく変動している場合には、この本社ビルの取得に係る消費税額2,000万円について、調整する必要があります（消法33）。

ここで、通算課税売上割合［B］は49.95％であり、仕入課税期間の課税売上割合［A］は99.90％であるため、以下のとおり課税売上割合が著しく減少した場合に該当します。

$$\frac{A-B}{A} = 50.00\% \geqq 50\%$$

かつ、　A－B＝49.95％≧5％

したがって、当課税期間の消費税額の計算をする上で、以下の金額を控除対象仕入税額から控除します。

調整対象基準税額(注)×A－調整対象基準税額×B
＝2,000万円×99.90％－2,000万円×49.95％
＝999万円

(注) 調整対象基準税額とは、第3年度の課税期間の末日に保有している調整対象固定資産の課税仕入れ等の消費税額をいいます（消法33①一）。

概　要

調整対象固定資産に該当する資産を取得した場合において、その後3年以内に多額の非課税売上高を計上した場合には、課税売上割合が著しく減少する可能性が高くなります。

このような場合には、第3年度の課税期間における通算課税売上割合が仕入課税期間の課税売上割合に対して著しく減少していないかを検討し、該当する場合には、第3年度の控除対象仕入税額から一定の方法で計算した調整税額を控除します。

適切な取扱い

1．調整対象固定資産の意義

　調整対象固定資産とは、棚卸資産以外の資産で、建物及びその附属設備、構築物、機械及び装置、船舶、航空機、車両及び運搬具、工具、器具及び備品、鉱業権その他の資産で、一の取引単位につき、支払い対価の額が税抜き100万円以上のものをいいます（消法2①十六、消令5）。

2．課税売上割合が著しく変動した場合の調整

　調整対象固定資産を取得した課税事業者は、次の3つの要件のすべてに該当する場合には、その取得した課税期間（以下「仕入課税期間」といいます。）の初日から3年を経過する日の属する課税期間（以下「第3年度の課税期間」といいます。）において控除対象仕入税額の調整を行います（消法2、30、33、消令5、消基通12-3-3）。

(1)　調整対象固定資産の課税仕入れ等に係る消費税額について比例配分方式（個別対応方式において課税資産の譲渡等とその他の資産に共通して要するものについて課税売上割合を乗じて控除対象仕入税額を計算する方法又は一括比例配分方式により控除対象仕入税額を計算する方法をいいます。(課税期間中の課税売上高が5億円以下、かつ、課税売上割合が95％以上であるためその課税期間の課税仕入れ等の税額の全額が控除される場合を含みます。))により計算したこと

(2)　課税売上割合が、仕入課税期間以後3年間の通算課税売上割合(仕入課税期間から第3年度の課税期間までの各課税期間中の総売上高に占める課税売上高の割合をいいます。)と比較して著しく変動したこと

(3)　その調整対象固定資産を第3年度の課税期間の末日に保有していること（売却等した場合には不適用）

3．課税売上割合が著しく変動した場合

課税売上割合が著しく変動した場合とは、仕入課税期間の課税売上割合を［A］、通算課税売上割合を［B］とした場合、次のいずれかの場合をいいます（消令53）。

(1) 著しい増加……増額調整が必要な場合

$\dfrac{B-A}{A} \geqq 50\%$ であり、かつ、$B-A \geqq 5\%$

(2) 著しい減少……減額調整が必要な場合

$\dfrac{A-B}{A} \geqq 50\%$ であり、かつ、$A-B \geqq 5\%$

4．控除対象仕入税額の調整計算

(1) 通算課税売上割合［B］が仕入課税期間の課税売上割合［A］に対して著しく増加した場合は次の加算金額を第3年度の課税期間の控除対象仕入税額に加算します（消法33①）。

〔加算金額〕

（調整対象基準税額×B）－（調整対象基準税額×A（注））

(2) 通算課税売上割合［B］が仕入課税期間の課税売上割合［A］に対して著しく減少した場合は次の減算金額を第3年度の課税期間の控除対象仕入税額から控除します（消法33①）。

〔減算金額〕

（調整対象基準税額×A（注））－（調整対象基準税額×B）

(注) 調整対象固定資産の取得時の課税期間において消費税法第30条第1項により、当該調整対象固定資産に係る課税仕入れ等の税額の全額が控除された場合には、調整対象基準税額の合計額となります。

誤った取扱い

ご質問のように土地の譲渡等により、一時的に多額の非課税売上げが計上された場合には、そもそも課税売上割合が著しく変動した場合に該当する可能性があることを見逃してしまう可能性が高くなりますので、土地の譲渡等があった課税期間はもちろん、その次の課税期間

においても調整対象固定資産の規定の適用有無の判定を忘れずに行う必要があります。

まとめ

調整対象固定資産を取得し、比例配分法により処理しており、第3年度の課税期間において依然として保有している場合には、調整対象固定資産の規定による控除対象仕入税額の調整の必要がないかを必ず確認するようにしましょう。

Q8-3 簡易課税制度適用事業者の高額の固定資産取得

当社は経営コンサルティング業を営んでおり、簡易課税制度の適用(第5種事業:みなし仕入率50%)を継続して受けています。
翌課税期間(第11期)においてソフトウェア開発の外部委託を予定しています。簡易課税制度の適用事業者が高額の固定資産を取得する場合には消費税の取扱い上不利になることがあると聞いたのですがどういうことでしょうか。

なお、翌課税期間以降の予算は以下のとおりです。

単位:万円(税抜き)

	第11期	第12期	第13期
課税売上高	4,000	4,500	4,500
課税仕入高	1,800	2,000	2,000
ソフトウェア開発費用	2,000		

ソフトウェア開発費用に係る仕入税額控除ができないため、簡易課税制度の適用を継続すると不利になる可能性があります。

....

次ページのとおり、翌課税期間(第11期)以降も簡易課税制度の適用を継続して受ける場合には3期合計で650万円の消費税納付が見込まれます。

一方で、当課税期間の末日までに消費税簡易課税制度選択不適用届出書を提出し、翌課税期間から簡易課税制度の適用を取りやめる場合には3期合計の消費税納付見込み額は520万円となり納税額が抑えられます。また、資金繰りの観点からも、ソフトウェア開発費用の支出を予定している翌課税期間の納付税額が低く抑えられるため、簡易課税制度の適用を取りやめた方が有利です。

〔予算に応じた各期の年税額〕　　　　　　　　　　　　　　　　単位：万円

	第11期	第12期	第13期	3期合計
一般課税制度適用の場合	20	250	250	520
簡易課税制度適用の場合	200	225	225	650

　第11期の2,000万円のソフトウエア開発費用の支出は高額特定資産の取得に該当しますので、一般課税制度適用の課税期間に取得した場合、翌期から2年間は簡易課税制度の選択ができません(消法37③三)。1,000万円以下の調整対象固定資産の取得の場合は、第12期から簡易課税事業者を選択できます。

　なお、新型コロナウイルス感染症の影響を受けた場合に適用を受けられる特例(消法37の2)がありますので、留意してください(**Q2** 参照)。

概　要

　簡易課税制度は課税売上高に対する消費税額にみなし仕入率を乗じた金額を控除対象仕入税額とする制度で、一般的には簡易課税制度を適用した方が一般課税制度を適用するよりも消費税の納付税額が低くなる場合が多いです。

　ただし、高額の固定資産取得が予定されている場合など、実際の課税仕入れの金額がみなし仕入率により計算した金額を上回る場合には、簡易課税制度の適用を取りやめた方が有利になります。

　この場合には、簡易課税制度の適用を取りやめようとする課税期間の直前の課税期間の末日までに消費税簡易課税制度選択不適用届出書を提出する必要があります。

　ただし、簡易課税制度の適用を受けていない事業者がこの事例のように高額特定資産を取得した場合には翌期から2年間は免税事業者になれず、簡易課税制度の適用を受けることもできなくなりましたので、取得をした期を含めて3年間を通しての有利不利判定をする必要があ

ります。

適切な取扱い

1. 簡易課税制度

　消費税の納付税額は、通常は「課税売上げ等に係る消費税額」から「課税仕入れ等に係る消費税額」を控除して計算します。

　しかし、その課税期間の課税売上高が5,000万円以下で、消費税簡易課税制度選択届出書を事前に提出している事業者は、実際の課税仕入れ等の税額を計算せず、控除対象仕入税額を課税売上高に対する税額の一定割合として計算します。この一定割合をみなし仕入率といい、事業の区分に応じて以下のそれぞれの仕入率を適用します（消法37、消令57）。

〈みなし仕入率〉

第１種事業（卸売業）	90%
第２種事業（小売業）	80%
第３種事業（製造業等）	70%
第４種事業（その他の事業）	60%
第５種事業（サービス業等）	50%
第６種事業（不動産業）	40%

2. 簡易課税制度選択不適用届出書の提出

　簡易課税制度の選択をやめようとする事業者は、適用をやめようとする課税期間の初日の前日までに、消費税簡易課税制度選択不適用届出書を納税地の所轄税務署長に提出することで、その提出日の属する課税期間の翌課税期間から簡易課税制度の適用を受けなくなります。

　ただし、消費税簡易課税制度の適用を受けた日の属する課税期間の初日から２年を経過する日の属する課税期間の初日以後でなければ、この届出書を提出することはできません。

（消法37⑤⑥、消規17②③）

3. 高額特定資産を取得した場合の特例

Q8-1 高額特定資産にて詳しく説明しておりますのでそちらをご参照ください。

誤った取扱い

初めて簡易課税制度の適用を受けることとなった課税期間の初日から2年間は、簡易課税制度が強制適用されますので、この強制適用期間中に高額の固定資産を取得する場合にはその取得費用に見合った仕入税額控除をすることができません。

また、消費税簡易課税制度選択届出書の効力は、その提出日の翌課税期間から発生しますので、高額の固定資産の取得をする課税期間になってから提出する場合には、その取得費用に見合った仕入税額控除をすることができません。

取得した資産が高額特定資産に該当するにもかかわらず、その高額特定資産を取得する課税期間の納税額のみに着目し簡易課税制度の適用を取りやめた場合には、3年間を通しての納税額がかえって大きくなる可能性があります。

まとめ

簡易課税制度の適用を受ける事業者が高額の固定資産を取得する場合には、事前に簡易課税制度の適用の有無による有利不利判定をする必要があります。

また、取得する固定資産が高額特定資産に該当する場合、3年間は簡易課税制度の再選択ができなくなりますので、3年間を通しての判定をする必要があります。

Q8-4 免税事業者が固定資産を取得する際の留意点

当社は家族経営で美容業を営んでいます。創業以来、課税売上高は1,000万円以下であり、消費税の免税事業者となっています。この度、店舗の老朽化に伴い改修工事を計画しています。改修工事は現在着工中で、翌課税期間中に完成する見通しです。

改修費用は総額900万円（税抜き）となる見込みで、免税事業者のままでは消費税の還付が受けられないため不利だと思うのですが、対処方法や留意点を教えてください。

なお、当社の課税売上高は例年800万円（税抜き）程度、課税仕入高は400万円（税抜き）程度で安定しており、今後も同等程度で推移する見込みです。

A
消費税の還付を受ける方法はありますが、翌課税期間から3年間を通した有利不利判定をする必要があります。

当課税期間の末日までに消費税課税事業者選択届出書を提出することで、翌課税期間において課税事業者になることを選択することができます。翌課税期間の課税売上高は800万円程度、課税仕入高は1,300万円程度の見込みですから、差引き500万円程度課税仕入高の方が大きくなり、これに対する消費税の還付を受けることが可能です。

ただし、消費税課税事業者選択届出書を提出したことにより課税事業者となった課税期間において調整対象固定資産を取得しているため、向こう3年間免税事業者に戻ることも、簡易課税制度を選択することもできません。翌々課税期間及びその次の課税期間において、それぞれ課税売上高は800万円程度、課税仕入高は400万円程度の見込みですから、差引き400万円程度課税売上高の方が大きくなりこれに対する消費税の納付をする必要が生じます。

結果として３年間トータルで見れば差し引き300万円程度課税売上高の方が大きくなり、消費税課税事業者選択届出書を提出した方が不利になる可能性が大きいため、このケースではあえて消費税の還付は受けないことをお勧めします。

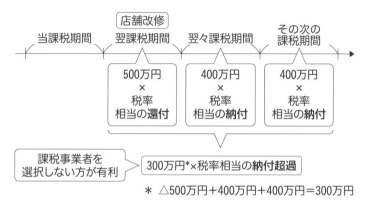

　なお、新型コロナウイルス感染症による影響を受けた場合に適用を受けられる特例がありますので留意してください（ Q2 参照）。

概　要

　消費税課税事業者選択届出書を提出した者がその届出により課税事業者となった課税期間の初日から２年以内に調整対象固定資産を取得した場合には、最低３年間は課税事業者として消費税の申告をしなければなりませんので、そこまで視野に入れて有利不利判定をする必要があります。

適切な取扱い

１．免税事業者と消費税還付

　消費税の還付を受けるためには、その課税期間において消費税の課税事業者である必要があります。したがって、免税事業者の場合は消費税の還付を受けることができません。

2．課税事業者の選択

　課税事業者となる要件は原則として、その課税期間の基準期間における課税売上高が1,000万円超である必要がありますが、基準期間における課税売上高が1,000万円以下であっても、その課税期間の末日までに消費税課税事業者選択届出書を提出することで、翌課税期間から課税事業者となることができます（消法9④）。

3．調整対象固定資産を取得した場合の特例

　ただし、消費税課税事業者選択届出書を提出した者がその届出により課税事業者となった課税期間の初日から2年以内に調整対象固定資産を取得した場合には、その調整対象固定資産を取得した日の属する課税期間の初日から原則3年間は免税事業者に戻ることができず、簡易課税制度を選択することもできません（消法9⑦、37③一、消令56②）。

誤った取扱い

　調整対象固定資産の取得をした場合の特例を考慮に入れず、目先の消費税還付のみに注目し課税事業者選択届出書を提出してしまい、結果として消費税の還付額を上回る納付額が生じてしまう事例が散見されます。

まとめ

　免税事業者が固定資産を取得する際には消費税の還付を受けられるか否かという点に注意が集まりがちですが、消費税課税事業者選択届出書の提出をする場合には、調整対象固定資産の取得をした場合の特例の影響、つまり還付を受けた後2年間の影響を考慮に入れた上で総合的な有利不利判定をするようにしましょう。

Q8-5 相続した遺産をもとに賃貸ビルを経営する場合

私の父は生前に賃貸ビルの建設用地を取得しており、賃貸ビルの建設を計画していました。ビル建設のための手付金はすでに父が支払済みであり、ビルの完成引渡しは今年の12月を予定しています。父は、ビルの建設費用3億円（税抜き）に係る消費税の還付を受けるために、今年の1月に消費税課税事業者選択届出書を提出していましたが、その直後に不慮の事故で亡くなりました。私は父の遺産を相続するとともに賃貸ビル事業を引き継ぐつもりです。なお、父も私も上記以外には、個人で事業を営んでいません。

友人に相談したところ、消費税について十分に注意するように言われましたが、注意すべき点はどのようなことでしょう。

A 消費税の還付を受けるためには、あなたが改めて消費税課税事業者選択届出書を提出する必要があります。

被相続人であるお父さまが提出した消費税課税事業者選択届出書の効力は相続人であるあなたには及びませんので、あなたが賃貸ビルの建設費用に係る消費税の還付を受けるためには、あなたが消費税課税事業者選択届出書を今年中に提出する必要があります。

概　要

被相続人が提出した消費税課税事業者選択届出書の効力はその相続人には及びませんので、相続人が課税事業者を選択したい場合には、その提出期限までに相続人が改めて消費税課税事業者選択届出書を提出する必要があります。

適切な取扱い

1. 消費税課税事業者選択届出書

基準期間における課税売上高のない個人事業者は原則としてその課税期間においては免税事業者となりますが、一定の提出期限までに消費税課税事業者選択届出書を納税地の所轄税務署長に提出した場合には、課税事業者となることを選択することができます（消法9④）。

なお、この届出書の効力はあくまでその提出者にのみ生じますので、提出者の相続人が課税事業者を選択したい場合には、改めて届出書を提出する必要があります。

2. 消費税課税事業者選択届出書の提出期限

消費税課税事業者選択届出書は、原則としてその適用を受けようとする課税期間の初日の前日までに、納税地の所轄税務署長に提出する必要があります。ただし、適用を受けようとする課税期間が事業を開始した日の属する課税期間である場合には、その課税期間中に提出することで、その事業を開始した日の属する課税期間から適用を受けることができます（消法9④）。

なお、この場合はその提出する消費税課税事業者選択届出書において適用開始課税期間の初日の年月日を明確にする必要があります（消基通1－4－14）。

3. 消費税課税事業者選択不適用届出書の提出の制限

上記、1、2により課税事業者を選択した事業者は、2年間、消費税課税事業者選択不適用届出書を提出して免税事業者に戻ることはできないとされています（消法9⑥）。

なお、新型コロナウイルス感染症の影響を受けた場合に適用を受けられる特例がありますので、留意してください（ Q2 参照）。

誤った取扱い

被相続人が生前に提出していた消費税課税事業者選択届出書の効力

が相続人にも及ぶと誤認し、相続人がその事業を開始した年の末日までに消費税課税事業者選択届出書を提出しなかった場合には、相続人は課税事業者にならず、結果として消費税の還付を受けることができません。

ま と め

相続が発生した場合には遺産分割協議や相続税の申告に注意が偏りがちですが、消費税の納税義務関係にも十分に注意するようにしましょう。

Q8-6 固定資産をリースで使用開始した場合

当社は、当課税期間の開始月に機械装置をリースで使用開始しています。当該機械装置は特注仕様になっており、当社の国内工場内に備え付けられています。なお、リース料総額は300万円（税抜き）でリース期間は5年となっており、リース期間終了後は当該機械装置の所有権は当社に移転することとなっています。
この場合、消費税等の取扱いはどのようになるのでしょうか。

A
リース料総額の全額が当課税期間における課税仕入れとなります。

当該リース取引によるリース資産の譲受けは課税仕入れに該当し、かつ当該リース契約は法人税法上の所有権移転リース契約に該当するため、リース料総額の300万円が当課税期間における課税仕入れとなります。

ただし、リース契約が所有権移転外リース契約の場合で、賃貸借取引として会計処理しているときは、それぞれのリース料を支払うべき日の属する課税期間における課税仕入れとすることもできます。

概　要

リース取引による資産の譲受けが課税仕入れに該当する場合には、そのリース資産の引渡しを受けた日の属する課税期間において仕入税額控除の規定の適用を受けることになります。

適切な取扱い

1. リース取引の賃借人における消費税の取扱い

リース取引が課税仕入れに該当する場合には、その課税仕入れを行

った日はそのリース資産の引渡しを受けた日となりますので、そのリース資産の引渡しを受けた日の属する課税期間において仕入税額控除の規定の適用を受けることになります。

例外として、賃借人が所有権移転外リース取引を賃貸借取引として会計処理している場合は、リース資産の引渡し日ではなく、そのリース料の支払い日の属する各課税期間にわたって仕入税額控除の規定の適用を受けることができます（国税庁 質疑応答事例「所有権移転外ファイナンス・リース取引について賃借人が賃貸借処理した場合の取扱い」）。

２．法人税法上の所有権移転外リース取引の意義

所有権移転外リース取引とは、法人税法上のリース取引のうち、次のいずれにも該当しないものです（法法64の２、法令48の２⑤五）。

(1) リース期間の終了時又は中途において、そのリース取引に係る契約において定められているリース取引の目的とされているリース資産が無償又は名目的な対価の額でそのリース取引に係る賃借人に譲渡されるものであること。

(2) リース期間の終了時又は中途においてリース資産を著しく有利な価額で買い取る権利が賃借人に与えられているものであること。

(3) 賃借人の特別な注文によって製作される機械装置のようにリース資産がその使用可能期間中その賃借人によってのみ使用されると見込まれるものであること又は建築用足場材のようにリース資産の識別が困難であると認められるものであること。

(4) リース期間がリース資産の法定耐用年数に比して相当短いもの（賃借人の法人税の負担を著しく軽減することになると認められるものに限る）であること。

なお、「リース期間がリース資産の法定耐用年数に比して相当短いもの」とは、リース期間がリース資産の法定耐用年数の70％（法定耐用年数が10年以上のリース資産については60％）に相当する年数（１

年未満の端数切捨て）を下回る期間であるものをいいます。

3．法人税法上のリース取引の意義

　上記２における法人税法上のリース取引とは、資産の賃貸借（注）のうち、次の⑴及び⑵の両方を満たすものをいいます（法法64の２、法令131の２）。

⑴　リース期間中の中途解約が禁止されているものであること又は賃借人が中途解約する場合には未経過期間に対応するリース料の額の合計額のおおむね全部（原則として90％以上）を支払うこととされているものなどであること。

⑵　賃借人がリース資産からもたらされる経済的な利益を実質的に享受することができ、かつ、リース資産の使用に伴って生ずる費用を実質的に負担すべきこととされているものであること。

　なお、リース期間のうちその契約の解除が不能な期間において賃借人が支払うリース料の額の合計額がその資産の取得のために通常要する価額のおおむね90％相当額を超える場合には、リース資産の使用に伴って生ずる費用を実質的に負担すべきこととされているものであることに該当します。

　　（注）　土地の賃貸借のうち次に掲げるものは、法人税法上のリース取引の範囲から除かれます。
　　　　⑴　法人税法施行令第138条《借地権の設定等により地価が著しく低下する場合の土地等の帳簿価額の一部の損金算入》の規定の適用があるもの
　　　　⑵　次に掲げる要件（これらに準ずるものを含みます。）のいずれにも該当しないもの
　　　　　　イ　賃貸借期間の終了時又は中途において、その土地が無償又は名目的な対価でその賃借人に譲渡されるものであること。
　　　　　　ロ　賃貸借期間の終了時又は中途において、その土地を著しく有利な価額で買い取る権利がその賃借人に与えられているものであること。

　誤った取扱い

　賃貸借取引として処理することが認められるのは所有権移転外リー

ス取引のみですから、法人税法上の所有権移転リース取引に該当するにもかかわらず賃貸借取引として会計処理をして、その課税期間中に支払ったリース料について課税仕入れとすることは誤りです。

ま　と　め

　リース取引による資産の取得がある場合には、それが法人税法上のリース取引に該当するのか、さらには所有権移転リース取引に該当するのかを確認する必要があります。

　特に、所有権移転リース取引に該当する資産の課税仕入れを行う予定の課税期間が消費税の免税期間や簡易課税制度の適用期間である場合には設備投資額に見合った仕入税額控除をするために、前課税期間末日までに消費税課税事業者選択届出書や消費税簡易課税制度選択不適用届出書を提出し、一般課税方式に戻しておくなどのタックスプランニングも検討すべきです。

Q8-7 工事の請負に係る資産の譲渡時期の特例

当社は内装工事業を営む12月決算の法人です。当課税期間（X2年度）において特定建設業の許可を受けたことに伴い、工期が1年を超えるような大型の請負工事（以下「本工事」といいます。）を初めて受注することになりました。

本工事の概要は下記のとおりですが、本工事の収益認識時期については、進捗部分についての成果の確実性が認められるものであるため、会社決算及び法人税申告上は工事進行基準を適用するつもりです。

この場合消費税額の計算上はどのようなことに気を付ければいいでしょうか。

- 着工日　　　：X2年2月1日
- 引渡日　　　：X3年5月31日
- 請負金額　　：1億円
- 見積工事原価：8,000万円
- 実際工事原価：X2年度（5,000万円）
　　　　　　　　X3年度（3,000万円）
- 支払条件
　X3年7月31日：請負対価の額の全額

A

消費税額の計算上、引渡基準と工事進行基準のいずれかの方法を選択することができます。

・・・

　本工事は、工事期間が1年以上であり、かつ請負対価の額の2分の1以上が工事の目的物の引渡し期日から1年以内に支払われるものですが、その請負金額は10億円未満であるため、法人税法上の長期大規模工事（法法64①）には該当しません。

270

また、会社決算及び法人税申告にあたり工事進行基準により処理する予定であるため、消費税額の計算上、本工事に係る資産の譲渡等の時期の認識は、原則的な取扱いである引渡基準による認識のほか、工事進行基準による認識の採用も認められています（法法64②、Q3-5参照）。

概要

　工事の区分や所得税額又は法人税額の計算上の収益認識時期の区分に応じた、消費税額の計算上の資産の譲渡等の時期の適用関係をまとめると下表のとおりとなります。なお、引渡基準とは、資産の引渡し日又は役務の提供完了日の属する事業年度に売上げを計上する収益の認識基準であり、これに対し、工事進行基準とは、各事業年度の期間損益をより的確に表すために、各事業年度の工事の進捗度に応じた売上げを計上する収益の認識基準です。

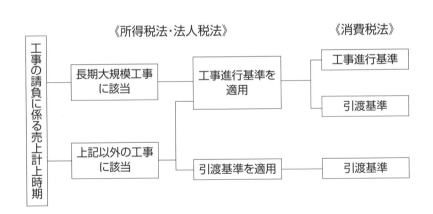

適切な取扱い

1．長期大規模工事の意義

　長期大規模工事とは次の要件のすべてを満たす工事（製造及びソフ

トウェアの開発を含みます。）をいいます（所法66①、所令192、法法64①、法令129）。

⑴　着手日からその工事に係る契約において定められている目的物の引渡しの期日までの期間が1年以上であること
⑵　請負対価の額が10億円以上であること
⑶　その工事にかかる契約において、その請負対価の額の2分の1以上が、その工事の目的物の引渡し期日から1年以内に支払われることが定められているものであること

2．所得税額又は法人税額の計算上の収益認識時期

長期大規模工事は所得税額又は法人税額の計算上、工事進行基準によらなければなりません（所法66①、法法64①）。一方で長期大規模工事以外の工事は、経理要件を前提として工事進行基準と引渡基準のいずれかを選択することができます（所法66②、法法64②）。

3．消費税額の計算上の資産の譲渡等の時期の特例

事業者が工事の請負に係る対価の額について、所得税額又は法人税額の計算上、工事進行基準を適用している場合には、消費税額の計算上も、その工事の請負に係る資産の譲渡等の時期について工事進行基準によることができます（任意選択）（消法17①②）。

一方で、所得税額又は法人税額の計算上、引渡基準を適用している場合には、消費税額の計算上、引渡基準しか適用できません（消基通9－4－1）。

4．工事進行基準を適用した場合の消費税額の計算方法

次の計算式により計算します。

$$\text{工事進行基準の適用による当課税期間の売上計上額} = \text{請負対価の合計額} \times \frac{\text{当課税期間末までの実際工事原価累計額}}{\text{当課税期間末における見積工事原価}} - \text{過年度において売上計上済の請負対価の額}$$

ここで、見積工事原価の額は個人の場合はその年の12月31日、法人の場合はその課税期間の末日の現況により見積もられた金額をいいま

す（所令192③、法令129③）。

5．工事進行基準が適用できなくなる場合

　長期大規模工事以外の工事について工事開始後の事業年度において工事進行基準により経理処理しなかった場合には、個人事業者についてはその経理しなかった年の12月31日の属する課税期間、法人については経理しなかった事業年度の終了日の属する課税期間以後の課税期間については工事進行基準の適用はできません（消法17②ただし書）。

誤った取扱い

　会社決算及び法人税申告において工事進行基準を適用しているため、消費税額の計算上も工事進行基準しか認められないと考えてしまうのは誤りです。

まとめ

　会社決算及び法人税申告において工事進行基準を適用している場合でも、消費税法では工事進行基準は強制適用とはならず、引渡基準で消費税額の計算をすることができます。
　請負対価の額の回収時期が工事完了後に集中している場合などは工事進行基準で消費税額の計算をすると資金繰りに負担がかかることになるため、あえて消費税額の計算上では引渡基準を選択することも検討しましょう。

Q8-8 居住用賃貸建物の取得等に係る仕入税額控除の取扱い

当社は、令和2年12月に賃貸事業用に居住用賃貸建物を購入しました。とある税務コンサルタントに相談したところ、「金地金の売買を繰り返し行えば、当該建物の取得にかかった消費税等の額について仕入税額控除の適用を受けられる」とアドバイスを受けましたが本当でしょうか。

A 居住用賃貸建物の課税仕入れ等には、仕入税額控除は適用されません。

概　要

令和2年度税制改正により、令和2年10月1日以後に行われる居住用賃貸建物に係る課税仕入れ等の税額については、仕入税額控除の対象としないこととされました。

適切な取扱い

1．居住用賃貸建物に係る仕入税額控除の制限

令和2年10月1日以後に行う、居住用賃貸建物に係る課税仕入れ等の税額は仕入税額控除ができません（消法30⑩）。ただし、令和2年3月31日までに締結した契約に基づく居住用賃貸建物に係る課税仕入れ等はこの限りではありません（令2改所法等附44）。

2．居住用賃貸建物の範囲

居住用賃貸建物とは、住宅の貸付けの用に供しないことが明らかな建物（その附属設備を含みます。）以外の建物であり、高額特定資産（注1）又は調整対象自己建設高額資産（注2）に該当するものをいいます（消法30⑩）。

（注1）高額特定資産とは、一取引単位につき、支払対価の額が税抜き1,000万

円以上の棚卸資産又は調整対象固定資産をいいます。
(注2) 調整対象自己建設高額資産とは、他の者との契約に基づき、又は事業者の棚卸資産として自ら建設等をした棚卸資産で、その建設等に要した課税仕入れに係る支払対価の額の100/110に相当する金額等の累計額が1,000万円以上となったものをいいます。

3．住宅の貸付けの用に供しないことが明らかな建物とは

「住宅の貸付けの用に供しないことが明らかな建物」とは、建物の構造及び設備の状況その他の状況により住宅の貸付けの用に供しないことが客観的に明らかなものをいい、例えば、次に掲げるようなものをいいます（消基通11－7－1）。

(1) 建物の全てが店舗等の事業用施設である建物など、建物の設備等の状況により住宅の貸付けの用に供しないことが明らかな建物
(2) 旅館又はホテルなど、旅館業法第2条第1項《定義》に規定する旅館業に係る施設の貸付けに供することが明らかな建物
(3) 棚卸資産として取得した建物であって、所有している間、住宅の貸付けの用に供しないことが明らかなもの

誤った取扱い

金地金などの売買を繰り返し行い意図的に課税売上割合を引き上げても、居住用賃貸建物の取得等に係る課税仕入れ等の税額は仕入税額控除の適用を受けることはできません。

まとめ

これまでも固定資産の取得に係る課税仕入れ等の仕入税額控除を制限する法令がいくつかありましたが、令和2年度の税制改正で、居住用の賃貸建物の取得等に係る課税仕入れ等に該当する場合、仕入税額控除が不適用になるというルールが追加されました。

Q8-9 一部が店舗用である居住用賃貸建物（併用賃貸建物）に係る仕入税額控除

当社は、不動産賃貸事業と不動産仲介事業を営んでおり、消費税の申告は個別対応方式で行っています。令和2年10月に賃貸用建物を新たに取得しました（売買契約は令和2年5月に締結）。この賃貸用建物は地上5階建てで各フロアの床面積は200㎡（全体で1,000㎡）、1階部分のみ店舗用であり、2～5階は居住用の構造となっています。

当課税期間の課税売上割合は80％程度になりそうなため、この賃貸用建物に係る課税仕入れ等の税額の全額を共通対応の課税仕入れとして取り扱いたいと考えていますが、そのような処理は可能でしょうか。

〈図〉

```
┌─────────────────────┐
│                     │
│  2～5階（800㎡）     │
│  構造：居住用        │
│                     │
├─────────────────────┤
│  1階（200㎡）        │
│  構造：店舗用        │
└─────────────────────┘
```

A 建物全体の課税仕入れ等の税額の全額を共通対応の課税仕入れとすることはできません。建物全体の仕入税額と居住用賃貸部分の仕入税額は、非課税用、共通用どちらにも計上できません。店舗用賃貸部分の面積で按分した金額を課税売上にのみ対応する課税仕入れとすることができます。

概　要

令和2年10月1日以後に行う居住用賃貸建物に係る課税仕入れ等の

税額は仕入税額控除の適用が制限されますが、建物の一部が住宅の貸付の用に供しないことが明らかである場合において、居住用の賃貸部分と居住用以外の賃貸部分が合理的に区分されているときは、建物全体の課税仕入れ等の税額のうち居住用以外の賃貸部分に対応する税額については、仕入税額控除の適用を受けることができます。

> 適切な取扱い

1．居住用賃貸建物に係る仕入税額控除の制限
　令和2年10月1日以後に行う居住用賃貸建物に係る課税仕入れ等の税額は仕入税額控除ができません（消法30⑩）。ただし、令和2年3月31日までに締結した契約に基づく居住用賃貸建物に係る課税仕入れ等はこの限りではありません（令2改所法等附44）。

2．居住用賃貸建物の範囲
　居住用賃貸建物とは、住宅の貸付けの用に供しないことが明らかな建物（その附属設備を含みます。）以外の建物であり、高額特定資産又は調整対象自己建設高額資産に該当するものをいいます（消法30⑩）。
　Q8-8 にて詳しく説明しておりますのでそちらをご参照ください。

3．住宅の貸付けの用に供しないことが明らかな建物とは
　「住宅の貸付けの用に供しないことが明らかな建物」とは、建物の構造及び設備の状況その他の状況により住宅の貸付けの用に供しないことが客観的に明らかなものをいいます（消基通11－7－1）。
　Q8-8 にて詳しく説明しておりますのでそちらをご参照ください。

4．居住用賃貸建物の判定時期
　居住用賃貸建物に該当するかどうかは、原則として課税仕入れを行った日の状況により判定します。ただし、課税仕入れを行った日の属する課税期間の末日において、住宅の貸付けの用に供しないことが明らかにされたときは、居住用賃貸建物に該当しないものとすることができます（消基通11－7－2）。

5．住宅の貸付けの用に供しないことが明らかな部分がある居住用賃貸建物

　例えば、建物の一部が店舗用の構造等となっているなど「住宅の貸付けの用に供しないことが明らかな部分がある居住用賃貸建物」について、その構造及び設備の状況その他の状況により居住用賃貸部分とそれ以外の部分とに合理的に区分しているときは、その居住用賃貸部分に係る課税仕入れ等の税額についてのみ、仕入税額控除が制限されます（消令50の2①、消基通11－7－3）。

　「合理的に区分している」とは、使用面積割合や使用面積に対する建設原価の割合など、その建物の実態に応じた合理的な基準により区分していることをいいます（消基通11－7－3）。

　ここで、仕入税額控除が制限されない「住宅の貸付の用に供しないことが明らかな部分」に係る課税仕入れ等の税額は、個別対応方式では課税売上げにのみ対応する課税仕入れとして取り扱い、一括比例配分方式では控除対象額をそのまま課税仕入れ等に係る消費税額に算入します。

誤った取扱い

　一部が店舗用である居住用賃貸建物に係る課税仕入れ等の税額の全額を共通対応の課税仕入れとするのは誤りです。

まとめ

　居住用賃貸建物に係る課税仕入れ等の税額は仕入税額控除の適用から除外されますが、その建物の一部が店舗用や事務所用の構造となっている場合には、その部分に係る課税仕入れ等の税額は仕入税額控除の適用対象となります。また、個別対応方式では課税売上げにのみ対応する課税仕入れとして取り扱います。

Q 8-10 居住用賃貸建物を譲渡した場合の調整

当社は、令和2年10月1日に入居者がいる中古賃貸マンションを取得し、令和3年9月30日に譲渡する予定です。この間は入居者から賃料収入を得ています。この中古賃貸マンションは当初から不動産事業者への転売を目的としており、当社内の稟議書や銀行融資の申込書にもその旨を明記しています。

当課税期間(令和2年4月1日～令和3年3月31日)及び、翌課税期間(令和3年4月1日～令和4年3月31日)の消費税の計算上、この中古賃貸マンションに係る課税仕入れ等の税額はどのように取り扱えばいいですか。

なお、この中古賃貸マンションの取得時の売買契約は令和2年9月に締結しています。

〈図〉

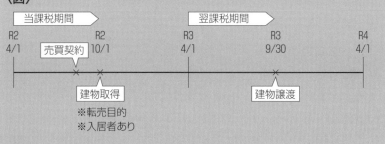

A 当課税期間においては、居住用賃貸建物の課税仕入れ等に該当し仕入税額控除が適用されません。翌課税期間においては、賃貸マンションに係る課税仕入れ等の税額のうち一定の金額が仕入控除税額に加算されます。

概要

居住用賃貸建物に係る課税仕入れ等の税額は仕入税額控除が制限さ

れますが、調整期間（注）にその居住用賃貸建物を譲渡した場合には、その賃貸マンションに係る課税仕入れ等の税額に課税譲渡等割合を乗じた金額をその譲渡をした課税期間の仕入税額控除額に加算します。

> （注）調整期間とは、その居住用賃貸建物の仕入れ等の日から居住用賃貸建物の仕入れ等の日の属する課税期間の開始の日から3年を経過する日の属する課税期間（以下「第3年度の課税期間」といいます。）の末日までの間をいいます。

適切な取扱い

1．居住用賃貸建物に係る仕入税額控除の制限

令和2年10月1日以後に行う、居住用賃貸建物に係る課税仕入れ等の税額は仕入税額控除ができません（消法30⑩）。ただし、令和2年3月31日までに締結した契約に基づく居住用賃貸建物に係る課税仕入れ等はこの限りではありません（令2改所法等附44）。

2．譲渡した場合の調整

(1) 居住用賃貸建物を譲渡した場合

課税売上げとなります。

(2) 居住用賃貸建物に係る仕入税額控除

居住用賃貸建物に係る仕入税額控除の制限（消法30⑩）の適用を受けた場合において、その居住用賃貸建物の全部又は一部を調整期間に他の者に譲渡したときは、その譲渡をした居住用賃貸建物に係る課税仕入れ等の税額に課税譲渡等割合を乗じて計算した金額を、譲渡をした課税期間の仕入れに係る消費税額に加算します（消法35の2②）。

3．譲渡の範囲

譲渡した場合の調整の対象となる譲渡には次のものが含まれます（消法35の2②、消令53の4③）。

・個人事業者が事業用資産を家事消費した場合のみなし譲渡
・法人が資産をその役員に対して贈与した場合のみなし譲渡
・代物弁済による資産の譲渡

- 負担付き贈与による資産の譲渡
- 金銭以外の資産の出資
- 法人課税信託の委託者がする信託財産となる資産の移転
- 法人課税信託への出資があったとみなされるもの
- 所有権その他の権利を収用され、その権利を取得する者からその権利の消滅に係る補償金を取得した場合

なお、「住宅の貸付けの用に供しないことが明らかな部分がある居住用賃貸建物」について、仕入税額控除の制限を受けなかった部分は譲渡した場合の調整の対象外です（消令53の4①）。

4．課税譲渡等割合

課税譲渡等割合とは、その居住用賃貸建物の仕入れ等の日からその居住用賃貸建物を譲渡した日までの間（課税譲渡等調整期間）における、その居住用賃貸建物の貸付けの対価の額及び譲渡の対価の額の合計額に占める、その居住用賃貸建物の課税賃貸用の貸付けの対価の額及び譲渡の対価の額の合計額の割合です。

なお、これらの対価の返還等があった場合にはその返還等の金額をそれぞれの対価の額の合計額から控除した残額により計算し、居住用賃貸建物の一部を譲渡した場合には貸付対価の額は譲渡した部分の対価の額に限ります（消法35の2③、消令53の2②）。

$$課税譲渡等割合 = \frac{課税譲渡等調整期間に行ったその居住用賃貸建物の課税賃貸用の貸付けの対価の額の合計額＋譲渡の対価の額（対価の返還等の額を控除した残額）}{貸付けの対価の額の合計額＋譲渡の対価の額（対価の返還等の額を控除した残額）}$$

5．課税賃貸用に転用した場合の調整（参考）

居住用賃貸建物に係る仕入税額控除の制限（消法30⑩）の適用を受けた場合において、第3年度の課税期間の末日においてその居住用賃貸建物を有しており、かつ、その居住用賃貸建物の全部又は一部を調

整期間に課税賃貸用に供したときは、その居住用賃貸建物に係る課税仕入れ等の税額に課税賃貸割合を乗じて計算した金額に相当する消費税額をその第3年度の課税期間の仕入れに係る消費税額に加算します（消法35の2①）。

$$課税賃貸割合 = \frac{調整期間に行ったその居住用賃貸建物の課税賃貸用の貸付けの対価の額の合計額（対価の返還等の額を控除した残額）}{貸付けの対価の額の合計額（対価の返還等の額を控除した残額）}$$

6．事業を承継した者における調整（参考）

相続によりその事業者のその居住用賃貸建物に係る事業を承継した相続人、合併によりその事業を承継した合併法人及び分割によりその居住用賃貸建物に係る事業を承継した分割承継法人が、その承継した居住用賃貸建物の全部又は一部を調整期間に他の者に譲渡したときもこれらの取扱いは適用されます（消法35の2①②）。

7．居住用賃貸建物の取得とその後の規制

居住用賃貸建物は高額特定資産に該当しますので、その取得した課税期間の初日から3年間は免税事業者や簡易課税事業者とはなれません（消法12の4①、37③三、消基通1-5-30）。

誤った取扱い

居住用賃貸建物に係る仕入税額控除の制限がされた場合において、調整期間中にその居住用賃貸建物を譲渡したり、課税賃貸用に転用したりしたときは、仕入税額控除の調整を失念することのないよう注意をしましょう。

まとめ

居住用賃貸建物を取得したときは、後の譲渡や転用した場合の仕入税額控除の調整に備えて、当初の仕入税額の金額を固定資産台帳等につけておきましょう。

Q8-11 高額特定資産である棚卸資産について調整措置を受けた場合

当社は免税事業者であった前課税期間に転売用の棚卸資産としてオフィス用賃貸ビル（高額特定資産に該当します。）を取得しました。当課税期間において課税事業者となったため、棚卸資産の調整措置が適用され仕入税額控除の適用を受けます。

翌課税期間においてこのオフィス用賃貸ビルを譲渡する予定ですが、翌課税期間は基準期間（前課税期間）の課税売上高が1,000万円以下のため再び免税事業者となり、譲渡代金に係る消費税額の納税義務はないものと考えて差し支えありませんでしょうか。

			前課税期間	当課税期間	翌課税期間	翌々課税期間
課税期間	H29.4/1~H30.3/31	H30.4/1~H31.3/31	H31.4/1~R2.3/31	R2.4/1~R3.3/31	R3.4/1~R4.3/31	R4.4/1~R5.3/31
課税売上高	なし	2,000万円	600万円	800万円	1億円	700万円
出来事			建物取得	棚卸資産の調整措置	建物譲渡	
納税義務	免税	免税	免税	課税	??	??

A 翌課税期間は課税事業者に該当するため、オフィス用賃貸ビルの譲渡代金に係る消費税額の納税義務はあります。

概要

このオフィス用賃貸ビルは高額特定資産となりますので、令和3年3月31日期の課税期間に棚卸資産の調整措置の適用を受けているため、翌課税期間と翌々課税期間は免税事業者になることはできません。このため、翌課税期間は課税事業者に該当し、オフィス用賃貸ビルの

譲渡代金に係る消費税額の納税義務はあります。

なお、新型コロナウイルス感染症の影響を受けた場合に適用を受けられる特例がありますので、留意してください（ **Q2** 参照）。

適切な取扱い

1．棚卸資産の調整措置

　免税事業者が新たに課税事業者となる場合に、課税事業者となる日の前日において所有する棚卸資産のうちに、納税義務が免除されていた期間において仕入れた棚卸資産がある場合は、その棚卸資産に係る消費税額を、課税事業者になった課税期間の仕入れに係る消費税額の計算の基礎となる課税仕入れ等の税額とみなすとされています（消法36①）。ただし、当該棚卸資産が居住用賃貸建物の場合は、課税仕入れの税額とはされませんので注意してください（消法30⑩）。

　なお、本事例とは逆に課税事業者が免税事業者になる場合は、免税事業者となる日の前日においてその前日の属する課税期間に仕入れた棚卸資産がある場合は、その棚卸資産に係る消費税額は、その課税期間の仕入れに係る消費税額の計算の基礎となる課税仕入れ等の税額に含まれません（消法36⑤）。

2．高額特定資産である棚卸資産について調整措置の適用を受けた場合の納税義務の免除の特例の制限

　課税事業者が、高額特定資産である棚卸資産等について棚卸資産の調整措置（消法36①）の適用を受けた場合には、その適用を受けた課税期間の翌課税期間からその適用を受けた課税期間の初日以後3年を経過する日の属する課税期間までの各課税期間は免税事業者になることはできません（消法12の4②）。

　　(注) 高額特定資産とは、一取引単位につき、支払対価の額が税抜き1,000万円以上の棚卸資産又は調整対象固定資産をいいます。

第8章　固定資産取得と消費税

誤った取扱い

　高額特定資産である棚卸資産について棚卸資産の調整措置の適用を受けているにも関わらず、その適用を受けた課税期間の翌課税期間を免税事業者と判定するのは誤りです。

　また、居住用賃貸建物の場合に、課税事業者となった課税期間に仕入税額として計上するのは誤りです。

まとめ

　免税事業者が課税事業者となった場合の棚卸資産の調整措置を利用した消費税の還付スキームは本規定で封じられることとなりました。

第9章 組織再編と消費税

Q9-1 組織再編等をした場合の消費税法上の取扱い一覧

組織再編等をした場合の消費税法上の取扱いについて、組織再編等の種類ごとにその取扱いの概要を端的に教えてください。

A 組織再編等をした場合の消費税法上の取扱いを一覧にすると以下のとおりです。

〔組織再編等の消費税法上の取扱い一覧〕

組織再編等の種類	本書	消費税法上の取扱い	取扱いの理由	納税義務の免除の特例
合併、分割	Q2-6 Q2-7 Q9-2	不課税取引	包括承継であり、資産の譲渡等に該当しないため	あり
株式交換、株式移転	Q9-3	非課税取引	有価証券等の譲渡に該当するため	なし
事業譲渡	Q9-4	課税の対象（移転する資産の内容に応じて課税取引と非課税取引に区分される）	事業として対価を得て行われる資産の譲渡に該当するため	なし
個人事業の法人成り	Q2-10 Q9-5	^	^	なし
法人事業の個人成り	Q2-11	^	^	なし
現物出資、事後設立	Q9-6			あり

各項目の具体的な内容は次項以降でご説明いたします。

Q9-2 合併、分割と消費税

A社とB社は組織再編を計画中です。組織再編の計画としては、まずA社とB社との間でA社を合併存続法人とする吸収合併をして、続いて新A社のC事業部門を新設分割により切り出してC社を新設するというものです。

ここで、合併による資産負債の承継と、新設分割による資産負債の移転について、消費税法上どのように取り扱われるか教えてください。

A 合併、分割ともに消費税の課税対象となる取引には該当しません。

A社とB社との間の吸収合併、及び新A社のC事業部門の切出しによる新設分割はいずれも包括承継にあたるため、消費税の課税対象となる資産の譲渡等に該当しません。

概 要

合併や分割は消費税の課税対象となる取引ではありません。

また、合併や分割があった場合には、納税義務の判定についての特例（消法11、12）がありますが、こちらは Q2-6 及び Q2-7 で解説しておりますので、あわせてご参照ください。

適切な取扱い

〈消費税の課税対象となる取引〉

消費税法上、消費税の課税対象となる取引は、「国内において事業者が対価を得て行った資産の譲渡等」及び「保税地域からの外国貨物の引取り」と定められています（消法4①②）。

ここで、資産の譲渡等とは、事業として対価を得て行われる資産の譲渡・貸付け及び役務の提供と定められており、さらにこの資産の譲渡等に類する行為として次の行為が列挙されています（消法２①八、消令２）。

〔資産の譲渡等に類する行為〕
(1) 負担付き贈与による資産の譲渡
(2) 金銭以外の資産の出資
(3) 法人税法に規定する特定受益証券発行信託又は法人課税信託の委託者がその有する資産の信託をした場合における当該資産の移転等
(4) 貸付金その他の金銭債権の譲受その他の承継（包括承継を除く）
(5) 一定の無線通信の送信で、法律等に基づき受信料を徴収して行われるもの

　消費税の課税対象となる取引は上記のとおりですが、合併及び分割は上記のいずれにも該当しないため、消費税の不課税取引となります。なお、この整理は新設・吸収の区分、さらには法人税法上の適格・非適格の区分によるものではありません。

誤った取扱い

　事業譲渡による資産負債の移転と混同して、合併や分割による包括承継を消費税の課税対象取引とするのは誤りです。

まとめ

　消費税の課税対象となる取引は消費税法第４条に規定されたとおりです。組織再編等、通常の取引とは異なる事項の消費税法上の処理を検討する際には、まずはその事項が課税対象となるのか否かというところから検討をするようにしましょう。

Q9-3 株式交換、株式移転と消費税

A社はB社を100％子会社とするグループ法人関係の構築を計画中です。組織再編の計画としては、株式交換によりA社がB社の株主からB社株式を100％取得し、対価としてA社株式の割当てを行うというものです。

このような株式交換が消費税法上どのように取り扱われるか教えてください。また、株式交換ではなく新設会社C社に対する株式移転を行う場合は、どのように取り扱われますか。

なお、A社株主、B社株主とも法人株主であり、消費税の課税事業者に該当します。

 いずれの場合も有価証券の譲渡として消費税の非課税取引に該当します。

株式交換について、B社の株主はB社株式をA社に譲渡してその対価としてA社株式を取得していますので、有価証券等の譲渡に該当し、消費税の非課税取引に該当します。課税売上割合の計算上は、取得したA社株式の価額×5％が分母に加算されます。一方で、A社は非課税資産であるB社株式を取得しているため、B社株式の取得は課税仕入れには該当せず、消費税法上なんら処理は生じません。

なお、株式移転による組織再編をする場合でも上述の株式交換の場合と同様に、A社株主及びB社株主はそれぞれの株式の譲渡対価として新設C社株式を取得するため、消費税の非課税取引に該当します。課税売上割合の計算の際は、それぞれの株式の譲渡対価の額×5％が分母に加算されます。また、新設C社側は消費税法上、特段の処理は生じません。

概　要

株式交換、株式移転により株式を譲渡する行為は消費税の非課税取引に該当しますので、株式を手放した株主が課税事業者である場合には、課税売上割合の計算に影響があります。

適切な取扱い

1．消費税の対象となる取引

消費税の課税対象となる取引は、 Q9-2 で説明したとおりです。ここで株式交換、株式移転は有価証券の交換、移転に伴う譲渡であるため、株主が法人である場合には「国内において事業者が対価を得て行った資産の譲渡等」に該当しますが消費税法別表第1の非課税取引となります。

なお、株主が個人株主である場合など、事業として有価証券の売買を行わない限り、「事業者が行った」という要件に該当しないため、消費税の対象とはなりません。

2．課税売上割合

株式交換、株式移転は有価証券等の譲渡に該当するため、課税売上割合の計算上、分母に譲渡対価の額5％を加算して計算することとなります（消令48⑤）。なお、譲渡対価の額は株主が新たに取得する親会社株式の価額と交付金銭等の価額の合計額になります。

3．自己株式の取扱い

株式交換により自己株式を相手に交付した場合はその株式の交付は資産の譲渡等に該当しません（消基通5－2－9後段）。

誤った取扱い

合併や会社分割と混同して、株式交換、株式移転による有価証券の譲渡を消費税の不課税取引とするのは誤りです。

まとめ

株式交換、株式移転は有価証券の譲渡として、株式を手放した株主側の非課税売上げとなります。これにより、課税売上割合が大きく低下することがありますので注意が必要です。

第9章 組織再編と消費税

Q9-4 事業譲渡と消費税

当社はA診療所とB診療所を運営している医療法人ですが、この度、B診療所をその院長C氏に事業譲渡し、C氏の個人診療所として再スタートさせることとなりました。

B診療所の譲渡財産の目録は以下のとおりですが、財産目録に記載した資産に加え、長年の診療所経営で積み上げてきた信用力を鑑みのれん代として1,000万円（税抜き）を加算し、差引き支払金額は3,000万円（税抜き）とすることでC氏との合意ができています。

ここで、事業譲渡による資産の移転について、消費税法上どのように取り扱われるか教えてください。

譲渡資産・負債の目録（時価ベース）　　　　　単位：万円（税抜き）

資　産	金　額	負　債	金　額
現金・預金	750	医業未払金	200
医業未収入金	600	長期借入金	2,000
医薬品等	300		
未収入金	250		
建物、建物付属設備	800		
医療器械	1,500		
合　計	4,200	合　計	2,200

※のれん代1,000万円（税抜き）

A 　事業譲渡で移転する資産の消費税区分を個別に判定して消費税の計算をします。

事業譲渡の対象となるB診療所の財産の譲渡取引の消費税区分を科目別に個別に判定すると以下のとおりです。（単位：万円）

　　現金・預金　　　　　：　750……非課税（消令9①四）
　　医業未収入金　　　　：　600……非課税（消令9①四）
　　医薬品等　　　　　　：　300……課税

未収入金　　　　　：　250……非課税（消令9①四）
　　　建物、建物付属設備：　800……課税
　　　医療器械　　　　　：1,500……課税
　　　のれん　　　　　　：1,000……課税

したがって、本事業譲渡による課税資産の譲渡等の対価の額は、3,600万円（300万円+800万円+1,500万円+1,000万円）となります。

なお、課税売上割合を計算する上で、医業未収入金600万円は非課税資産の譲渡等に該当しますが、自己の診療収入の対価として受け取ったものですから、分母に含めません（消令48②二）。

概　要

事業譲渡とは、売り手が有する資産及び負債を個別に買い手に譲渡する方法であり、消費税法上は資産の譲渡として取り扱われます。

適切な取扱い

1．消費税の課税対象となる取引

消費税法上、消費税の課税対象となる取引は、Q9-2 で説明したとおりですが、ご質問のような事業譲渡は「国内において事業者が対価を得て行われた資産の譲渡等」に該当するため、消費税の課税対象となります（消法4①）。したがって、個別の財産の譲渡について課税、非課税の判定をして、消費税の計算をすることになります。

2．譲渡対価の額にのれん代が含まれる場合

なお、上記の「資産」には、棚卸資産又は固定資産のような有形資産のほか、権利その他の無形資産が含まれますので、事業譲渡資産の中にのれんがあった場合にはこれらも消費税の課税対象となります（消基通5-1-3）。

3．個別の資産の譲渡対価の額が明確でない場合

事業譲渡の形態によっては、対象となる資産負債が一括して譲渡さ

れ、個別の資産の譲渡対価の額が明確でない場合もあります。このような場合には一括譲渡対価の額を課税資産と非課税資産の対価の額に合理的に区分して消費税額の計算をします（消令45③、消基通10－1－5）。

4．課税売上割合の計算

事業譲渡の場合は、譲渡される資産の中に以下のものが含まれる場合が多くみられます。これらの資産の譲渡があった場合には、課税売上割合の計算上、次の事項に注意が必要です。

(1) 売掛金

資産の譲渡等を行った者が当該資産の譲渡等の対価として取得した金銭債権を譲渡した場合には、その対価の額は課税売上割合の計算上、分母の金額に含めません（消令48②二）。

(2) 有価証券

有価証券を譲渡した場合は、有価証券の譲渡対価の額の5％相当額を課税売上割合の計算上、分母の金額に加算します（消令48⑤）。

> **誤った取扱い**
>
> 事業譲渡を合併や会社分割による包括承継と混同して、消費税の不課税取引とするのは誤りです。また、譲渡資産の総額から負債の金額を控除した差引き支払金額をもって課税資産の譲渡等の対価の額とするのも誤りです。

> **まとめ**
>
> 事業譲渡というと特殊な取引であるため、消費税法上も特別な取扱いがあるように誤解しがちですが、実際は個々の資産の譲渡等の取引区分を個別に判定していくことで、消費税額の計算を行います。ただし、のれん代の取扱いなど事業譲渡ならではの個別論点もあるため注意が必要です。

Q9-5 個人事業の法人成りと消費税

私は個人で自動車整備業を営んでいましたが、この度、資本金1,000万円で法人を設立して、今後は法人として事業を行うこととなりました。この法人成りに伴い、下記の事業用資産を法人名義とすることとしましたが、帳簿上の移動のみ行っており、法人から個人への譲渡代金の支払いは行っていません。

なお、個人事業者としては簡易課税制度の適用を受ける消費税の課税事業者でしたが、法人としては何ら消費税に関する手続きは行っていません。

この場合に消費税について何か気を付けなければいけないことはありますか。

- 車　　両　　：200万円（帳簿価額）
- 工具器具備品：　50万円（帳簿価額）

A 個人事業者としては、事業用資産の譲渡対価について消費税の申告漏れに注意が必要です。新設法人としては、設立事業年度から課税事業者になりますので、一般課税制度と簡易課税制度の有利判定が必要です。

・・

　たとえ帳簿価額による資産の移転であっても、税務上は個人事業者から法人への資産の売却となります。したがって、あなたは個人事業者として最後の消費税申告において、上記車両200万円と工具器具備品50万円の譲渡対価を課税売上高に計上する必要があります。

　なお、事業用資産の売却に該当するため簡易課税制度による消費税の計算上の事業区分は第4種事業に該当します。

　他方、新たに設立した法人は設立事業年度開始日の資本金が1,000万円以上ですので、新設法人の納税義務の免除の特例により設立事業

年度から消費税の納税義務者となります。個人事業者時代と同様に簡易課税制度の適用を受けるためには、設立事業年度の末日までに消費税簡易課税制度選択届出書を提出する必要があります。ただし、個人からの事業用資産の引継ぎは、消費税額の計算上は課税仕入れに該当しますので、仕入税額控除をするために、設立初年度は簡易課税制度を選択しないことも考えられますので有利判定が必要です。

概　要

　法人成りによる資産の移転も Q9-4 事業譲渡と消費税の事例と同様に、消費税法上は資産の譲渡として取り扱われます。

　他方、法人成りで設立した法人側は納税業務の有無や簡易課税制度の選択、資産の移転による課税仕入れについて、検討の必要があります。

　まず、法人成りした場合でも、個人事業者時代の課税売上高は法人側の基準期間における課税売上高に含めませんので、原則として法人の設立事業年度は免税事業者になります。

　前述したとおり、個人から法人への事業用資産の移転は、資産の譲渡等に該当するため、その移転資産が消費税の課税資産である場合は課税仕入れに該当します。この事業用資産の引継ぎによる課税仕入れの額が多額である場合は、消費税の還付を受けるため設立事業年度から課税事業者を選択することも考えられます。この場合は消費税課税事業者選択届出書を設立事業年度の末日までに提出する必要があります。

　なお、ご質問の場合は、消費税の新設法人に該当するため、設立事業年度から消費税の課税事業者となります（消法12の２）。設立事業年度から簡易課税制度の適用を受けようとする場合は、消費税簡易課税制度選択届出書をその設立事業年度の末日までに提出する必要があります（消法37①）。

ただし、消費税課税事業者選択届出書を提出したこと又は新設法人に該当することにより課税事業者となった課税期間の初日から２年以内に調整対象固定資産の課税仕入れを行った場合には、後述するとおりの制限がかかるのでご注意ください。

> 適切な取扱い

〈個人事業者側の取扱い〉
消費税の課税対象となる取引
　消費税法上、個人事業者の法人成りに伴う事業用資産の移転は「国内において事業者が対価を得て行われた資産の譲渡」に該当するため、消費税の課税取引となります（消法４①）。
　したがって、仮に対価として譲渡代金の支払いが行われていなかったとしても、個人から法人に対して譲渡対価相当の貸付けがあったものとみなした上で、消費税額の計算をすることになります。

〈法人側の取扱い〉
１．新設法人の納税義務の免除の特例
　課税期間の基準期間における課税売上高が1,000万円以下の事業者は消費税の納税義務が免除されますが、新たに設立された法人には基準期間がないため、設立事業年度は原則として免税事業者となります（消法９、９の２）。
　しかしその事業年度の基準期間がない法人のうち、その事業年度開始の日における資本金の額又は出資金の額が1,000万円以上である法人（以下「新設法人」といいます。）については、その基準期間がない事業年度は課税事業者となる特例があります（消法12の２）。なお、新設法人に該当する法人は消費税の新設法人に該当する旨の届出書をその該当することとなったときから速やかに提出する必要があります（消法57②、消規26⑤）。ただし、法人設立届出書に新設法人に該当する旨等を記載して提出した場合には、この届出書の提出は不要です。

2．設立事業年度における課税事業者の選択

　基準期間における課税売上高が1,000万円以下の事業者が消費税の課税事業者を選択するためには、原則、その課税事業者になろうとする事業年度の開始の日の前日までに消費税課税事業者選択届出書を提出しなくてはなりませんが（消法9④）、新たに事業を開始した場合には、その事業を開始した日の属する課税期間の末日までに提出すれば、その課税期間から課税事業者となります（消法9④、消令20一）。なお、この場合は、当該課税事業者選択届出書において適用開始課税期間の初日の年月日を明確にする必要があります（消基通1－4－14）。

3．調整対象固定資産の取扱い

　Q8-4 で述べたとおり、消費税課税事業者選択届出書を提出したこと又は新設法人や特定新規設立法人に該当することより課税事業者となった課税期間の初日から2年以内に調整対象固定資産（100万円以上の固定資産）を取得し、その控除対象仕入税額の計算を一般課税方式で行った場合には、その調整対象固定資産を取得した日の属する課税期間の初日から原則3年間は免税事業者に戻ることができず、簡易課税制度を選択することもできません（消法9⑦、37③一、消令56②）。

4．簡易課税制度の選択の要否とその手続き

　消費税の課税関係を検討する上では、個人事業者と法人を全く異なるものとして取り扱いますので、個人事業者時代に消費税簡易課税事業者選択届出書を提出していたとしても、その届出書の効力は法人には及びません。このため、法人として設立事業年度から簡易課税制度の適用を受けるためには、消費税簡易課税制度選択届出書を設立事業年度の末日までに提出する必要があります（消法37①）。

誤った取扱い

　ご質問の場合は帳簿価額での売却であるため譲渡所得が発生せず、また譲渡代金の支払いが伴わないものですが、消費税法上は課税資産の譲渡に該当しますので、申告から除いてしまうのは誤りです。

　また、個人事業者時代に簡易課税制度を選択していた場合でも、消費税簡易課税制度選択届出書の効力は新たに設立した法人には及びませんので、法人側でも簡易課税制度の適用を受けるためには、法人として消費税簡易課税制度選択届出書を提出することが必要です。

まとめ

　課税事業者である個人事業主が法人成りをする場合には、個人から法人に移動させる事業用資産などについて消費税の申告から漏れないように注意してください。

　また、法人側は課税事業者の選択や簡易課税制度の適用について判断の余地がありますので、慎重に有利判定をした上で方針を決めてください。

Q9-6 現物出資と消費税

当社はスマートフォン用ゲームアプリの開発及び販売を行う法人ですが、この度、新規事業であるSNS事業を現物出資により分離独立することとなりました。現物出資する資産負債は下記のとおりです。

この場合、当社の消費税申告上、課税標準額はいくらになるでしょうか。また、事後設立や新設分割により子会社設立をする場合とはどのような違いがありますか。

- ソフトウェア：時価5億円
- 預託金　　　：時価1億円
- 負　債　　　：時価3億円

A 現物出資の場合は取得株式の時価をもとに課税標準額を計算します。事後設立の場合は譲渡された課税資産の対価の額が課税標準額となります。

現物出資による場合の課税標準額は次の算式で求められます。なお、取得株式の時価は通常、現物出資した資産の時価から負債の時価を控除した金額として計算されます。

$$\text{取得株式の時価} \times \frac{\text{課税資産（時価）}}{\text{課税資産（時価）}+\text{非課税資産（時価）}}$$
$$=（5億円+1億円-3億円）\times \frac{5億円}{5億円+1億円}=2.5億円$$

なお、事後設立による子会社設立の場合は、課税資産であるソフトウェアの譲渡対価の額5億円が課税標準額となります。

一方で新設分割による子会社設立の場合は、包括承継とされ資産の譲渡等とされませんから、消費税の不課税取引となります。

概　要

　現物出資があった場合の課税標準額は、その出資により取得した株式の価額のうち課税資産相当額となります。

　事後設立における課税標準額は単純に、設立後に行われた課税資産の譲渡等の対価の額となります。

　新設分割による子会社設立の場合は、消費税の不課税取引となります。

　なお、消費税法上は、現物出資、事後設立、新設分割は、いずれも「分割等」として扱われ（消法12⑦）、納税義務の免除の特例の適用がありますが、こちらは Q2-7 で解説していますのであわせてご参照ください。

適切な取扱い

1．現物出資の課税標準

　現物出資（金銭以外の資産の出資）は、消費税法上資産の譲渡等に該当します（消法2①八、消令2①二）。これは、現物出資を資産と負債を時価譲渡して得た金銭で出資する行為と認識していることが背景にあります。また、その課税標準額は、対価として取得するその株式の価額のうち課税資産相当額となります（消法28①、消令45②三、消基通11－4－1）。

2．現物出資により取得する株式の価額

　現物出資において、資産と負債を合わせて出資した場合の取得株式の時価は、通常は出資した資産の時価から負債の時価を控除したものになります。なお、あくまで資産と負債の時価をもとに株式の時価を算定しますので、法人税法上の税制適格現物出資に該当し、帳簿価額での引継ぎがあったとしても、消費税の課税標準額の計算は時価により算出することとなります。

3．事後設立による資産移転の課税標準額

　消費税法では、現物出資（金銭以外の資産の出資（消法12⑦二、消

令2①二))と事後設立(注)とは明確に区別されており、事後設立の場合における資産移転の課税標準額は、資産移転について現実に対価として収受し、又は収受すべき金額とされています(消基通5－1－6)。

(注) 法人が金銭出資により新たな法人を設立し、会社法第467条第1項第5号《事業譲渡等の承認等》に掲げる行為に係る契約を締結した場合における当該契約に基づく金銭以外の資産の譲渡のうち、次の要件に該当するものをいいます(消法12⑦三、消令23⑨)。
　(1) 当該新たな法人の設立時において発行済株式の全部をその法人が有していること
　(2) 金銭以外の資産の譲渡が、新たな法人の設立時において予定されており、かつ、当該設立時から6か月以内に行われていること

4．新設分割による子会社の設立

Q9-2 で説明したとおり、新設分割による子会社設立は包括承継にあたるため、消費税の課税対象となりません。

誤った取扱い

税制適格現物出資の場合において、消費税の課税標準額の計算を帳簿価額で行うのは誤りです。また、現物出資と事後設立とでも課税標準の金額は異なりますので注意してください。

まとめ

　現物出資は、消費税法上は資産を譲渡したことにより取得した金銭で株式を取得したと考えるため、取得した株式の時価をもとに課税標準額を計算するという点がポイントです。
　事後設立は、会社設立の一形態ではありますが、消費税法上は、単純に資産の譲渡等として取り扱われます。
　なお、新設分割による子会社設立は消費税の課税対象とはなりません。

第10章 標準税率、軽減税率、旧税率

Q 10-1 複数税率の記帳と請求書等の保存

新旧税率についてどう対応したらよいですか。

A 　令和元年10月1日から消費税率は10%の標準税率と8%の軽減税率に改定されました。また、以前からの8%の旧税率での取引も残っていますので、記帳と請求書等の保存には注意が必要です。

概　要

　消費税に10%の標準税率、8%の軽減税率、同じく8%の旧税率と、主に3種類の税率が適用されていますので、その税率を正しく区分するため、請求書等や帳簿の記載について、要件が定められています。

　軽減税率8%が適用されるのは飲食料品と新聞です。

　この場合の飲食料品とは酒類を除く食品表示法に規定する食品をいいます。一体資産（包装容器、景品付き等）を含みますが、外食は含みません。また、新聞は定期購読契約に基づくものに限られています。

　また、旧税率8%が適用される取引で消費税率改正後も残る取引は経過措置で定められています。長く続きそうな旧税率適用取引として、リース契約を賃貸借処理している場合、資産の貸付けがあります。

適切な取扱い

1．標準税率適用取引

　標準税率10%が適用される取引について、請求書、領収書を収受し、標準税率適用取引として帳簿に記載する必要があります。

2．軽減税率適用取引

　食品及び定期購読の新聞については軽減税率8%が適用されますので、それを区分する請求書、領収書の収受と記帳が必要になります。

3．旧税率適用取引

次の取引については消費税率改定後も引き続き旧税率8％が適用されますので、それを区分する請求書、領収書、契約書を保存し旧税率である旨を明確にした帳簿が必要になります。

(1) 所有権移転外リース取引

賃借人が賃貸借処理をしている場合、リース料について支払うべき日に課税仕入れ等として処理することも認められています。この場合、当初のリース契約が終わるまで旧税率8％の取引が続きます。

(2) 資産の賃貸借

消費税率改定前からの資産の賃貸借に基づき、消費税率改定後も引き続き賃貸借を行っている場合、次の要件（①と②、または①と③）に該当するときは、その資産の賃貸借については旧税率8％が適用されます。

① 契約に資産の貸付期間及びその期間中の契約金額が定められていること。
② 事業者が事情の変更その他の理由により対価の額の変更を求めることができる定めがないこと。
③ 契約に一方か双方がいつでも解約の申入れをすることができる旨の定めがないこと並びに当該貸付け資産の取得に要した費用及び付随費用（利子又は保険料の額を含む。）の合計額のうちに契約期間中に支払われる貸付合計額が90％以上であるように契約で定められていること。

> 誤った取扱い

標準税率、軽減税率、旧税率を区分できるように記帳しないのは誤りです。軽減税率と旧税率はどちらも8％ですが、区分せずに一緒に処理してしまうのは誤りです。

まとめ

標準税率、軽減税率、旧税率はその区分が明確になるように帳簿に記載し同時に請求書、領収書等も収受し保存しなければなりません。区分記載請求書等保存方式と呼ばれる仕組みです。

Q10-2 標準税率と軽減税率の判断—飲食料品の譲渡と包装材料、フードコートの取扱い

食品販売（軽減税率）に付加される容器の取扱い、並びに外食（標準税率）と食品販売（軽減税率）が混在するフードコートでの取引の取扱いは、消費税法上どのようになりますか。

A 果物を専用の桐の箱に入れて販売するような場合、果物の販売に付帯して通常必要なものとして使用される容器や包装材料は、当該容器等も含め軽減税率の適用対象になります。

デパートが設備を準備したフードコートで飲食料品を提供している飲食店が提供する飲食料品は、外食（飲食設備のある場所において飲食料品を飲食させる役務の提供）に該当し標準税率適用となります（ Q3-11 参照）。

概　要

桐の箱等といった高級容器に入れられて飲食料品が販売されることがありますが、その容器にその商品名などを直接印刷等してその食品販売にのみ使用していることが明らかなときは、食品販売に使用されるものとして軽減税率対象となります（軽減通達3）。

「食事の提供」とは、飲食設備のある場所で飲食料品を飲食させる役務の提供をいいます。飲食設備とは、当該飲食店が設置したものでなくても、飲食設備設置者と飲食店との合意等に基づき設備を顧客に利用させる場合も該当しますので外食として標準税率対象となります。

適切な取扱い

飲食料品の販売に際し使用される包装材料等が、その販売に付帯して通常必要なものとして使用されるものであるときは、包装材料等も

含め軽減税率の適用対象となります。贈答用の包装など、包装材料等につき別途対価を定めている場合のその包装材料等の譲渡は、「飲食料品の譲渡」には該当しません。

　また、陶磁器やガラス食器等の容器のように飲食後において利用できるものを包装材料等として使用しており、食品とその容器を組み合わせて価格を提示し販売している場合に、その商品は「一体資産」とされます（平28改所法等附34①一、軽減通達3）。一体資産とは、食品と食品以外の資産があらかじめ一体となっている資産で、その一体価格のみが提示されているものをいいます。一体資産のうち、税抜価額が1万円以下であって、食品部分の価額の割合が3分の2以上のものは全体が軽減税率の対象になります。

　「外食」とは飲食店がテーブル、椅子等の飲食設備のある場所において飲食料品を飲食させる役務の提供をいいます（平28改所法等附34①一イ）。飲食設備とは、飲食に用いられるテーブル、椅子、カウンター等の設備であれば、飲食専用設備である必要はなく、飲食店と設備設置者が異なる場合であっても、両者の合意等により飲食設備を飲食店の顧客に利用させることとしているときは、「飲食設備」に該当します（軽減通達8、9）。この「合意等」には、契約書等で明らかにされている明示的な合意のみならず、「黙示の合意」も含みます。

誤った取扱い

　容器等に商品名などを直接印刷しても、その形状や販売方法等から、装飾品、小物入れ、玩具などの用途として再利用させることを前提としているものは、飲食料品を販売するためにのみ使用していることが明らかでないため、飲食料品販売に必要なものには該当しません。

　カウンターのみ設置した立食形式の飲食店が行う飲食料品の提供は、軽減税率の適用対象となるというのは誤りです（平28改所法等附34①一イ、軽減通達8）。

まとめ

　飲食料品の販売に際し使用される包装材料等が、その販売に付帯して通常必要なものとして使用されるものであるときは、その包装材料等も含め「飲食料品の譲渡」に該当します。
　標準税率の適用となる「外食」とは、フードコートを含む飲食設備のある場所において飲食料品を飲食させる役務の提供をいいます。「飲食設備」とは、自社または合意等により他社が飲食設備を設けたものをいい、その規模や目的を問いません。

Q10-3 リース取引の新旧税率の識別

当社は、平成29年に所有権移転外リース取引に該当する事務用機器１台についてリース契約を締結し、引渡しを受け、賃貸借処理をしています。
　この場合、当期（令和３年12月決算）に適用すべき消費税等の取扱いはどのようになるのでしょうか。

A 引渡日が消費税の税率改正前の平成29年のため、平成29年の消費税率（８％）が適用されます。

　所有権移転外リース取引の借り手側の会計処理は、売買処理、賃貸借処理（一括控除、分割控除）がありますが、いずれの場合においても、平成20年４月１日以後に締結した所有権移転外リース取引は、資産の売買とされており、引渡し時の税率が適用されます。ご質問の場合、消費税の税率改正前の平成29年に引渡しを受けているため、改正前の税率（８％）が適用されます。

概　要

　平成20年４月１日以後に契約を締結した所有権移転外リース取引については、法人税法上、資産の売買があったものとされ、消費税法上も同様に資産の引渡しの時に資産の譲渡があったこととなり、引渡し時点（借受日時点）の消費税率が適用されます。

適切な取扱い

1．平成20年4月1日以後に契約を締結した所有権移転外ファイナンス・リース取引について消費税の税率変更があった場合

(1) 消費税法上の取扱い

　法人税法上は、原則としてリース資産の賃貸人から賃借人への引渡し時にリース資産の売買があったものとされています（法法64の2①）。このため、消費税法上も法人税と同様にリース資産の引渡しの時に資産の譲渡があったものとされます（消基通5－1－9）。

(2) 貸手側の取扱い

　(1)のとおり、原則としてリース資産の引渡し時にリース資産の売買があったものとされることから、引渡し時点（借受日時点）の消費税率が適用されます。

　ただし、施行日（令和元年10月1日。以下同じ）までに、リース資産の引渡しをした場合において、リース延払基準の方法により経理した場合（消令32の2）及びリース譲渡に係る資産の譲渡等の時期の特例を受ける場合（消令36の2）は、引き続き、旧税率（5％又は8％）が適用されます（平25改消令附6、8、平26改消令附6、8）。

(3) 借手側の取扱い

　(1)のとおり、原則としてリース資産の引渡し時にリース資産の売買があったものとされることから、引渡し時点（借受日時点）の消費税率が適用されます。これにより、借受日が平成20年4月1日から平成26年3月31日までの場合は旧税率（5％）、平成26年4月1日から令和元年9月30日までの場合は旧税率（8％）、令和元年10月1日以後の場合は標準税率（10％）が適用されます。この適用関係は、分割控除した場合も同じ取扱いとなります。また、リース取引の貸手側が上記(2)のリース譲渡に係る譲渡等の時期の特例を受ける場合であっても、課税仕入れの時期はそのリース資産の引渡し時点（借受日時点）となります。

2．平成20年3月31日以前に契約を締結した所有権移転外ファイナンス・リース取引について消費税の税率変更があった場合

(1) 消費税法上の取扱い

　法人税法上は、売買又は金融とされる取引を除き、賃貸借処理になります（旧法令136三）。このため、消費税法上も賃貸借処理をしている場合は資産の貸付けとして取り扱われます。ただし、下記(2)の資産の貸付けの税率等に関する経過措置の適用を受けている場合には、施行日以降も現在適用中の消費税率（5％又は8％）が適用されます。

(2) 資産の貸付けの税率等に関する経過措置

　指定日（平成31年4月1日）の前日までに締結した資産の貸付けに係る契約に基づき、施行日前から施行日以後引き続きその契約に係る資産の貸付けを行っている場合において、次の①及び②、又は、①及び③に掲げる要件に該当するときは、施行日以後に行う当該資産の貸付けに係る消費税については、旧税率（5％又は8％）になります（平24.8改消法附5④）。

　① 当該契約に係る資産の貸付けの期間及び当該期間中の対価の額が定められていること
　② 事業者が事情の変更その他の理由により当該対価の額の変更を求めることができる旨の定めがないこと
　③ 契約期間中に当事者の一方又は双方がいつでも解約の申入れをすることができる旨の定めがないこと

　経過措置の適用を受ける場合には、その旨を書面により取引の相手方（借手）に通知する必要があります（平24.8改消法附5⑧）。

(3) 貸手側の取扱い

　(2)の経過措置の適用を受けた場合、旧税率（5％又は8％）が適用されます。

(4) 借手側の取扱い

　(2)の経過措置の適用を受けた場合、旧税率（5％又は8％）が適用

されます。

誤った取扱い

　借手側において、平成20年４月１日以後に締結した所有権移転外リース取引について、金額的重要性などの理由により賃貸借処理が認められる場合があります。この場合、消費税の課税仕入時期はリース料を支払うべき日とすることができます。ただし、適用税率については、賃借人が売買処理、賃貸借処理（一括控除、分割控除）のいずれを採用した場合においても、リース資産の引渡し時の税率になります。このため、分割控除を採用した場合において、資産の引渡し日が令和元年９月30日以前にもかかわらず、リース料を標準税率（10％）で計算している場合は誤りになります。

まとめ

　個々のリース契約について契約内容を確認し、経過措置が適用されるか判断する必要があります。また、賃貸借処理（分割控除）などにより同じ期間に支払われるリース料でも適用税率が異なる場合もあります。このため、適正な税率でリース料が計上できるように個々のリース契約についての管理が重要になってきます。

Q 10-4　瑕疵担保責任による損害賠償金の支払いにおける新旧税率の識別

　A社は、平成29年にB社に対してオフィスビルを建築し、引渡しをしました。当期（令和3年3月31日決算）において、その一部に不良があったことがわかり、瑕疵担保責任により取引金額の10％の損害賠償金の支払いを行いました。なお、令和元年10月1日に消費税率が8％から10％に引き上げられています。
　この場合、A社が当期に適用すべき消費税率の取扱いはどのようになるのでしょうか。また、B社における取扱いについても教えてください。

　建物の引渡しが消費税の税率改正前の平成29年のため、改正前の消費税率（8％）が適用されます。

　A社が当期に行った損害賠償金の支払いは瑕疵担保責任契約に基づく取引代金の返金ですから、消費税法上は、売上げに係る対価の返還等と考えられます。そして、平成29年に販売した建物に対して行われていることから、その基因となる売上げが消費税の税率改正前に行われたことが明らかなため、税率改正後に支払った場合でも改正前の税率（8％）が適用されます。同様に、B社においても基因となる仕入れは税率改正前に行われているため、改正前の税率（8％）が適用されます。

概　要

　瑕疵担保責任による損害賠償金の支払い、受取り等が対価の返還等とされる場合に適用される消費税の税率は、その基因となる売上げ、仕入れが計上されたときに適用された税率となります。

(注) 令和2年4月1日より改正民法が施行され、「瑕疵担保責任」は「契約不適合責任」に改められましたが、本設問における売買契約は改正民法の施行前に行われているため、瑕疵担保責任の制度が適用されます。
  ・「瑕疵担保責任」……目的物に隠れた瑕疵があった場合に買主は売主に対して損害賠償請求や契約の解除を求めることができる。
  ・「契約不適合責任」……目的物が契約の内容に適合しないものであるときに買主が売主に対して履行の追完請求(補修や代替物の引渡し等)、代金の減額請求、損害賠償請求又は契約の解除権を行使できる。

適切な取扱い

1. 課税売上げに係る対価の返還等の新旧税率区分

消費税法上、売上げに関して返品を受け、又は値引き若しくは割戻しをした場合には、それに含まれる消費税額を売上げに係る対価の返還等の金額に係る消費税額として、対価の返還等をした日の属する課税期間の課税標準額に対する消費税額から控除します(消法38①)。

そして、消費税率が変更になった場合には、対価の返還等(売上戻り、売上値引き、売上割戻し、売上割引)に適用すべき税率は、その対価の返還等の原因となった売上げについて適用された税率になります。

したがって、税率変更の施行日前の売上げについて対価の返還等を受けた場合は変更前の旧税率が適用され、施行日後の売上げについて対価の返還等を受けたものであれば、変更後の新税率が適用されることになります。

2．課税仕入れに係る対価の返還等の新旧税率区分

　消費税法上、仕入れに関して返品をし、又は値引き若しくは割戻しを受けた場合には、その返還等を受けた日の属する課税期間の課税仕入れ等の税額の合計額から仕入れに係る対価の返還等に係る消費税額を控除して計算することとされています（消法32①）。

　そして、消費税率が変更になった場合には、対価の返還等（仕入戻し、仕入値引、仕入割戻し、仕入割引）に適用すべき税率は、売上げに係る対価の返還等と同様、その原因となった仕入れについて適用された税率になります。

　したがって、税率変更の施行日前の仕入れについて対価の返還等を受けた場合は変更前の旧税率が適用され、施行日後の仕入れについて対価の返還等を受けたものであれば、変更後の新税率が適用されることになります。

誤った取扱い

　瑕疵担保責任による対価の返還となる損害賠償金の支払いに適用される税率は、その原因となった売上げ、仕入れについて適用された税率になります。このため、税率改正後に発生した瑕疵担保責任による損害賠償金について、すべて改正後の税率を適用している場合には誤っている可能性があります。また、免税事業者であった時の売上げに係る対価の返還等は課税売上げのマイナスとはなりません（消基通14－1－6）。

　なお、損害賠償金はいつでも課税取引となるものではなく、消費税法の原則に立ち返って資産の譲渡、貸付け、役務の提供に該当するか、あるいはこれらの取引に係る対価の返還等に該当するか、十分吟味してください。

まとめ

税率改正後に対価の返還等の支払いが生じた場合、改正前の税率が適用される可能性があります。このため、損害賠償金の支払いとその原因となった取引との関連付けができるように、売上げ、仕入れについて適用した税率を管理しておく必要があります。

第11章 消費税の諸手続き

Q11-1 消費税課税事業者選択届

私は個人で診療所を営んでいます。当診療所では来年、建物の新築5,500万円と診察機械の購入6,600万円を計画しています。収入は社会保険診療報酬が4,300万円、自由診療収入が770万円程度、設備以外の経常的な課税仕入れは4,400万円です。新しい診察機械導入後は社会保険診療報酬が1,700万円、自由診療収入が880万円の増加が見込めます。（課税取引の金額はすべて税込みであり、軽減税率の適用はない。）

消費税については従来から免税事業者ですが、何か方策はありますか。

A あなたの診療所では来年、大きな設備投資をされますので、消費税の課税事業者を選択して消費税の申告をすることで消費税の還付が可能かどうか検討してください。

概　要

貴診療所では、収入の中心となる社会保険診療収入は非課税売上げで、自由診療収入のみが課税売上げになります。来年は建物と診療機械の設備投資がありますので、多額の課税仕入れが発生し消費税の還付を受けることができる場合があります。

ただし、課税期間に1,000万円以上の高額特定資産（ Q8-1 参照）を購入した場合は、その翌課税期間から2年間は事業者免税点制度及び簡易課税制度を受けることができませんので注意してください。

適切な取扱い

【課税事業者を選択した場合、来年の消費税計算のシミュレーション】

① 課税売上げ　　　　$(770万円 + 880万円) \times \dfrac{100}{110} = 1,500万円$

② 消費税額　　　　　$1,500万円 \times 7.8\% = 117万円$

③ 仕入れ税額
$(5,500万円 + 6,600万円 + 4,400万円) \times \dfrac{7.8}{110} = 1,170万円$

④ 非課税売上げ　　　$4,300万円 + 1,700万円 = 6,000万円$

⑤ 課税売上割合　　　$\dfrac{1,500万円}{1,500万円 + 6,000万円} = \dfrac{1,500万円}{7,500万円}$

⑥ 控除対象仕入税額　$1,170万円 \times \dfrac{1,500万円}{7,500万円} = 234万円$

⑦ 消費税還付額　　　$117万円 - 234万円 = \triangle 117万円$

⑧ 控除対象外消費税額　$1,170万円 - 117万円 = 1,053万円$

以上の結果、課税事業者を選択した場合、消費税が還付されますので、消費税課税事業者選択届出書（次ページ参照）を課税期間が始まる前年の12月31日までに提出してください。

誤った取扱い

　この事例では、117万円の還付ですから、全体の投資額と比べると比較的少額との考え方があるかもしれません。しかし、所得税法上、個人事業者の不動産所得、事業所得、山林所得、雑所得を計算するうえで、控除対象外消費税額等の取扱いが定められており、税抜経理を採用した場合の、支出した年に必要経費に算入できる額、繰延消費税額等として60か月で償却して必要経費となる額が定められています（所令182の2、平元直所3-8「消費税法等の施行に伴う所得税の取扱いについて」、法人の場合は、法令139の4、平元直法2-1「消費税法等の施行に伴う法人税の取扱いについて」）。

　免税事業者の場合はそもそも控除対象外消費税額等について税抜処

第1号様式

消費税課税事業者選択届出書

収受印			
令和　年　月　日	届出者	(フリガナ)　納税地	(〒　－　)　　　　　　　　　　（電話番号　－　－　）
		(フリガナ)　住所又は居所（法人の場合）本店又は主たる事務所の所在地	(〒　－　)　　　　　　　　　　（電話番号　－　－　）
		(フリガナ)　名称（屋号）	
		個人番号又は法人番号	↓個人番号の記載に当たっては、左端を空欄とし、ここから記載してください。
		(フリガナ)　氏　名（法人の場合）代表者氏名	印
＿＿＿＿税務署長殿		(フリガナ)　代表者住所（法人の場合）	（電話番号　－　－　）

下記のとおり、納税義務の免除の規定の適用を受けないことについて、消費税法第9条第4項の規定により届出します。

適用開始課税期間	自 ○平成 ○令和　年　月　日	至 ○平成 ○令和　年　月　日	
上記期間の基準期間	自 ○平成 ○令和　年　月　日	左記期間の総売上高	円
	至 ○平成 ○令和　年　月　日	左記期間の課税売上高	円

事業内容等	生年月日（個人）又は設立年月日（法人）	1明治・2大正・3昭和・4平成・5令和　○　○　○　○　○　年　月　日	法人のみ記載	事業年度	自　月　日至　月　日
				資本金	円
	事業内容		届出区分	事業開始・設立・相続・合併・分割・特別会計・その他 ○ ○ ○ ○ ○ ○ ○	

| 参考事項 | | 税理士署名押印 | 印　（電話番号　－　－　） |

※税務署処理欄	整理番号		部門番号					
	届出年月日	年　月　日	入力処理	年　月　日	台帳整理	年　月　日		
	通信日付印　年　月　日	確認印	番号確認	身元確認	□済 □未済	確認書類	個人番号カード／通知カード・運転免許証　その他（　）	

注意　1．裏面の記載要領等に留意の上、記載してください。
　　　2．税務署処理欄は、記載しないでください。

理はなく、すべての収支や資産の取得価額が消費税込みで計算されますので、固定資産に係る消費税額は減価償却費によって耐用年数に応じて必要経費に算入されますから繰延消費税額等の60か月の必要経費算入時期と比べて一般的に長くなることと考えられます。これは法人の場合でも同様の考え方となります（ Q13-1 参照）。

まとめ

　大きな設備投資をする場合、課税事業者を選択すると消費税の還付を受けることができるときがあります。課税期間が始まる日の前日までに消費税課税事業者選択届出書を提出してください。

　また、消費税の課税事業者となることにより、控除対象消費税額等の必要経費算入時期、損金算入時期が免税事業者の場合より早期に実施できる場合がありますので、所得税、法人税の観点からも検討をしてください。

　ただし、1,000万円以上の高額特定資産を購入した場合は、翌課税期間から2年間は免税事業者に戻ることができませんので注意が必要です。

　なお、消費税課税事業者選択届出書の提出期限に関しては、新型コロナウイルス感染症による影響を受けた場合の特例が設けられています（ Q2 参照）。

Q11-2 課税事業者選択届出書の提出を失念した場合

当社の事業は非課税売上げが中心で現在は免税事業者であり、X3年度から、新規の物品販売事業を始めるにあたり、X2年9月に2,200万円（税込み）で営業店舗の取得契約を結びました。X2年11月に引渡しを受ける予定となっています。ところが、X2年度が始まってから、消費税の課税事業者を選択していれば営業店舗の購入に係る消費税の一部を還付できることがわかりましたが、「消費税課税事業者選択届出書」の提出を行っていません。今から何か解決策はありますか。

なお、現在の課税売上げは月額約80万円（税込み）、非課税売上げは200万円、課税仕入れは月額約60万円（税込み）ですが、営業店舗の拡張後は月額の課税売上高として300万円を見込んでいます。基準期間の課税売上高は600万円、特定期間の課税売上高は500万円です。なお、決算は毎年12月です。

A

免税事業者が課税事業者を選択して一般課税方式による申告を行おうとする場合、課税期間の開始の日の前日までに消費税課税事業者選択届出書を提出しなければなりません。

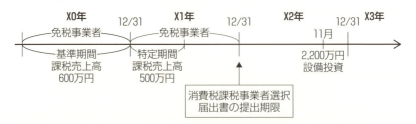

X1年12月31日までに消費税課税事業者選択届出書の提出をしなかった場合、緊急対策的な措置として次の2通りの方法が考えられます。

(1) 課税期間の短縮と課税事業者の選択の届出書を同時に提出する方法
(2) 事業年度を変更して、課税事業者の選択の届出書を変更後の事業年度の開始までに提出する方法

概　要

１．課税期間短縮と同時に課税事業者の選択届出を行い、設備投資する時に課税事業者として消費税の申告を行う方法

　もし、この消費税課税事業者選択届出書の提出を失念し、課税事業者として消費税の還付を受けることができない場合、「消費税課税事業者選択届出書」（【記載例１】参照）と「消費税課税期間特例選択・変更届出書」（【記載例２】参照）を同時に提出することにより、次の３か月（又は１か月）で区分した短縮された課税期間から課税事業者になることが可能です。貴社の例では９月末までに上記の消費税課税事業者選択届出書と消費税課税期間特例選択・変更届出書を一緒に提出すれば、10月１日から12月31日までが課税期間となり、11月に引渡しを受ける営業店舗を課税仕入れとして消費税の申告が可能となります（消法19）。

　なお、消費税課税期間特例選択・変更届出書を提出した場合には２年間は継続しなければなりません（消法19⑤）。

２．事業年度を変更して設備投資する時までに課税事業者選択届出書を提出し、次の課税期間として消費税の申告を行う方法

　定款を変更して事業年度を10月１日から翌年の９月30日とするように変更します。これにより、現在の進行年度は消費税の課税期間が１月１日から９月30日となり、次の課税期間が10月１日から始まります。

　事業年度を変更した場合は、遅滞なくその変更を「消費税異動届出書」（【記載例３】参照）に記載して税務署に届けなければなりません（消法25、消規14）。

　また、消費税課税事業者選択届出書は、変更後の事業年度が始まる

第11章　消費税の諸手続き

【記載例1】

消費税課税事業者選択届出書

収受印

令和 X2 年 9 月 20 日

____XX____税務署長殿

届出者
- （フリガナ）
- 納税地（〒　－　）（電話番号　－　－　）
- （フリガナ）
- 住所又は居所（法人の場合）本店又は主たる事務所の所在地（〒　－　）（電話番号　－　－　）
- （フリガナ）
- 名称（屋号）
- 個人番号又は法人番号　↓個人番号の記載に当たっては、左端を空欄とし、ここから記載してください。
- （フリガナ）
- 氏名（法人の場合）代表者氏名　　印
- （フリガナ）
- （法人の場合）代表者住所（電話番号　－　－　）

下記のとおり、納税義務の免除の規定の適用を受けないことについて、消費税法第9条第4項の規定により届出します。

適用開始課税期間	自 ○平成 ●令和 X2 年 10 月 1 日　至 ○平成 ●令和 X2 年 12 月 31 日
上記期間の基準期間	自 ○平成 ●令和 X0 年 1 月 1 日　至 ○平成 ●令和 X0 年 12 月 31 日
左記期間の総売上高	2,600万円
左記期間の課税売上高	600万円

事業内容等
- 生年月日（個人）又は設立年月日（法人）：1明治・2大正・3昭和・4平成・5令和　年　月　日
- 法人のみ記載：事業年度 自 1 月 1 日 至 12 月 31 日　資本金 1,000万円
- 事業内容
- 届出区分：事業開始・設立・相続・合併・分割・特別会計・その他

参考事項

税理士署名押印　　印　（電話番号　－　－　）

※税務署処理欄
整理番号		部門番号	
届出年月日	年　月　日	入力処理	年　月　日	台帳整理	年　月　日
通信日付印　年　月　日	確認印	番号確認	身元確認 ○済 ○未済	確認書類	個人番号カード／通知カード・運転免許証　その他（　）

注意　1．裏面の記載要領等に留意の上、記載してください。
　　　2．税務署処理欄は、記載しないでください。

【記載例２】

消費税課税期間特例 ㊟選択/変更 届出書

令和 X2 年 9 月 20 日	届出者	（フリガナ）	
		納税地	（〒　　－　　） （電話番号　　－　　－　　）
		（フリガナ）	
		氏名又は名称及び代表者氏名	印
ＸＸ 税務署長殿		法人番号	※個人の方は個人番号の記載は不要です。

下記のとおり、消費税法第19条第1項第3号、第3号の2、第4号又は第4号の2に規定する課税期間に短縮又は変更したいので、届出します。

事　業　年　度	自 1 月 1 日　至 12 月 31 日		
適用開始日 又は変更日	平成/㊟令和　X2 年　10 月　1 日		
適用又は変更後の課税期間	三月ごとの期間に短縮する場合	一月ごとの期間に短縮する場合	
		月　日から	月　日まで
	1 月 1 日から 3 月 31 日まで	月　日から	月　日まで
		月　日から	月　日まで
		月　日から	月　日まで
	4 月 1 日から 6 月 30 日まで	月　日から	月　日まで
		月　日から	月　日まで
		月　日から	月　日まで
	7 月 1 日から 9 月 30 日まで	月　日から	月　日まで
		月　日から	月　日まで
		月　日から	月　日まで
	10 月 1 日から 12 月 31 日まで	月　日から	月　日まで
		月　日から	月　日まで
変更前の課税期間特例選択・変更届出書の提出日	平成/令和　年　月　日		
変更前の課税期間特例の適用開始日	平成/令和　年　月　日		
参　考　事　項			
税理士署名押印	印　（電話番号　　－　　－　　）		

※税務署処理欄	整理番号		部門番号		番号確認			
	届出年月日	年　月　日	入力処理	年　月　日	台帳整理	年　月　日		
	通信日付印	年　月　日	確認印						

注意　1．裏面の記載要領等に留意の上、記載してください。
　　　2．税務署処理欄は、記載しないでください。

第11章　消費税の諸手続き

【記載例３】

消 費 税 異 動 届 出 書

令和 X2 年 9 月 20 日	届出者	（フリガナ）住所又は居所、本店又は主たる事務所の所在地	（〒　－　） （電話番号　－　－　）
		（フリガナ）氏名又は名称及び代表者氏名	印
ＸＸ　税務署長殿		個人番号又は法人番号	↓ 個人番号の記載に当たっては、左端を空欄とし、ここから記載してください。

下記のとおり、消費税の納税地等に異動がありましたので、届出します。

異動の内容	異動年月日		平成／令和　X2 年 9 月 15 日
	異動前の納税地		（〒　－　） （電話番号　－　－　）
	異動後の納税地		（〒　－　） （電話番号　－　－　）
	納税地以外の異動事項	異動事項	**事業年度**
		異動前	1月1日～12月31日
		異動後	10月1日～翌年9月30日

参　考　事　項	
税理士署名押印	印　（電話番号　－　－　）

※税務署処理欄	整理番号		部門番号			
	届出年月日	年　月　日	入力処理	年　月　日	台帳整理	年　月　日
	番号確認		身元確認	□ 済 □ 未済	確認書類	個人番号カード／通知カード・運転免許証 その他（　　　）

注意　1. この届出書は、納税地、住所又は居所、本店又は主たる事務所の所在地、名称又は屋号、代表者氏名、代表者の住所、事業年度、資本金に異動があったとき又は公共法人等が定款等に定める会計年度等を変更し、若しくは新たに会計年度等を定めたときに提出してください。
　　　2. 納税地の異動の場合には、異動前の納税地の所轄税務署長に提出してください。
　　　3. 元号は、該当する箇所に○を付します。
　　　4. 個人事業者の方がこの届出書の控えを保管する場合においては、その控えには個人番号を記載しないなど、個人番号の取扱いには十分にご注意ください。
　　　5. 税務署処理欄は、記載しないでください。

10月1日の前日までに税務署に届け出なければなりません。ご質問の場合、適用開始課税期間は、X2年10月1日からX3年9月30日までとなります。

適切な取扱い

1．課税期間を短縮して課税事業者を選択する場合

　最初の課税期間を10月1日から12月31日とする消費税課税事業者選択届出書と消費税課税期間特例選択・変更届出書は328、329ページのとおりとなります。

2．事業年度を変更する場合

　免税事業者が多額の課税仕入れを伴う設備投資を行う場合に事業年度を変更して、次の事業年度（課税期間）が始まるまでに消費税課税事業者選択届出書を提出して消費税の申告をする方法があります。

　ご質問の場合、11月に営業店舗の引渡しを受けることとされていますので、例えば、10月1日から始める事業年度に変更して、9月30日までに消費税課税事業者選択届出書を提出することにより次期から課税事業者となります。

誤った取扱い

　消費税課税事業者選択届出書は提出された日の属する課税期間の次の課税期間から適用されます。

　消費税課税事業者選択届出書を提出して課税事業者になった場合、2年間は消費税課税事業者選択不適用届出書の提出はできません。また課税事業者を選択した課税期間において調整対象固定資産を取得していた場合は、調整対象固定資産を取得した課税期間の初日から3年を経過した日以降でないと消費税課税事業者選択不適用届出書を提出して免税事業者に戻ることはできません。単純に1年決算法人の場合、調整対象固定資産の取得をした事業年度を含めて3年間は課税事業者

であることをやめられません。

　消費税課税事業者選択届出書を提出して調整対象固定資産を取得している場合、調整対象固定資産を取得した課税期間の初日から3年を経過した日以降でないと消費税簡易課税制度選択届出書の提出もできません（ Q5-5 参照）。

　調整対象固定資産を取得した場合で、課税売上高が5億円以下、課税売上割合が95％以上で仕入税額を全額控除した場合や、一括比例配分方式で仕入税額を控除した場合、個別対応方式の課税売上げと非課税売上げ共通用の課税仕入れとして控除対象仕入税額を算定している場合、3年度目に通算課税売上割合が変動したり、課税売上げから非課税売上げに転用したり、非課税売上げから課税売上げに転用したりした場合は調整が必要になります。個別対応方式の課税売上用の課税仕入れとして控除対象仕入税額に算入しておけば、3年度目の調整を避けることが可能です。

まとめ

　消費税課税事業者選択届出書を提出して、調整対象固定資産を取得する課税期間の消費税の還付を図る場合、その後3年間は消費税課税事業者選択不適用届出書を提出して免税事業者に戻ることや、消費税簡易課税制度選択届出書を提出して簡易課税事業者を選択することはできませんので、3年間の消費税の納付額と還付額の見通しを検討してください。

　消費税課税期間特例適用・変更届出書の届出を行って3か月ごとか1か月ごとの課税事業者を選択した場合、2年間はやめることができませんから、消費税申告書の作成の事務負担が大きくなりますので十分準備してください。

Q11-3 課税事業者選択不適用届出書を提出できない課税期間

当社は、X2年10月1日に500万円の設備投資をしました。当課税期間（X2年度）が始まるまでに消費税課税事業者選択届出書を提出して納税義務者となり、消費税の還付を受けています。来期以降は消費税の納税負担を軽減するため、免税事業者に戻りたいのですが可能でしょうか。

なお、当社の決算は毎年12月です。

A 貴社の場合、課税事業者を選択した課税期間の1年目に調整対象固定資産を取得していますから、消費税課税事業者選択不適用届出書の提出はできません。

概 要

消費税課税事業者選択届出書を提出した事業者は、課税事業者となってから2年間の課税期間の間に調整対象固定資産（ Q8-2 参照）の仕入れ等を行った場合には、その調整対象固定資産の仕入れ等を行った課税期間を含めて3課税期間は課税事業者をやめることができません。

適切な取扱い

1．調整対象固定資産の仕入れ等を行った場合

貴社の場合、X2年1月から始まる課税期間の開始の日から2年を経過する日までの間に開始した当課税期間（X2年度）に調整対象固定資産の課税仕入れを行っていますので、事業を廃止した場合を除いて、X2年1月1日（課税期間の初日）から3年を経過する日（X4年12月31日）の属する課税期間の初日（X4年1月1日）以後でなければ、消費

税課税事業者選択不適用届出書を提出することができません。基準期間（X3年度）の課税売上高が1,000万円以下でX4年12月31日までに消費税課税事業者選択不適用届出書を提出した場合には、X5年1月1日から始まる課税期間から免税事業者となります（消法9⑦）。

これは調整対象固定資産を仕入れた課税期間は多額の課税仕入れが生じるため消費税の還付を受けて、それ以降の課税期間では免税事業者として消費税の納税を回避する納税者の消費税に係る手続きを防ぐ趣旨のものです。調整対象固定資産を購入して一括比例配分方式により控除対象仕入税額の計算を行っており、3年間の通算課税売上割合の著しい変動があった場合には、3年目に消費税額の調整計算を行います（消法33、Q2-8、Q8-2 参照）。

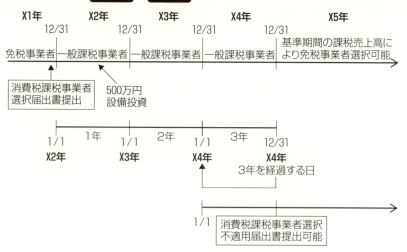

2. 新設法人や特定新規設立法人が、基準期間がない事業年度に含まれる課税期間（簡易課税制度を選択している場合を除く。）において、調整対象固定資産の仕入れ等を行った場合

調整対象固定資産の仕入れ等を行った日の属する課税期間を含めて3年間は、基準期間の課税売上高が1,000万円以下の場合でも免税事

業者となることはできません（消法12の2②③、12の3③）。

新設法人とは、その事業年度の基準期間がない法人のうち、当該事業年度開始の日の資本金の額又は出資の額が1,000万円以上である法人をいいます（消法12の2①）。

特定新規設立法人とは、その事業年度の基準期間がない新規設立法人のうち、新設開始日において、他の者に50％超の株式又は出資を保有されており、当該他の者の基準期間に相当する期間の課税売上高が5億円超であるものをいいます（消法12の3①）。

3．高額特定資産を取得した場合

課税事業者を選択した事業者でなくても、一般課税事業者が高額特定資産（1,000万円以上の固定資産や棚卸資産）の課税仕入れ等を行った場合、当該課税期間を含めて3年間は免税事業者になれません（消法12の4①、 Q8-1 ）。

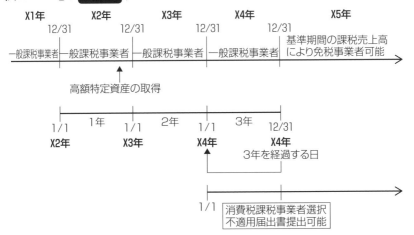

消費税課税事業者選択届出書を提出している場合は、X5年以後については基準期間であるX3年の課税売上高により、X5年の課税期間の開始する前日までに消費税課税事業者選択不適用届出書を提出していれば免税事業者となることができます。特に課税事業者の選択をしていない場合も、X5年以後は基準期間の課税売上高又は特定期間の課税売

上高により免税事業者となる場合もあります。

4．高額特定資産である棚卸資産について、仕入税額の調整（消法36①③）を行った場合

　事業者が、免税事業者であった期間に仕入れた棚卸資産について、課税事業者となった課税期間の初日に保有している場合、仕入れ消費税額として加算調整を行うことができます（消法36①）。また、免税事業者である被相続人の事業を承継したときや免税事業者である被合併法人や分割法人の事業を承継したときに保有している棚卸資産についても、課税事業者である相続人や合併法人において仕入れ消費税額として加算調整を行うことができます（消法36③）。

　これは免税事業者である期間に仕入れ、税込みで保有している棚卸資産について、棚卸資産の価額のうちの消費税額部分を仕入税額に加算するという処理です。

　このような場合についても、上記の調整を行った棚卸資産が高額特定資産である棚卸資産、課税貨物、調整対象自己建設高額資産に該当する場合は、当該事業者はその加算調整を行った課税期間を含めて3年間は免税事業者となれません（消法12の4②）。

誤った取扱い

　課税事業者を選択して調整対象固定資産の仕入れ等をした場合は3年目の課税期間に消費税額の調整が必要になる場合がありますので、取得した課税期間を含め3年間は課税事業者をやめることはできません。

まとめ

　消費税課税事業者選択届出書を提出して調整対象固定資産の仕入れ等をするときは消費税の還付と納付、3年後の調整について十分検討してから判断してください。

Q11-4 簡易課税制度選択届出書を提出できない課税期間

当社はX2年9月に500万円で営業設備の購入をしました。X2年度の開始の前日までに消費税課税事業者選択届出書を提出し、一般課税によって申告をして設備投資に係る仕入れ消費税額を売上げに係る消費税額から控除をすることにしています。X1年度の課税売上高は4,400万円（税込み）でしたので、X3年度以降は簡易課税制度を選択して事務処理の負担を軽減したいと考えていますが、可能でしょうか。当社の決算は毎年12月です。

A 貴社は、課税事業者を選択したX2年に調整対象固定資産を取得しておられますのでX2年度の翌年から2年間は簡易課税制度の適用を受けることはできません（Q5-5 参照）。

概　要

貴社が消費税課税事業者選択届出書の提出をした場合に、調整対象固定資産（Q8-2 参照）の仕入れ等を行ったときは、調整対象固定資産を取得した課税期間の初日から3年経過する日の属する課税期間の初日の前日までの期間は、消費税簡易課税制度選択届出書の提出ができませんので、X4年1月1日以後に提出してください。X5年1月以後の課税期間から簡易課税制度を選択して適用できます（消法37③一）。

適切な取扱い

X2年9月に調整対象固定資産を取得した場合、当該課税期間の初日X2年1月1日から3年を経過する日であるX4年12月31日を含む課税期間の初日（X4年1月1日）の前日（X3年12月31日）までは簡易課税制度を選択して適用するための届けを出すことができません。この消費税簡易課税制度選択届出書を提出することができない期間が終わって

から、X4年1月1日以後の課税期間に消費税簡易課税制度選択届出書の提出を行った場合、X5年1月1日以後の課税期間において簡易課税制度を選択できます。

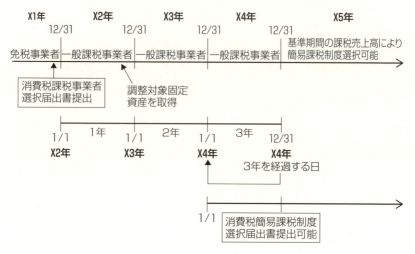

誤った取扱い

簡易課税制度の選択ができない期間として次の期間も同様とされていますので、留意してください。

① 当該事業者が新設法人（消法12の2②）、特定新規設立法人（消法12の3③）で基準期間がない課税期間において、調整対象固定資産の仕入れ等を行った場合、当該課税期間の初日から3年を経過する日の属する課税期間の初日の前日までの期間は簡易課税制度を選択するための届出を行うことはできません（消法37③二）。

② 課税事業者が高額特定資産を取得した場合に該当するとき、高額特定資産の仕入れ等を行った場合、当該課税期間の初日から3年を経過する日の属する課税期間の初日の前日までの期間は簡易課税制度を選択するための届出を行うことはできません（消法37③三）。

③　事業者が、免税事業者から課税事業者になった場合や、免税事業者から事業を相続や合併、分割で承継した場合に、高額特定資産である棚卸資産を承継して、当該棚卸資産に含まれている消費税額について仕入税額として加算調整を行った場合（消法36①③）、当該課税期間の初日から３年を経過する日の属する課税期間の初日の前日までの期間は、簡易課税制度を選択するための届出を行うことはできません（消法37③四）。

いずれの場合も、調整対象固定資産や高額特定資産を取得した課税期間と翌課税期間は消費税簡易課税制度選択届出書の提出ができません。それにもかかわらず、提出した場合、その提出はなかったものとされますので（消法37④）、提出ができる期間に消費税簡易課税選択届出書を再度提出する必要があります。

まとめ

　課税事業者を選択して課税事業者になってから２年を経過する日までに開始した課税期間、並びに、新設法人、特定新規設立法人について基準期間がない課税期間に調整対象固定資産を取得した場合は簡易課税制度の選択ができない期間がありますので注意が必要です。高額特定資産の仕入れ等を行った事業者も同様です。

　課税事業者を選択した１年決算法人と個人の場合、調整対象固定資産を仕入れた課税期間と翌課税期間の間は簡易課税制度の届出はできません。結果的に、調整対象固定資産を仕入れた課税期間と翌課税期間、翌々課税期間は一般課税事業者として申告しなければなりません。

第11章　消費税の諸手続き

Q11-5　高額特定資産を仕入れた場合

当社はオフィスビルの賃貸事業を行っています。X3年度に1,200万円を投資して老朽化してきたエレベーターを1機更新します。長年、簡易課税制度を適用して消費税の申告を行ってきましたが、この設備投資を行いますので、一般課税制度で消費税の申告を行って、消費税の還付を受けたいと考えています。その後、X4年度からは元の簡易課税制度を選択して消費税の申告をしたいと考えていますが、問題はありますでしょうか。当社の決算は毎年12月です。

A　貴社の場合、1,200万円のエレベーターを購入した課税期間（X3年度）を含めて3年間は簡易課税制度の適用を受けることはできません（ Q8-1 参照）。

概　要

高額特定資産を取得した場合、高額特定資産を取得した課税期間の初日から3年経過する日の属する課税期間の初日の前日までの期間は、消費税簡易課税制度選択届出書の提出ができませんので、X5年1月1日以後に提出してください。X6年1月以後の課税期間から簡易課税制度を選択して適用できます（消法37③三）。

ここで、高額特定資産とは棚卸資産及び調整対象固定資産の消費税抜きの仕入れ等の支払金額、自己が建設する棚卸資産や調整対象固定資産の場合は建設等に要した消費税抜きの仕入れ等の支払対価の額の合計額が1,000万円以上のものとされています。（消法12の4、消令25の5）

適切な取扱い

高額特定資産の仕入れ等をした課税期間において一般課税制度で消

費税の申告がされている場合、取得した課税期間を含めて3年間は簡易課税制度の選択はできません。当該高額特定資産が調整対象固定資産の場合は、3年目の課税期間に調整を行う必要が生じる場合がありますので、留意してください。

X3年度に高額特定資産の仕入れ等をした場合、当該課税期間の初日X3年1月1日から3年を経過した日であるX5年12月31日を含む課税期間の初日（X5年1月1日）の前日（X4年12月31日）までは簡易課税制度を選択して適用するための届けを出すことができません。この消費税簡易課税制度選択届出書を提出することができない期間が終わってから、X5年1月1日以後の課税期間に消費税簡易課税制度選択届出書の提出を行った場合、X6年1月1日以後の課税期間において簡易課税制度を選択できます。

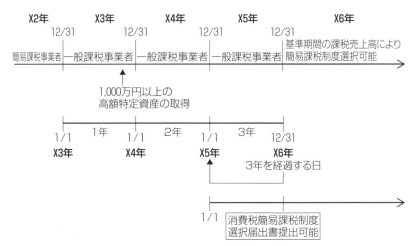

なお、高額特定資産の仕入れ等を行い、消費税法第12条の4第1項又は第2項の規定の適用を受ける課税期間の基準期間の課税売上高が1,000万円以下となった場合には、「高額特定資産の取得に係る課税事業者である旨の届出書」の提出しなければなりません（消法57①二の二）。

誤った取扱い

　高額特定資産を取得した一般課税制度で消費税の申告を行う事業者は、取得した課税期間と翌課税期間は消費税簡易課税制度選択届出書の提出ができないにもかかわらず、提出した場合、その提出はなかったものとされますので（消法37④）、提出ができる期間に消費税簡易課税制度選択届出書を再度提出する必要があります。

ま と め

　一般課税制度で消費税の申告を行っている事業者が高額特定資産を取得した場合は、取得した課税期間の翌課税期間から2年間は簡易課税制度の選択ができませんので注意が必要です。調整対象固定資産の仕入れを行った事業者も同様です。調整対象固定資産を仕入れた課税期間と翌課税期間、翌々課税期間は一般課税事業者として申告しなければなりません。

Q11-6 手続き関係の届出の期限、郵便・宅配便による提出の効果

簡易課税の選択や不適用の届出書、課税事業者の選択や不適用の届出書はいつまでに提出しなければならないのでしょうか。郵送や宅配便による届出の場合はどうなりますか。

A 消費税に係る選択届出書、不適用届出書は課税期間の始まる日の前日までに税務署に提出しなければなりません。なお、郵便や信書便で送った場合は消印日付で提出したものとされます。

概　要

次の消費税に係る届出書については、それぞれの制度を選択する課税期間や選択をやめようとする課税期間が始まる前日までに税務署に提出しなければなりません。課税期間の始まる前日が休日（日曜日、土曜日、祝日、年末年始の休日）の場合も、その前日までに提出しなければなりません。郵便、信書による提出は消印日付で提出したものとみなされます。

① 消費税課税事業者選択届出書
　消費税課税事業者選択不適用届出書
② 消費税簡易課税制度選択届出書
　消費税簡易課税制度選択不適用届出書
③ 消費税課税期間特例選択・変更届出書
　消費税課税期間特例選択不適用届出書

適切な取扱い

国税通則法第10条により、期限の特例として、国税の申告、申請、

請求、届出その他書類の提出、通知、納付又は徴収に関する期限が日曜日、祝日、年末年始の休日に当たるときは、これらの日の翌日をもつてその期限とみなすと定められていますが、前記の届出書については、提出するべき『期限』がいつまでと定められていません。提出した日の属する課税期間の翌課税期間から適用する、あるいは適用しないと定められていますので、国税通則法第10条第2項の定める期限に関する特例を受けません。よって、それぞれの制度について、適用を受けたい、又は適用をやめたい課税期間の始まる前日が休日の場合、その休日の前に税務署に届出書を提出しなければなりません。

　郵便又は信書便により提出されたものについては、消印の日付に提出されたものとして取り扱われます（通則法22、国税通則法第22条に規定する国税庁長官が定める書類を定める件（平成18年国税庁告示第7号））。

〈その他の届出書の提出すべき日〉

① 消費税課税事業者届出書（基準期間用）
　　基準期間の課税売上高が1,000万円超となった場合に速やかに提出
② 消費税課税事業者届出書（特定期間用）
　　特定期間の課税売上高が1,000万円超となった場合（給与等の総額により判定する場合も含む。）に速やかに提出
③ 消費税の新設法人に該当する旨の届出書
　　事業年度開始日の資本金が1,000万円以上の場合速やかに提出
④ 消費税の特定新設法人に該当する旨の届出書
　　事業年度開始日の資本金が1,000万円未満で一定の要件に当てはまる場合速やかに提出
⑤ 消費税の納税義務者でなくなった旨の届出書
　　基準期間の課税売上高が1,000万円以下となった場合に速やかに提出
⑥ 消費税課税売上割合に準じる割合の適用承認申請書
　　承認を受けようとする課税期間中に提出し、承認を受けた日の属する課税期間から適用。提出から承認までに一定の日を要すること

になりますから提出した課税期間から適用したい場合には余裕を持って提出してください。たまたま土地の譲渡があった場合にも提出できます。
⑦ 消費税課税売上割合に準じる割合の不適用届出書
　　適用をやめようとする課税期間の末日までに提出
⑧ 消費税課税事業者選択（不適用）届出に係る特例承認申請書
　　災害等がやんだ日から2か月以内に申請書を提出。なお、消費税課税事業者選択（不適用）届出書と同時に提出します。
⑨ 消費税簡易課税制度選択（不適用）届出に係る特例承認申請書
　　災害等がやんだ日から2か月以内に申請書を提出。なお、消費税簡易課税制度選択（不適用）届出書と同時に提出します。
⑩ 消費税申告期限延長届出書
　　適用を受けようとする課税期間の末日までに提出
⑪ 消費税申告期限延長不適用届出書
　　適用をやめようとする課税期間の末日までに提出

誤った取扱い

　消費税及び地方消費税の申告書については申告期限が定められていますので、申告期限となる日が休日の場合はその翌日が申告期限となります。消費税に係る選択届出書や不適用届出書についても消費税及び地方消費税の申告書の提出期限と同じと勘違いして、適用する課税期間の始まる前日が休日であったので休日の翌日に提出した場合は、適用や不適用が遅れてしまうことになります。

まとめ

　消費税に係る選択届出書、選択不適用届出書の提出しなければならない日は、それぞれの制度について、適用を受けたい、あるい

は適用をやめたい課税期間の開始の日の前日であることを忘れずに、手続きを行ってください。
　なお、調整対象固定資産を取得した課税期間の関係で、消費税課税事業者選択不適用届出書、消費税簡易課税制度選択届出書の提出ができない課税期間がありますので注意が必要です。

Q11-7 事業を始めた課税期間の手続き

私は自分の資金でX2年12月2日に新たに資本金500万円で会社を設立して事業を始めました。第1期の課税仕入れは400万円、課税売上高は100万円で決算期は12月です。第1期は消費税課税事業者を選択して消費税の還付を受け、第2期以降は簡易課税制度を採用して事務負担の軽減を図りたいと考えています。

課税事業者の選択届出書や簡易課税制度選択の届出書をいつ提出したらいいでしょうか。また提出にあたり留意すべきことがありますか。なお、第1期の課税仕入れに調整対象固定資産は含まれていません。

A 第1期事業年度が終わる12月31日までに消費税課税事業者選択届出書を提出すれば、第1期が納税義務者となりますので、消費税の還付を受けることができます。第2期が始まる前日の12月31日までに消費税簡易課税制度選択届出書を提出すれば、第2期は簡易課税事業者となります。

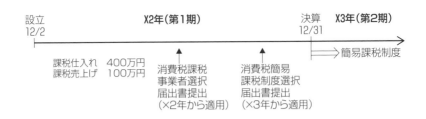

概　要
1．第1期から課税事業者を選択するための手続き

貴社は新設法人及び特定新規設立法人に該当しませんので、第1期は免税事業者になるため、課税仕入れの額が課税売上げの額を超えて

いても消費税の還付を受けることはできません。そこで、第1期について課税事業者を選択する届けをして課税事業者として消費税の還付を受けることができます。事業を開始した日の属する課税期間に消費税課税事業者選択届出書を提出した場合は、その届出書を提出した日の属する課税期間から課税事業者になるものとされています（消法9④かっこ書）。ただし、第2期から消費税の課税事業者を選択する場合も消費税課税事業者選択届出書の提出は第2期が始まる前日までに提出するものとされていますので、第1期から消費税課税事業者選択届出書を提出して課税事業者を選択する場合には、適用開始課税期間の初日の年月日をX2年12月2日と明確に記して第1期から課税事業者として申告し還付を受けてください（消基通1－4－14(注)、【記載例4】）。

2．第2期から簡易課税事業者を選択するための手続き

　第2期から簡易課税事業者を選択して事務負担の軽減を図りたい場合、消費税簡易課税制度選択届出書の提出は第2期の課税期間が始まる前日である12月31日までに行わなければなりません。しかし、事業を開始した課税期間については、第1期から簡易課税制度を選択する場合も、第1期の課税期間中に消費税簡易課税制度選択届出書を提出しなければならないものとされていますので、第1期か第2期かのいずれの課税期間から簡易課税制度の選択をして適用するべきものかを明確にしなければなりません（消基通13－1－5(注)、【記載例5】）。よって第2期から簡易課税制度を選択したい場合、第1期の課税期間が終わる日までに、適用課税期間の初日をX3年1月1日と明確に記載して消費税簡易課税制度選択届出書を提出してください。

適切な取扱い

　第1期から課税事業者を選択する場合の消費税課税事業者選択届出書は次のとおりとなります。

【記載例4】

消費税課税事業者選択届出書

令和X2年12月20日	(フリガナ) 納税地	(〒 −) (電話番号 − −)	
届	(フリガナ) 住所又は居所 (法人の場合) 本店又は 主たる事務所 の所在地	(〒 −) (電話番号 − −)	
出	(フリガナ) 名称(屋号)		
	個人番号 又は 法人番号	↓個人番号の記載に当たっては、左端を空欄とし、ここから記載してください。	
者	(フリガナ) 氏名 (法人の場合) 代表者氏名	印	
XX税務署長殿	(フリガナ) (法人の場合) 代表者住所	(電話番号 − −)	

下記のとおり、納税義務の免除の規定の適用を受けないことについて、消費税法第9条第4項の規定により届出します。

重要 ↓

適用開始課税期間	自 ○平成 ●令和 X2年12月2日	至 ○平成 ●令和 X2年12月31日

上記期間の 基準期間	自 ○平成 ○令和 年 月 日 至 ○平成 ○令和 年 月 日	左記期間の 総売上高	円
		左記期間の 課税売上高	円

事業内容等	生年月日(個人)又は設立年月日(法人)	1明治・2大正・3昭和・4平成・5令和 ○ ○ ○ ○ ○ 年 月 日	法人のみ記載	事業年度	自1月1日 至12月31日
				資本金	500万円
	事業内容		届出区分	事業開始・設立・相続・合併・分割・特別会計・その他 ○ ● ○ ○ ○ ○ ○	

参考事項		税理士署名押印	印
		(電話番号 − −)	

第11章 消費税の諸手続き

349

第2期から簡易課税事業者を選択する場合の消費税簡易課税制度選択届出書は次のとおりとなります。

【記載例5】

消費税簡易課税制度選択届出書

収受印: 令和X2年12月20日
提出先: XX税務署長殿

届出者:
- 納税地: (フリガナ)(〒 -)(電話番号 - -)
- 氏名又は名称及び代表者氏名: (フリガナ) ㊞
- 法人番号: ※個人の方は記載不要です。

下記のとおり、消費税法第37条第1項に規定する簡易課税制度の適用を受けたいので、届出します。
□ 所得税法等の一部を改正する法律（平成28年法律第15号）附則第40条第1項の規定により消費税法第37条第1項に規定する簡易課税制度の適用を受けたいので、届出します。

① 適用開始課税期間: 自 令和 X3年 1月 1日　至 令和 X3年 12月 31日

② ①の基準期間: 自 令和 年 月 日　至 令和 年 月 日

③ ②の課税売上高: 円

事業内容等:
- （事業の内容）
- （事業区分）第　種事業

提出要件の確認:

次のイ、ロ又はハに該当する（「はい」の場合のみ、イ、ロ又はハの項目を記載してください。） はい ☑　いいえ □

イ 消費税法第9条第4項の規定により課税事業者を選択している場合
- 課税事業者となった日: 令和 X2年 12月 2日
- 課税事業者となった日から2年を経過する日までの間に開始した各課税期間中に調整対象固定資産の課税仕入れ等を行っていない: はい ☑

ロ 消費税法第12条の2第1項に規定する「新規法人」又は同法第12条の3第1項に規定する「特定新規設立法人」に該当していた場合
- 設立年月日: 令和 年 月 日
- 基準期間がない事業年度に含まれる各課税期間中に調整対象固定資産の課税仕入れ等を行っていない: はい □

ハ 消費税法第12条の4第1項に規定する「高額特定資産の仕入れ等」を行っている場合（同条第2項の規定の適用を受ける場合）
- A 仕入れ等を行った課税期間の初日: 令和 年 月 日
- この届出による①の「適用開始課税期間」は、高額特定資産の仕入れを行った課税期間の初日から、同日以後3年を経過する日の属する課税期間までの各課税期間に該当しない: はい □
- B 仕入れ等を行った課税期間の初日: 令和 年 月 日
- 建設等が完了した課税期間の初日: 令和 年 月 日
- この届出による①の「適用開始課税期間」は、自己建設高額特定資産の建設等に要した仕入れ等に係る支払対価の額の累計額が1千万円以上となった課税期間の初日から、自己建設高額特定資産の建設等が完了した課税期間の初日以後3年を経過する日の属する課税期間までの各課税期間に該当しない: はい □

※ 消費税法第12条の4第2項の規定による場合は、ハの項目を次のように読み替えてください。
1 「自己建設高額特定資産」を「調整対象自己建設高額資産」と読み替える。
2 「仕入れ等を行った」は、「消費税法第36条第1項又は第3項の規定の適用を受けた」と、「自己建設高額特定資産の建設等に要した仕入れ等に係る支払対価の額の累計額が1千万円以上となった」は、「調整対象自己建設高額資産について消費税法第36条第1項又は第3項の規定の適用を受けた」と読み替える。

※ この届出書を提出した課税期間が、上記イ、ロ又はハに記載の各課税期間である場合、この届出書提出後、届出を行った課税期間中に調整対象固定資産の課税仕入れ等又は高額特定資産の仕入れ等を行うと、原則としてこの届出書の提出はなかったものとみなされます。詳しくは、裏面をご確認ください。

次の二又はホのうち、いずれか該当する項目を記載してください。

二 所得税法等の一部を改正する法律（平成28年法律第15号）（平成28年改正法）附則第40条第1項の規定による場合
- 平成28年改正法附則第40条第1項に規定する「困難な事情のある事業者」に該当する（ただし、上記イ又はロに記載の各課税期間中に調整対象固定資産の課税仕入れ等を行っている場合又はこの届出書を提出した日を含む課税期間が1千万円以上となった」と、「調整対象自己建設高額資産について消費税法第36条第1項又は第3項の規定の適用を受けた」と読み替える。）: はい □

ホ 平成28年改正法附則第40条第2項に規定する「著しく困難な事情があるとき」に該当する（該当する場合は、以下の「著しく困難な事情」を記載してください。）: はい □
[　　　　　　　　　　　　　]

参考事項:

税理士署名押印: ㊞ （電話番号 - - ）

※この届出書を所得税法等の一部を改正する法律（平成二十八年法律第十五号）附則第四十条第一項の規定により提出しようとする場合には、令和元年七月一日以後提出することができます。

350

誤った取扱い

　消費税課税事業者選択届出書に適用開始課税期間を翌課税期間と記載して提出をした場合、第1期から課税事業者として消費税の申告を行って還付を受けることができなくなります。また、消費税簡易課税制度選択届出書を第1期から始まる課税期間から適用するものとして提出した場合、第1期において消費税の還付を受けることができなくなります。

　どちらにも十分注意して適用開始課税期間を記載し、届け出してください。

まとめ

　事業を開始した課税期間については課税事業者を選択する消費税課税事業者選択届出書や簡易課税制度を選択するための消費税簡易課税制度選択届出書の提出するべき期間が第1期分も第2期分も同じ時期となりますので、提出する各届出書に適用開始年月日を明確に記載して提出してください。

　なお、12月31日までに提出すべきとされている届出書については、12月31日が年末年始の休日となるため休日明けに届出書の提出をすると、第1期からの課税事業者の選択や第2期からの簡易課税制度の選択はできず、1年遅れとなりますので、十分留意してください。

Q11-8 課税事業者選択判断の具体例

当社は現在、住宅用マンションを保有し不動産賃貸業を営む免税事業者です。

単位：万円（税込み）

	非課税売上高	課税売上高	オフィス用建物購入	課税売上げのための課税仕入れの額	非課税売上げのための課税仕入れの額	共通目的のための課税仕入れの額
X1年度	2,000	550	ー	ー	ー	ー
X2年度見込み（当事業年度）	2,000	660	ー	ー	ー	ー
X3年度見込み	2,000	2,200	9,900	880	330	110
X4年度見込み	2,000	5,500	0	1,100	770	231

X3年度の特定期間の課税売上高は300万円、X4年度の特定期間の給与等の総額は800万円の見込みです。（課税取引の金額はすべて税込みであり、軽減税率の適用はない。）

X3年度は消費税の課税事業者になった方が有利ではないかとアドバイスされたのですが、具体的にどの程度の影響があるのでしょうか。また、手続きはどうすればいいのでしょうか。

A 貴社の場合、X3年度は基準期間（X1年度）の課税売上高1,000万円以下、特定期間（X2年度の前半6か月）の課税売上高1,000万円以下という基準では免税事業者になります。X3年度は9,900万円でオフィス用建物の購入を計画されていますから、X3年度とX4年度が免税事業者になる場合には課税事業者を選択した方が有利か不利かを検討してみる必要があります。

・・・・・・・・・・・・・・・・・・・・・・・・・・・・・・・・・・・・

オフィス用建物は調整対象固定資産の取得になりますので、X3年度に取得したのち継続して保有している場合には、X5年度に調整対象固

定資産に係る調整が必要になります（消法33）。課税事業者を選択しているX3年度に調整対象固定資産を取得している場合には、X5年度の開始の日以後でないと消費税課税事業者選択不適用届出書を提出できませんので注意が必要です（消法9⑦）。

概　要

課税事業者を選択した場合と選択しなかった場合の比較をしてみましょう。

1．課税事業者を選択して申告をした場合

(1) X3年度に課税事業者を選択した場合、消費税の計算は下記のとおりとなります。

課税売上高　　$22,000,000円 \times \dfrac{100}{110} = 20,000,000円$

消費税額　　　$20,000,000円 \times 7.8\% = 1,560,000円$

課税売上割合　$\dfrac{20,000,000円}{20,000,000円 + 20,000,000円} = \dfrac{20,000,000円}{40,000,000円}$

控除対象仕入税額

〔1〕個別対応方式で計算する場合

　① 課税売上げのための仕入税額

　　　$(99,000,000円 + 8,800,000円) \times \dfrac{7.8}{110} = 7,644,000円$

　② 共通目的のための仕入税額

　　　$1,100,000円 \times \dfrac{7.8}{110} \times \dfrac{20,000,000円}{40,000,000円} = 39,000円$

　③ 控除対象仕入税額

　　　$7,644,000円 + 39,000円 = 7,683,000円$

〔2〕一括比例配分方式で計算する場合

　① 仕入税額

　　　$(99,000,000円+8,800,000円+3,300,000円+1,100,000円)$
　　　$\times \dfrac{7.8}{110} = 7,956,000円$

　② 課税売上げのための控除対象仕入税額

　　　$7,956,000円 \times \dfrac{20,000,000円}{40,000,000円} = 3,978,000円$

〔3〕控除対象消費税額

　　　個別対応方式による額の方が一括比例配分方式による額より大きいので、個別対応方式による〔1〕の7,683,000円を消費税額から控除します。

差引き消費税額　　1,560,000円 − 7,683,000円 = △6,123,000円
地方消費税額　　　△6,123,000円 × $\frac{22}{78}$ = △1,727,000円
合　　計　　　　　△（6,123,000円 + 1,727,000円）= △7,850,000円
　　　　　　　　　……還付となります。

(2)　X4年度も課税事業者であり、簡易課税の選択はできませんので消費税の計算は下記のとおりとなります。

課税売上高　　55,000,000円 × $\frac{100}{110}$ = 50,000,000円
消費税額　　　50,000,000円 × 7.8% = 3,900,000円
課税売上割合　$\frac{50,000,000円}{50,000,000円 + 20,000,000円}$ = $\frac{50,000,000円}{70,000,000円}$

控除対象仕入税額

〔1〕個別対応方式で計算する場合

　① 課税売上げのための仕入税額
　　　11,000,000円 × $\frac{7.8}{110}$ = 780,000円
　② 共通目的のための仕入税額
　　　2,310,000円 × $\frac{7.8}{110}$ × $\frac{50,000,000円}{70,000,000円}$ = 117,000円
　③ 控除対象仕入税額
　　　780,000円 + 117,000円 = 897,000円

〔2〕一括比例配分方式で計算する場合

　① 仕入税額
　　　（11,000,000円 + 7,700,000円 + 2,310,000円）× $\frac{7.8}{110}$ = 1,489,800円
　② 課税売上げのための控除対象仕入税額
　　　1,489,800円 × $\frac{50,000,000円}{70,000,000円}$ ≒ 1,064,142円

〔3〕控除対象消費税額

　　　一括比例配分方式による額の方が個別対応方式による額より大

きいので、一括比例配分方式による〔２〕の1,064,142円を消費税額から控除します。

差引き消費税額　3,900,000円 − 1,064,142円 = 2,835,858円 ⇒ 2,835,800円

地方消費税額　2,835,800円 × $\frac{22}{78}$ = 799,841円 ⇒ 799,800円

合　計　2,835,800円 + 799,800円 = 3,635,600円

……納付となります。

(3) X5年度も課税事業者であり、簡易課税の選択はできませんから(消法37③)、X5年度の事業の見込み額をX4年度と同じとすると前期（X4年度）と同様の3,635,600円の消費税と地方消費税の納税額が生じることになります。

(4) X3年度のオフィス用建物の購入は調整対象固定資産の取得に該当します。当該調整対象固定資産を取得した課税期間（X3年度）において、個別対応方式の課税売上げに係る課税仕入れとして処理しており、また、非課税売上用に転用していないので、調整の必要はありません。

(5) X3年度からX4年度、X5年度の３年間の消費税と地方消費税の合計額は以下のとおりとなります。

　　　　（X3年度還付）　（X4年度納付）　（X5年度納付）
　　　△7,850,000円 + 3,635,600円 + 3,635,600円 = △578,800円

となります。

２．課税事業者を選択しなかった場合

(1) X3年度の基準期間（X1年度）の課税売上高は550万円、特定期間の課税売上高は300万円ですからX3年度は免税事業者となり、消費税の納税義務はありません。

(2) X4年度の基準期間（X2年度）の課税売上高は660万円、特定期間の給与支払額は800万円ですからX4年度も免税事業者となり、消費税の納税義務はありません。

(3) X5年度の基準期間（X3年度）の課税売上高は2,200万円ですからX5年度は課税事業者になります。

〔1〕 原則課税の場合

　3,635,600円の消費税と地方消費税の納税額となります（X4年度の一括比例配分方式による税額（1の(2)）参照）。

〔2〕 簡易課税を選択する場合

課税売上高	$55,000,000円 \times \dfrac{100}{110} = 50,000,000円$
消費税額	$50,000,000円 \times 7.8\% = 3,900,000円$
みなし仕入率	不動産業　40%
控除対象仕入税額	$3,900,000円 \times 40\% = 1,560,000円$
差引き消費税額	$3,900,000円 - 1,560,000円 = 2,340,000円$
地方消費税額	$2,340,000円 \times \dfrac{22}{78} = 660,000円$
合　計	$2,340,000円 + 660,000円 = 3,000,000円$

〔3〕 簡易課税方式の方が有利ですから、納税額は3,000,000円となります。

(4) X3年度からX5年度の3年間の消費税と地方消費税額の合計は3,000,000円となります。

3．有利不利の判定

　1と2の結果、課税事業者を選択した方が、X3年度からX5年度の3年間で、578,800円の還付となり、課税事業者を選択しなかった場合の3,000,000円の納付と比べると有利となります。

適切な取扱い

　以上の比較検討の結果によれば、X3年度について課税事業者を選択し、一括比例配分方式によって消費税の申告を行って還付を受けた場合の方が、免税事業者として事業を続ける方よりも有利といえます。

誤った取扱い

　高額の調整対象固定資産を取得するX3年度の開始の日の前日までに消費税課税事業者選択届出書を提出しなかった場合、X3年度は消費税

の還付を受けることはできません。提出期限に十分留意してください。

　なお、本事例とは異なりますが、令和2年10月1日以後の居住用賃貸建物の課税仕入れについては、仕入税額控除の対象とされないこととなりましたので、留意してください。ただし、令和2年3月31日までに契約され令和2年10月1日以後に引渡しを受ける場合については、この制限は適用されません。

ま と め

1. 免税事業者が課税事業者を選択する場合、消費税と地方消費税の納付か還付の見込み額の試算を事前に行い、課税事業者を選択してから2年間に調整対象固定資産を取得した場合には取得した課税期間を含めて3年間は免税事業者を選べないことに十分留意しなければなりません。
2. 控除対象消費税額の計算を個別対応方式によるか一括比例配分方式によるかの比較を行い、有利な方式を選択してください。一括比例配分方式を採用した場合には、少なくとも2課税期間の間は個別対応方式による控除対象消費税額の計算はできません。
3. 消費税課税事業者選択届出書の提出をして、調整対象固定資産を取得し、一般課税方式による申告を行った場合、簡易課税制度の適用がどの課税期間から可能か十分検討しておく必要があります。

Q11-9 適格請求書発行事業者の登録

当社は食品製造業を営む消費税の課税事業者です。もうすぐインボイス制度が導入されると聞きました。
　当該制度が導入されると、仕入税額控除を受けるに際して適格請求書等が必要とのことですが、当社はその適格請求書を発行できる適格請求書発行事業者となれるのでしょうか。
　適格請求書発行事業者になるための必要な手続きについても教えてください。

A 　適格請求書発行事業者となるためには、税務署長に「適格請求書発行事業者の登録申請書」(以下「登録申請書」といいます。)を提出し、登録を受ける必要があります(新消法57の2②、インボイス通達2-1)。課税事業者でなければ登録を受けることはできません(新消法57の2①)。
　貴社は課税事業者のため、所轄の税務署に登録申請書を提出すれば適格請求書発行事業者となることができます(Q12-3 参照)。

概　要

1．令和5年10月1日から適格請求書発行事業者になるための登録

　令和5年10月1日から、適格請求書保存方式が導入されます。
　令和5年10月1日から適格請求書発行事業者となるためには、適格請求書発行事業者の登録を受けなければならず、登録できるのは課税事業者に限られます。適格請求書発行事業者の登録を受けようとする事業者は、納税地を所轄する税務署長に登録申請書を提出する必要があります。登録申請書は、適格請求書等保存方式の導入の2年前である令和3年10月1日から提出可能で、令和5年3月31日までに申請し

なければなりません（平28改所法等附1八、44①）。

登録申請書は、e-Taxを利用して提出することもでき、この場合、登録の通知はe-Taxを通じて行われます（国税関係法令に係る行政手続等における情報通信の技術の利用に関する省令）。

2．一般的な登録の手続と登録日、適格請求書の発行

課税事業者は、登録申請書を税務署長に提出し、適格請求書発行事業者登録簿に登載された日から適格請求書発行事業者となり、税務署からその旨の通知が行われます。

適切な取扱い

登録の効力は、通知の日にかかわらず、適格請求書発行事業者登録簿に登載された日（登録日）に発生します。このため、登録日以降の取引については、相手方（課税事業者に限ります。）の求めに応じ、適格請求書の交付義務があります（インボイス通達2－4）。

また、適格請求書等保存方式が導入される令和5年10月1日に登録を受けようとする事業者は、令和5年3月31日までに納税地を所轄する税務署長に登録申請書を提出する必要があります（特定期間の課税売上高又は給与等支払額の合計額が1,000万円を超えたことにより課税事業者となる場合は令和5年6月30日まで）（平28改所法等附44①）。

なお、免税事業者が登録を受けるためには、原則として、消費税課税事業者選択届出書を提出した翌課税期間から課税事業者として登録の申請ができます。ただし、免税事業者が令和5年10月1日を含む課税期間中に登録を受けることとなった場合には、登録日から課税事業者となり適格請求書発行事業者となります（平28改所法等附44④、インボイス通達5－1）。

■適格請求書発行事業者登録簿の登載事項（新消令70の5①）
　① 適格請求書発行事業者の氏名又は名称及び登録番号

② 登録年月日
③ 法人（人格のない社団等を除きます。）については、本店又は主たる事務所の所在地
④ 特定国外事業者(国内において行う資産の譲渡等に係る事務所、事業所その他これらに準ずるものを国内に有しない国外事業者をいいます。）以外の国外事業者については、国内において行う資産の譲渡等に係る事務所、事業所その他これらに準ずるものの所在地

■登録番号の構成（インボイス通達２－３）
・法人番号を有する課税事業者
「Ｔ」（ローマ字）＋法人番号（数字13桁）
・上記以外の課税事業者（個人事業者、人格のない社団等）
「Ｔ」（ローマ字）＋数字13桁（注）
（注）13桁の数字にはマイナンバー（個人番号）は用いず、法人番号とも重複しない事業者ごとの番号となります。

誤った取扱い

令和５年10月１日から適格請求書発行事業者になるため令和５年９月に登録の申請をするのは誤りです。

適格請求書保存方式の開始日である令和５年10月１日に適格請求書発行事業者の登録を受けるためには、令和５年３月31日までに登録申請書を提出する必要があります（平28改所法等附44①）。ただし、登録申請書を提出できなかったことにつき困難な事情がある場合に、令和５年９月30日までの間に登録申請書にその困難な事情を記載して提出し、税務署長により適格請求書発行事業者の登録を受けたときは、令和５年10月１日に登録を受けたこととみなされます（平30改消令等附15）。なお、「困難な事情」については、その困難の度合いは問いません（インボイス通達５－２）。

まとめ

　取引の相手先が消費税の課税事業者である場合には、先方が仕入税額控除を受けるために、適格請求書の発行を求めてくることが想定されますので、適格請求書発行事業者の登録を受けることを検討してください。

　その際には登録申請書の提出期限に留意してください。

《令和5年10月1日から適格請求書発行事業者となるための登録申請のスケジュール》

Q 11-10　適格請求書発行事業者の登録（免税事業者の場合）

当社は商店街で衣料品の小売店を営む消費税の免税事業者です。小さな商店で、この先も課税事業者となる予定はないのですが、適格請求書発行事業者の登録は行わなければならないのでしょうか。

なお、当社の販売先はお店にご来店いただく消費者の方のみで、他の企業への販売は行っておりません。

A　消費税の免税事業者の場合、適格請求書発行事業者の登録を受けるか否かは任意ですので、取引先の状況等を踏まえて判断していく必要があります（ Q12-4 参照）。

貴社の場合、販売先は消費者のみであるということから、適格請求書の発行を求められる可能性は低く、適格請求書発行事業者の登録をする必要はないと考えられます。

概　要

適格請求書を交付できるのは、登録を受けた適格請求書発行事業者に限られますが、適格請求書発行事業者の登録を受けるかどうかは事業者の任意です（新消法57の2①、57の4①）。

ただし、登録を受けなければ適格請求書を交付することができないため、取引先が課税事業者の場合、適格請求書がなければ取引先が仕入税額控除を行うことができません。このような点を踏まえて登録の必要性を検討する必要があります。

また適格請求書発行事業者は、取引の相手方（課税事業者に限ります。）から交付を求められたときには、適格請求書を交付しなければなりません。

適切な取扱い

　免税事業者が適格請求書発行事業者の登録を受けるか否かは任意ですので、適格請求書発行事業者の登録をすることによる事務的負担（適格請求書の発行義務、消費税の記帳や申告納税の負担）を鑑みて、どちらにするのか検討することが重要です。

　また、取引の相手方が課税事業者であれば、交付を求められたときには適格請求書を交付しなければなりませんが、消費者や免税事業者など、課税事業者以外の者に対する交付義務はありません。

誤った取扱い

　免税事業者であっても適格請求書発行事業者の登録を受けることが必須であると勘違いをして登録申請をしてしまうと、課税事業者となってしまうため、消費税申告のための事務的負担が大幅に増加します。しかし、免税事業者であっても、取引の相手方に課税事業者が多く、適格請求書発行事業者になった方が良いと判断する場合もあります。

　その際には登録申請書の提出期限を守る必要があり、令和5年10月1日から適格請求書発行事業者となるには、令和5年3月31日までに登録申請書を提出する必要があり、特段の理由なく令和5年3月31日までに登録申請書を提出できなかった場合には、適用開始日である令和5年10月1日に登録を受けられませんので留意が必要です。

まとめ

　免税事業者が適格請求書発行事業者の登録を受けるかどうかの判断については、各会社で販売先から適格請求書の発行を求められるかどうかを基準に検討する必要があります。

　つまり、販売先のほとんどが課税事業者であり、そのすべてから適格請求書の発行を求められるような場合には適格請求書発行

事業者の登録を受ける必要があります。一方、販売先に課税事業者が全くいない、もしくは非常に少ない場合には、適格請求書発行事業者の登録を受けることにより増加する事務的負担を考慮し、登録を受けないと判断する場合も考えられます。

Q 11-11 新たに設立された法人と免税事業者の特例（適格請求書等保存方式）

新たに法人を設立し、新規事業を始めたいと考えております。取引先は主に上場企業などの大企業を想定しているため、適格請求書発行事業者の登録を行おうと思いますが、いつまでに手続きを完了する必要がありますか。

A 新たに設立された法人の場合、1期目が終わるまでに課税選択届出書及び登録申請書を提出し、適格請求書発行事業者の登録が行われた場合には、その期の期首に遡って登録を受けたものとみなされます（ Q12-3 、 Q12-4 参照）。

概　要

適格請求書等保存方式が導入される令和5年10月1日に登録を受けようとする事業者は、令和5年3月31日までに納税地を所轄する税務署長に登録申請書を提出する必要があります。

ただし、特例とされているパターンが2つあります。

① 新たに設立された法人の場合

適格請求書発行事業者の登録を受けることができるのは、課税事業者に限られます（新消法57の2①）。

免税事業者である新たに設立された法人の場合、事業を開始した日の属する課税期間の末日までに、消費税課税事業者選択届出書を提出すれば、その事業を開始した日の属する課税期間の初日から課税事業者となることができます（新消法9④、消令20一）。

また、新たに設立された法人が、事業を開始した日の属する課税期間の初日から登録を受けようとする旨を記載した登録申請書を、事業を開始した日の属する課税期間の末日までに提出した場合において、

税務署長により適格請求書発行事業者登録簿への登載が行われたときは、その課税期間の初日に登録を受けたものとみなされます（新消令70の4、新消規26の4、インボイス通達2－2）。

　適格請求書発行事業者の登録は、適格請求書発行事業者登録簿に登載された日から有効になります。新たに設立された法人が課税期間の初日から登録を受けたものとみなされる場合、登録の通知を受けるより前に発生した課税売上げにつき請求書等を発行しているときは、登録番号を相手方に書面等で通知することで、適格請求書の要件を満たす必要があります（インボイス通達2－4）。

② 　免税事業者の場合の原則と令和5年10月1日を含む課税期間の経過措置

　免税事業者が適格請求書発行事業者となるためには、消費税課税事業者選択届出書を提出し、課税事業者となる手続きをしたうえで、適格請求書発行事業者の登録申請を行う必要があります（インボイス通達2－1）。

　ただし、免税事業者が令和5年10月1日の属する課税期間中に登録を受けることとなった場合には、登録を受けた日から課税事業者となる経過措置が設けられており、登録日から課税事業者となりますので、登録を受けるにあたり、消費税課税事業者選択届出書を提出する必要はありません（平28年改所法等44④、インボイス通達5－1）。

適切な取扱い

　特例を受けることができる2つの場合について、それぞれの手続きは以下のとおりです。

① 　新たに設立された法人

　免税事業者である新たに設立された法人が事業開始（設立）時から、適格請求書発行事業者の登録を受けるためには、設立後、その課税期間の末日までに、消費税課税事業者選択届出書と登録申請書を併せて

提出することが必要です。

　なお、課税事業者である新たに設立された法人の場合については、事業を開始した課税期間の末日までに、事業を開始した日の属する課税期間の初日から登録を受けようとする旨を記載した登録申請書を提出することで、課税期間の初日において登録を受けたものとされます。

　（注）新設合併、新設分割、個人事業者の新規開業等の場合も同様です。

② 　免税事業者

　免税事業者が課税事業者となる場合や、課税事業者を選択する場合に、課税期間の初日から登録を受けようとする場合は、その課税期間の初日の前日から起算して1月前の日までに、登録申請書を提出しなければなりません（新消法57の2②、新消令70の2）。

誤った取扱い

　新たに設立された法人が課税事業者である場合は、登録申請書のみの提出で登録を受けることができますが、新たに設立された法人が、免税事業者の場合、登録を受けるには、消費税課税事業者選択届出書と登録申請書の両方の提出が必要である点に留意が必要です。

まとめ

　新たに設立された法人及び免税事業者が適格請求書発行事業者の登録を受ける場合には提出期限や提出書類について特例が用意されているため、適格請求書発行事業者の登録を行うか否かの検討をする際に併せて検討する必要があります。

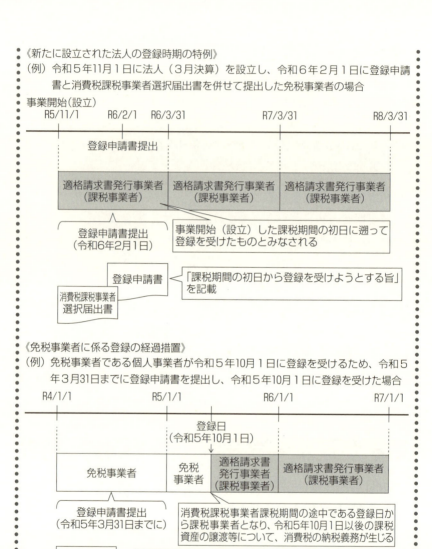

Q 11-12 適格請求書発行事業者の登録、拒否、取りやめ、取消し

当社は5年前に税務調査が入り、消費税法の規定に違反しているとして罰金を課されています。

適格請求書等保存方式が導入されるまでに適格請求書発行事業者の登録を受けようと考えていますが、過去の処罰は影響しますか。

その他、登録の取りやめ、取消しについて説明してください。

A 登録を受けようとする事業者が、過去に消費税法の規定に違反して罰金以上の刑に処せられている場合、その執行が終わるか、執行を受けることがなくなった日から2年を経過していなければ、登録を受けることはできません。

貴社の場合、罰金を課されてから5年が経過しておりますので、登録に影響はありません。

概　要

適格請求書発行事業者になれない場合には、以下の3つのパターンがあります。

(1)登録の拒否　(2)登録の取りやめ　(3)登録の取消し

(1) 登録の拒否

登録を受ける段階で審査がありますが、登録が拒否される事由は非常に限定されています。具体的には、上記の例のように、登録を受けようとする事業者が消費税法の規定に違反して罰金以上の刑に処せられ、その執行が終わり、又は執行を受けることがなくなった日から2年を経過しない者でなければ、原則として、登録を拒否されることは

ありません（新消法57の2⑤）。

(2) 登録の取りやめ

登録の取りやめとは一度適格請求書発行事業者として登録をした後に、事業者側からの届出によって、適格請求書発行事業者の登録の効力を失わせることができるという制度です。

なお、この場合は原則として、登録取消届出書の提出があった日の属する課税期間の翌課税期間の初日に登録の効力が失われることとなります（新消法57の2⑩一）。ただし、期末日から30日前の日以降に提出された場合は、翌々課税期間から適格請求書発行事業者でなくなります。

なお、基準期間の課税売上高が1,000万円以下で、かつ、特定期間の課税売上高又は給与等の総額が1,000万円以下となっても、適格請求書発行事業者の登録がある間は免税事業者になりません。登録の取りやめを行う必要があります。

また、登録取消届出書の提出を行った場合のほか、次の場合には登録の効力が失われることとなります。これらの場合、登録取消届出書の提出は不要ですが、一定の届出書の提出が必要となります（新消法57の2⑩二、三）。

① 適格請求書発行事業者が事業を廃止した場合（「適格請求書発行事業者の事業廃止届出書」を提出した場合に限ります。）、事業を廃止した日の翌日に登録の効力が失われます（インボイス通達2-8）。

② 適格請求書発行事業者である法人が合併により消滅した場合（「合併による法人の消滅届出書」を提出した場合に限ります。）、法人が合併により消滅した日に登録の効力が失われます（インボイス通達2-7）。

(3) 登録の取消し

登録の取消しとは一度適格請求書発行事業者として登録をした後、

税務署長によって適格請求書発行事業者の登録を取り消される制度です（新消法57の2⑥）。

以下の場合が該当します。
① 1年以上所在不明であること
② 事業を廃止したと認められること
③ 合併により消滅したと認められること
④ 消費税法の規定に違反して罰金以上の刑に処せられたこと

適切な取扱い

適格請求書発行事業者が、何らかの理由により適格請求書発行事業者の登録を取り消したい場合、納税地を所轄する税務署長に「適格請求書発行事業者の登録の取消しを求める旨の届出書」（以下「登録取消届出書」といいます。）を提出することにより、適格請求書発行事業者の登録の効力を失わせることができます。ただし、これには期限があり、登録取消届出書の提出日がその提出のあった日の属する課税期間の末日から起算して30日前の日を過ぎてしまった場合、その提出があった日の属する課税期間の翌々課税期間の初日に登録の効力が失われることとなりますので、ご注意ください。

《期末日より30日前までの適格請求書発行事業者の登録の取消届出》
（例）適格請求書発行事業者である法人（3月決算）が令和7年2月1日に登録取消届出書を提出した場合

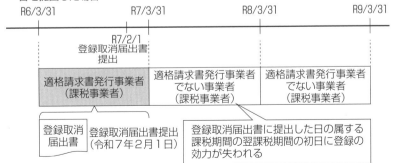

《期末日より30日前以降の適格請求書発行事業者の登録の取消届出》
（例）適格請求書発行事業者である法人（3月決算）が令和7年3月15日に登録取消届出書を提出した場合（届出書を、その提出のあった日の属する課税期間の末日から起算して30日前の日から、その課税期間の末日までの間に提出した場合）

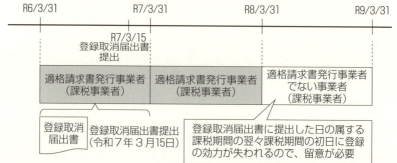

誤った取扱い

　適格請求書発行事業者の基準期間の課税売上高が1,000万円以下になった場合、免税事業者となるという判断は誤りです。

　登録後に免税事業者の要件を満たすことになった場合でも、適格請求書発行事業者の登録が自動で取り消されるわけではありませんので、留意が必要です。

　つまり、その課税期間の基準期間における課税売上高が1,000万円以下の事業者は、原則として、消費税の納税義務が免除され免税事業者となりますが、適格請求書発行事業者は、その基準期間における課税売上高が1,000万円以下となった場合でも免税事業者となりません。

　言い換えると、適格請求書発行事業者である限り、免税事業者となることはありません。

　この場合、上述した取消しのパターンに従い、登録取消届出書を提出することにより、登録を取り消す必要があります。

まとめ

　登録の申請を行えば過去2年以内に罰金以上の処罰を受けていない限り登録できないことは基本的にはありません。
　一度登録を受けると登録取消届出書を提出しない限り、適格請求書発行事業者の登録が続くこととなるため、免税事業者の要件を満たした場合に免税事業者となろうとする際には手続きが必要となるため留意が必要です。

Q11-13 消費税の申告期限の特例

当社は会計監査人設置会社であり、監査法人の監査を受けるために法人税の申告期限延長の特例の適用を受けています。令和2年度の税制改正で、消費税についても申告期限延長の特例が設けられたと聞いたのですが、当社は当該特例の適用は可能でしょうか。

また、適用を受けるにはどのような手続きが必要か教えてください。

A 貴社の場合、すでに法人税の申告期限延長の特例の適用を受けているため、消費税の確定申告書の提出期限を延長する旨の届出書を提出すれば消費税申告の提出期限が1か月延長されます（消法45の2①、消令63の2、消規23の2）。

概　要

従来、法人税には申告書の提出期限の延長が認められていましたが、消費税に関しては認められていませんでした。

そのため、法人税の申告書の提出期限を延長している場合、法人税申告と消費税申告の期限がそれぞれ異なることとなり、消費税の申告後に決算が確定し、消費税額の変動が生じたときには修正申告や更正の請求を行う必要があるといった事務的負担が生じていました。

こういった事務的負担を軽減するために、法人税の申告期限延長の特例を適用する法人については、申請することにより消費税の申告書の提出期限も1か月延長する特例が創設されました。

適切な取扱い

1．特例の適用対象要件
　消費税の申告期限延長の特例を受けるためには、下記2つの要件を満たしていることが必要です。
　①法人税の申告期限延長の特例を受ける法人であること
　②消費税申告期限延長届出書を提出すること

2．適用時期と延長届出書の提出期限
　消費税の申告期限の特例の適用時期は令和3年3月31日以後に終了する事業年度の末日の属する課税期間からです。

　特例の適用を受けようとする事業年度又は連結事業年度（その連結事業年度終了の日の翌日から45日以内に提出した場合のその連結事業年度を含む）終了の日の属する課税期間の末日までに、納税地を所轄する税務署長に「消費税申告期限延長届出書」を提出する必要があります。

　例えば、3月決算の法人が令和3年3月期の申告について消費税の申告期限の延長の特例を受けようと考えている場合には、令和3年3月31日までに納税地を所轄する税務署長に「消費税申告期限延長届出書」を提出すれば申告期限の延長の特例を受けることができます。

3．適用の取りやめ
　消費税の申告期限延長の特例を受けている法人が、その適用をやめようとする場合には、適用をやめようとする課税期間の末日までに「消費税申告期限延長不適用届出書」を提出する必要があります。

誤った取扱い

　消費税申告期限延長届出書は特例の適用を受けようとする事業年度の末日までに提出すれば当該事業年度から特例の適用を受けられます。課税事業者選択届出書のように提出した事業年度の翌事業年度からの適用ではないことに留意が必要です。

第28-(14)号様式

消 費 税 申 告 期 限 延 長 届 出 書

令和　年　月　日	届出者	（フリガナ）	
		納　税　地	（〒　　－　　） （電話番号　　－　　－　　）
		（フリガナ）	
		名　称　及　び 代 表 者 氏 名	印
＿＿＿＿税務署長殿		法 人 番 号	

収受印

　下記のとおり、消費税法第45条の2　第1項／第2項　に規定する消費税申告書の提出期限の特例の適用を受けたいので、届出します。

提出法人の区分	□ 単体法人 □ 連結親法人 □ 連結子法人	事業年度又は 連結事業年度	自　月　日至　月　日
適用開始課税期間	自　令和　年　月　日　至　令和　年　月　日		
適用要件等の確認	法人税法第75条の2に規定する申請書の提出有無		有 ・ 無
	国、地方公共団体に準ずる法人の申告期限の特例の 適用を受けていない		□ は　い
参　考　事　項			
税理士署名押印			印 （電話番号　　－　　－　　）

※税務署処理欄	整理番号		部門番号		番号確認		通信日付印 　年　月　日	確認印
	届出年月日	年　月　日	入力処理	年　月　日		台帳整理	年　月　日	

注意　1．裏面の記載要領等に留意の上、記載してください。
　　　2．税務署処理欄は、記載しないでください。

第28-(15)号様式

消 費 税 申 告 期 限 延 長 不 適 用 届 出 書

令和　年　月　日 　　　　税務署長殿	届出者	（フリガナ） 納　税　地	（〒　－　） 　　　　　　　　　　（電話番号　－　－　）
		（フリガナ） 名称及び 代表者氏名	印
		法人番号	

　下記のとおり、消費税申告書の提出期限の特例の適用をやめたいので、消費税法第45条の2第3項の規定により届出します。

申告期限延長の 適用開始課税期間	自 令和　年　月　日　至 令和　年　月　日
事業年度又は 連結事業年度	自　　月　日　至　　月　日
申告期限延長の適用を やめようとする課税期間	自 令和　年　月　日　至 令和　年　月　日
事業を廃止した 場合の廃止した日	令和　年　月　日
参　考　事　項	
税理士署名押印	印 （電話番号　－　－　）

※税務署処理欄	整理番号		部門番号		番号確認	通信日付印 　年　月　日	確認印
	届出年月日	年　月　日	入力処理	年　月　日	台帳整理	年　月　日	

注意　1．裏面の記載要領等に留意の上、記載してください。
　　　2．税務署処理欄は、記載しないでください。

第11章　消費税の諸手続き

また、消費税の「申告期限」については延長されますが、消費税の「納付期限」については法人税と同様に延長されることはないため、納付期限から遅れた分については利子税の対象となります（通則法64）。

　よって、実務上は法人税と同様に見込み納付を行うことが想定されます。

まとめ

　法人税に関して申告期限延長の特例の適用を受けている場合には、消費税に関しても申告期限延長の特例の適用を受けることで、事務的負担を軽減できる可能性があります。

　また、特例の適用を受ける際には、消費税申告期限延長届出書の提出期限や申告期限を延長することに伴い利子税が生じる可能性があることに留意してください。

第12章 請求書・帳簿

Q12-1 区分記載請求書等保存方式（令和元年10月1日から令和5年9月30日までの間）の概要

私は観光地で時間貸駐車場業の経営をしています。無記名の領収書を発行しており、売上げを一日の合計額で記帳していますが、消費税の申告に関して帳簿記載項目に問題はないでしょうか。

A 一定の条件を満たしている事業者は、帳簿記載の一部省略が認められていますので、問題ありません。

概　要

　あなたの事業は帳簿への記載事項を省略できる駐車場業に該当しますので、「資産の譲渡等の相手方及び売上対価の返還等を受けた者の氏名又は名称」については請求書等（領収書を含む）と帳簿への記載を省略することができます。また、「資産の譲渡等に関する事項」については、現金による売上げを行っている場合には、「課税資産の譲渡等」と「課税資産の譲渡等以外の資産の譲渡等」に区分し、日々の現金売上げの総額を記載することが可能です（ Q4-2 参照）。

適切な取扱い

1．帳簿の備付け等

　課税事業者は、法定の記載事項について、帳簿に整然とかつ明瞭に記録し、保存することとされています（消法58、消令71①②）。なお、簡易課税事業者は仕入税額控除に係る帳簿及び請求書等の保存は消費税法上、不要となります（消法37①）。

　ただし、災害その他やむを得ない事情により、保存ができなかったことを証明した場合についてはこの限りではありません（消法30⑦、38②）。

2．帳簿の記載事項（令和元年10月1日から令和5年9月30日までの間）

法定されている主な記載事項については、以下のとおりです。

(1) 資産の譲渡等に関する事項（消規27①一、平28改消規等附11）
　① 資産の譲渡等の相手方の氏名又は名称
　② 資産の譲渡等を行った年月日
　③ 資産の譲渡等に係る資産又は役務の内容（課税資産の譲渡等が軽減対象資産の譲渡等である場合には、資産の内容及び軽減対象資産の譲渡等である旨）
　④ 税率ごとに合計した資産の譲渡等の対価の額

(2) 課税仕入れに関する事項（消法30⑧一、平28改所法等附34②）
　① 課税仕入れの相手方の氏名又は名称
　② 課税仕入れを行った年月日
　③ 課税仕入れに係る資産又は役務の内容（課税仕入れが他の者から受けた軽減対象資産の譲渡等に係るものである場合には、資産の内容及び軽減対象資産の譲渡等に係るものである旨）
　④ 課税仕入れに係る支払対価の額

3．「資産の譲渡等の相手方の氏名又は名称」の帳簿への記載省略

2(1)①の項目については、小売業、飲食店業、写真業、旅行業、タクシー業、駐車場業、これらに準ずる事業で不特定かつ多数の者に資産の譲渡等を行うものについては、帳簿への記載を省略することができます（消令49④、消規27②）。

4．「資産の譲渡等に関する事項」に代えた帳簿への総額記載

小売業その他これに準ずる事業で、不特定多数かつ多数の者に資産の譲渡等を行う事業者の現金売上げに係る資産の譲渡について、2の(1)の項目に代えて「課税資産の譲渡等」と「課税資産の譲渡等以外の資産の譲渡等」に区分した日々の現金売上げの総額を記載することが可能とされています（消規27③）。

5．請求書等（請求書、納品書、領収書等）の記載事項（平28改所法等附34②）
　① 書類の作成者の氏名又は名称
　② 課税売上げの年月日（まとめて作成する場合には一定の期間）
　③ 課税売上げの内容（軽減税率適用の場合はその旨）
　④ 税率の異なるごとに区分して合計した課税売上げの対価の額（消費税額等がある場合にはその額を含む）
　⑤ 相手の氏名又は名称（小売業、飲食店業、写真業、旅行業、タクシー業、駐車場業、その他これらに準ずる事業で不特定多数の者に資産の譲渡等を行う者が発行する請求書等については省略が認められています（消法30⑨））

誤った取扱い

　記載事項の中には、業種や金額によって、記載の省略が可能なものがあります。一切の省略が認められていないわけではないことに留意が必要です。

まとめ

　複数税率制度への移行に伴い、「適格請求書等保存方式（インボイス制度）」の導入が予定されていますが、当面は執行可能性に配慮し、簡素な方法によることとするとされ、令和5年9月30日まで「区分記載請求書等保存方式」によって税率の区分経理に対応することとなります。

Q12-2 請求書に記載漏れがあった場合

私の会社はレストランを経営している課税事業者です。スーパーマーケットから食材やお酒、食器類を購入していますが、請求書の中に、税率ごとの合計額が記載されていないものが交じっていました。どのように帳簿記載すればよいでしょうか。

A 取引の事実に基づき、貴社で請求書や領収書に追記してください。

概要

事業者が仕入税額控除を行うためには、Q12-1 の請求書等の交付を受けて保存する必要がありますが、請求書等の記載事項のうち、①軽減税率対象資産の譲渡である旨、②税率ごとに合計した課税資産の譲渡等の税込み対価の額、については、請求書等の交付を受けた事業者が、事実に基づき追記することが認められていますので、発行元に再発行を請求する必要はありません。

適切な取扱い

概要 に記載のとおり、貴社は、その仕入れた内容を確認し、発行を受けた請求書に追記したうえで、帳簿記載を行ってください（平28改所法等附34③、軽減通達19）。

なお、区分記載請求書等保存方式（令和5年9月30日まで）においては、請求書等への「軽減対象資産の譲渡等に係るものである旨」の記載は、軽減対象資産の譲渡等であることが客観的に明らかであるといえる程度の表示がされていればよいものとされています（軽減通達18）。

誤った取扱い

仕入内容の確認を怠り、軽減税率対象資産の譲渡である旨などを追記せずに、標準税率に係る課税仕入れとして仕入税額控除を行うことは認められません。

まとめ

事業者が仕入税額控除の適用を受けるためには、帳簿及び請求書等の保存が要件とされており、法的要件を具備した帳簿を作成し、保存しなければなりません。法律上、帳簿への記載項目は定められていますが、一定の条件を満たしている場合には、記載省略や追記が認められていますので、各社の状況に照らした記載をすることになります。

請求書等との関係では、記載事項の整合性は当然ですが、請求書等の記載事項についても法律上定められていますので、同様に注意が必要です。例えば、帳簿の記載事項における課税仕入れの記載と、請求書等の課税資産の譲渡等の記載は一致しますが、請求書等においては、①「書類作成者の氏名又は名称」、②「書類の交付を受ける事業者の氏名又は名称」についても求められていることに留意が必要です（②は小売業等では省略可）。

なお、適格請求書等保存方式開始後（令和5年10月1日以降）は、追記できる項目以外の記載事項に漏れがあった場合には、発行元に再発行依頼をする必要があります。また、記載事項に誤りがある請求書等を受け取った場合にも、自らが追記や修正を行うことはできませんので、再発行依頼が必要です（新消法57の4④⑤、インボイスＱ＆Ａ問21）。

Q 12-3 適格請求書等保存方式の概要

インボイス方式とは、どのようなものでしょうか。

A 仕入税額控除の方式が、令和5年10月1日からは「適格請求書等保存方式」となりますが、この税額控除の方式がいわゆるインボイス方式と称されるものです。

概 要

現行（令和元年10月1日から令和5年9月30日までの間）の区分記載請求書等保存方式では、免税事業者や消費者が作成した請求書であっても仕入税額控除の適用を受けることができますが、令和5年10月1日からは適格請求書等保存方式となり、仕入税額控除の適用は、適格請求書又は適格簡易請求書その他それらの電磁的記録等（以下「適格請求書等」といいます。）に記載される金額に限られます。そのため、令和5年10月1日からは免税事業者等（適格請求書発行事業者登録できていない課税事業者を含みます。）は適格請求書等の発行はできず、免税事業者等及び消費者からの課税仕入れは、原則として仕入税額控除の適用が受けられなくなることになります。

適切な取扱い

複数税率に対応した仕入税額控除の方式として、令和5年10月1日から「適格請求書等保存方式」（いわゆる「インボイス制度」）が導入されます（新消法30、57の2、57の4、インボイスQ＆A問1）。

1．適格請求書発行事業者の登録制度

適格請求書等保存方式においては、仕入税額控除の要件として、原則、適格請求書等発行事業者から交付を受けた適格請求書の保存が必要になります。

適格請求書等を交付しようとする課税事業者は、納税地を所轄する税務署長に適格請求書発行事業者の登録申請書（以下「登録申請書」といいます。）を提出し、適格請求書発行事業者として登録を受ける必要があり、税務署長は、氏名又は名称及び登録番号等を適格請求書発行事業者登録簿に登載し、登録を行います（新消法57の2①②④）。

　また、相手方から交付を受けた請求書等が適格請求書等に該当することを客観的に確認できるよう、適格請求書発行事業者登録簿に登載された事項については、インターネットを通じて公表されます（新消令70の5）。

2．適格請求書

　適格請求書とは、次の事項が記載された書類（請求書、納品書、領収書、レシート等）をいいます（新消法57の4①）。

(1) 適格請求書発行事業者の氏名又は名称及び登録番号
(2) 課税資産の譲渡等を行った年月日
(3) 課税資産の譲渡等に係る資産又は役務の内容（課税資産の譲渡等が軽減対象資産の譲渡等である場合には、資産の内容及び軽減対象資産の譲渡等である旨）
(4) 課税資産の譲渡等の税抜価額又は税込価額を税率ごとに区分して合計した金額及び適用税率
(5) 税率ごとに区分した消費税額等（消費税額及び地方消費税額に相当する金額の合計額をいいます。以下同じです。）
(6) 書類の交付を受ける事業者の氏名又は名称

3．適格簡易請求書

　適格簡易請求書とは、小売業、飲食店業、写真業、旅行業、タクシー業、駐車場業、その他これらに準ずる事業で不特定多数の者に資産の譲渡等を行う者が発行することができる請求書で、書類の交付を受ける事業者の氏名又は名称（上記2の(6)）については記載の省略が認められています（新消法57の4②、新消令70の11）。

4．適格請求書等の交付義務等

　適格請求書発行事業者には、国内において課税資産の譲渡等を行った場合に、相手方（課税事業者に限ります。）から適格請求書等の交付を求められたときは適格請求書等の交付義務が課されています（新消法57の4①）。ただし、適格請求書発行事業者が行う事業の性質上、適格請求書等を交付することが困難な3万円未満の公共交通機関（船舶、バス又は鉄道）による旅客の運送その他の取引については、適格請求書等の交付義務が免除されます（新消法57の4①、新消令70の9②、新消規26の6）。

5．仕入税額控除の要件

　適格請求書等保存方式の下では、一定の事項が記載された帳簿及び請求書等の保存が仕入税額控除の要件となります（新消法30⑦⑧⑨）。

　保存すべき請求書等には、適格請求書のほか、次の書類も含まれます（「電磁的記録」は Q12-5 参照）。

(1)　適格簡易請求書
(2)　適格請求書又は適格簡易請求書の電磁的記録
(3)　適格請求書の記載事項が記載された仕入明細書、仕入計算書その他これらに類する書類（相手方の確認を受けたものに限ります。）（書類に記載すべき事項に係る電磁的記録を含みます。）
(4)　卸売市場において出荷者から委託を受けて卸売の業務として行われる生鮮食料品等の販売その他の取引について、媒介又は取次ぎに係る業務を行う者が作成する一定の書類（書類に記載すべき事項に係る電磁的記録を含みます。）

（注）　請求書等の交付を受けることが困難であるなどの理由により、適格請求書の交付義務が免除される上記4ただし書の3万円未満の公共交通機関（船舶、バス又は鉄道）による旅客の運送その他の取引については、一定の事項を記載した帳簿のみの保存で仕入税額控除が認められます（新消法30⑦、新消令49①、新消規15の4、26の6）。

誤った取扱い

　課税事業者が登録申請をした場合において、税務署長がその登録をするまでの間は、登録番号がありませんので、適格請求書発行事業者として適格請求書を発行することはできません。なお、令和5年10月1日から適格請求書発行事業者となるための登録は令和3年10月1日から始まります。また、令和5年10月1日に登録を受けようとする場合には、令和5年3月31日までに手続きをしなければなりません（ Q11-9 参照）。

まとめ

　インボイス方式（適格請求書等保存方式）は、令和5年10月1日に導入される仕入税額控除の方式です。

　買い手が仕入税額控除の適用を受けるためには、帳簿のほか、売り手から交付を受けた適格請求書等の保存が必要です。

　適格請求書等を交付することができるのは、税務署長の登録を受けた適格請求書発行事業者に限られ、その様式は、法令又は通達等で定められておらず、必要な記載事項が記載された書類であれば、名称を問わず、また、手書きであっても、適格請求書等に該当します。

　適格請求書発行事業者は、原則として「取引の相手方（課税事業者）の求めに応じて適格請求書を交付する義務」等があります。

　インボイス方式では、適格請求書発行事業者以外の者から行った課税仕入れは、その適用を受けることができません。ただし、経過措置があります（ Q4-7 参照）。

Q12-4 インボイス方式導入に向けての免税事業者の対応

私は個人タクシーの運転手で、免税事業者です。取引先の会社役員から「インボイス制度が始まったら、適格請求書等保存方式に則った領収書を発行してもらわないと困る」と言われましたが、どのようにすればよいでしょうか。

A 消費税課税事業者選択届出書を提出し、さらに適格請求書発行事業者の登録を受ければ、適格請求書等保存方式に則った領収書を発行することができます（ Q11-10 参照）。

概　要

令和5年10月1日以降、免税事業者は、適格請求書発行事業者としての登録を受けなければ、適格請求書を交付することができないため、取引先は仕入税額控除を行うことができません。

免税事業者が適格請求書発行事業者としての登録を受けるためには、原則として課税期間が始まる前に「消費税課税事業者選択届出書」と「適格請求書発行事業者登録申請書」を提出し、課税事業者となる必要があります。翌課税期間開始の日から適格請求書発行事業者となるには、翌課税期間の始まる1か月前までに、この申請を行う必要があります。

適切な取扱い

適格請求書等保存方式とは、仕入税額控除について、適格請求書発行事業者から交付を受けた(1)適格請求書、(2)適格簡易請求書又は(3)電子インボイスのいずれか及び帳簿の保存を要件とするものです。したがって、3万円未満の公共交通機関特例等に該当するものを除き、免税事業者又は消費者からの仕入れは、仕入税額控除の対象となりません。

Q12-3 に記載のとおり、適格請求書発行事業者が、小売業、飲食店業、写真業、旅行業、タクシー業、駐車場業等の不特定多数の者と取引する事業者である場合は、「適格簡易請求書」を交付することができます（新消法57の4②、新消令70の11）。

　あなたが、令和5年10月1日から適格請求書を発行する事業者としてお客様の要望に応えるためには、令和3年10月1日から令和5年3月31日までの間に、適格請求書発行事業者としての登録申請を行ってください。この場合、「消費税課税事業者選択届出書」の提出は不要です（平28改所法等附44④）。

　令和5年3月31日までに登録申請を行わなかった場合でも、令和5年10月1日を含む課税期間（個人の場合は令和5年1月1日から同年12月31日まで）については、登録申請を行い、登録された日から適格請求書を発行できます。

誤った取扱い

　免税事業者のままでは適格請求書発行事業者になることはできないので、取引先の希望である「適格請求書等保存方式」に則った領収書は発行できません。

ま と め

　免税事業者が、取引先から適格請求書等の発行をするよう求められた場合には、消費税負担を覚悟して課税事業者を選択し、適格請求書等を発行するか、免税事業者のままでいて適格請求書等の発行をあきらめるか、選択しなければなりません。

Q 12-5 電子帳簿保存法と電子インボイス

当社は現在、取引先から紙媒体の請求書に代えて、請求書に係る電磁的記録（電子インボイス）の提供を受けていますが、令和5年10月1日のインボイス方式導入後もこのままでよいのでしょうか。

A 適格請求書等保存方式においても、電子インボイスの提供が可能であるため、情報システムの概要は現状のままで問題ありませんが、電磁的記録の内容は適格請求書の要件を備えるよう修正が必要です。

概　要

適格請求書発行事業者は、相手方から求められたときは適格請求書を交付しなければなりませんが、その交付に代えて、相手方の事前承認を得て電子インボイスを提供することができます。よって、貴社は取引先である電子インボイス発行事業者から収授する電磁的記録の内容が適格請求書の要件を具備しているかを確かめ、不備のないよう準備してください。

適切な取扱い

1．電子帳簿保存法

正式名称は、電子計算機を使用して作成する国税関係帳簿書類の保存方法等の特例に関する法律（以下「電子帳簿保存法」といいます。）といい、関連する法規として「電子計算機を使用して作成する国税関係帳簿書類の保存方法等の特例に関する法律施行規則」(以下「電帳規」といいます。) と、「電子帳簿保存法取扱通達」（以下「電帳通達」といいます。）があります。

電子帳簿保存法第1条において、「情報化社会に対応し、国税の納税義務の適正な履行を確保しつつ納税者等の国税関係帳簿書類の保存に係る負担を軽減する等のため、電子計算機を使用して作成する国税関係帳簿書類の保存方法等について、所得税法、法人税法その他の国税に関する法律の特例を定める」と法の趣旨が記載されています。国税関係帳簿は国税に関する法律の規定により備付け及び保存をしなければならないとされている書類であって、契約書や領収書、請求書といった書類が該当します（電帳通達4－37）。

2．電子インボイスの保存方法

　適格請求書発行事業者は、国内において課税資産の譲渡等を行った場合に、相手方（課税事業者に限ります。）から求められたときは適格請求書を交付しなければなりませんが、適格請求書の交付に代えて、適格請求書に係る電磁的記録を相手方に提供することができます（新消法57の4①⑤）。適格請求書に係る電磁的記録による提供を受けた場合であっても、電磁的記録を整然とした形式及び明瞭な状態で出力した書面を保存することで、請求書等の保存要件を満たします（新消規15の5②）。その場合、提供を受けた電磁的記録を、電帳規第8条第1項に規定する要件に準ずる要件に従って保存する必要はありません。したがって、提供を受けた請求書データを整然とした形式及び明瞭な状態で出力することにより作成した書面を保存することで、仕入税額控除のための請求書等の保存要件を満たすことができます（インボイスQ＆A問56）。

　なお、その電磁的記録をそのまま保存しようとするときには、以下の措置を講じる必要があります。
(1)　次の①又は②のいずれかの措置を行うこと
　①　適格請求書に係る電磁的記録の受領後遅滞なくタイムスタンプを付すとともに、その電磁的記録の保存を行う者又はその者を直接監督する者に関する情報を確認することができるようにしてお

くこと（電帳規8①一）
　②　電磁的記録の記載事項について正当な理由がない訂正及び削除の防止に関する事務処理の規程を定め、当該規程に沿った運用を行うこと（電帳規8①二）
(2)　適格請求書に係る電磁的記録の保存等に併せて、システム概要書の備付けを行うこと（電帳規3①三、8①）
(3)　適格請求書に係る電磁的記録の保存等をする場所に、その電磁的記録の電子計算機処理の用に供することができる電子計算機、プログラム、ディスプレイ及びプリンタ並びにこれらの操作説明書を備え付け、その電磁的記録をディスプレイの画面及び書面に、整然とした形式及び明瞭な状態で、速やかに出力できるようにしておくこと（電帳規3①四、8①）
(4)　適格請求書に係る電磁的記録について、次の要件を満たす検索機能を確保しておくこと（電帳規3①五、8①）
　①　取引年月日、その他の日付、取引金額その他の主要な項目、（請求年月日、請求金額、取引先名称等）を検索条件として設定できること
　②　日付又は金額に係る記録項目については、その範囲を指定して条件を設定することができること
　③　2以上の任意の記録項目を組み合わせて条件を設定できること

> 誤った取扱い

　取引先から交付を受けた電子インボイスの内容を紙に印刷して保存しない場合に、「仕入担当者のパソコンのメール受信箱に、電子インボイスの添付されたメールが他のメールと混在している」などの状態では、電子帳簿保存法に規定されている保存方法とはいえませんので、仕入税額控除の要件を満たす保存には該当しません。

ま と め

　電子帳簿保存法関連の制度は、毎年改正が行われているので、最新の情報を確認することが必要です。

　急速な社会のICT化に伴い、本事例のように取引先の意向により電子インボイスの提供を受ける可能性がありますが、税務署長の承認を受けて電子帳簿保存法に則った方法により電磁的記録を保存することで、従来の紙媒体を廃棄することができ、管理コストの低減のみならず、検索可能性が高まることから事務効率の向上が期待されます。

第13章 法人税、源泉所得税、印紙税との関係

Q13-1 控除対象外消費税額等の処理方法について

乳がん検診を専門とする医療法人である当社は当期から消費税の経理方式について税抜経理を採用しており、課税売上割合は30%です。

当期の決算において控除対象外消費税額等が150万円発生していますが、この全額を雑損失として費用処理しています。法人税額の計算上、このような処理は認められるでしょうか。

〔控除対象外消費税額等の内訳〕
- 固定資産に係るもの：60万円（１つの資産に係るもの）
- 棚卸資産に係るもの：40万円
- 交際費の発生に係るもの：20万円
- その他の経費の発生に係るもの：30万円

  全額を当期の損金とすることはできません。

　貴社は税抜経理を採用しており、控除対象外消費税額等が生じていますので、控除対象外消費税額等をその内訳別に区分して、損金処理の判定をします。

　まず、資産に係るものとして、「固定資産に係るもの：60万円」と「棚卸資産に係るもの：40万円」があります。このうち、「固定資産に係るもの：60万円」は課税売上割合が80％未満であるため、繰延消費税額として資産計上して一定の期間（60か月）で損金算入することとなりますので、60万円のうち一部の金額を決算調整又は申告調整により損金不算入とする必要があります。なお、当期の損金算入限度額は以下のとおりです。

$$60万円 \times \frac{12}{60} \times \frac{1}{2} = 6万円\ （当期の損金算入限度額）$$

また、「棚卸資産に係るもの：40万円」は損金経理を要件として損金算入が認められていますので、当期の決算において雑損失として処理しているため、問題なく損金の額に算入されます。

　次に、資産に係るもの以外のものとして「交際費に係るもの：20万円」と「その他の経費に係るもの：30万円」があります。このうち、「交際費に係るもの：20万円」は法人税額の計算上、交際費等に加算して損金不算入額の計算をすることとなります。

　また、「その他の経費に係るもの：30万円」は経理要件なしに損金算入が認められていますので、問題なく損金の額に算入されます。

概　要

　控除対象外消費税額等の取扱いをフローチャートにすると以下のとおりです。

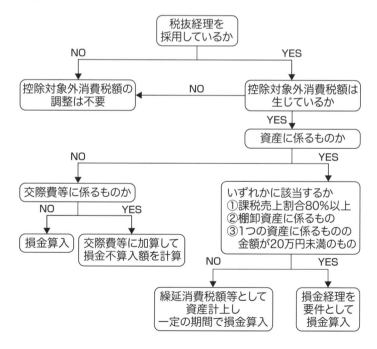

なお、控除対象外消費税額等が生じる主な要因は以下のとおりです。
(1)　以下のいずれかに該当し、一括比例配分方式又は個別対応方式を適用して控除対象仕入税額の計算をするケース
　　①　課税売上高が5億円を超えるとき
　　②　課税売上割合が95％未満のとき
(2)　調整対象固定資産に係る消費税額の調整により、控除対象仕入税額の減額調整（課税売上割合の著しい減少、又は課税業務用から非課税業務用への用途変更）があるケース
(3)　簡易課税制度の適用を受けている場合において、みなし仕入税額よりも実際仕入税額が多いケース
(4)　居住用賃貸建物の仕入税額
　　①　最初に取得した時の仕入税額
　　②　課税賃貸割合や課税譲渡等割合による調整が行われるとき

適切な取扱い

1．控除対象外消費税額等

　控除対象外消費税額等とは、「消費税法第30条第1項の規定の適用を受ける場合における同条第2項に規定する課税仕入れ等の税額及び当該課税仕入れ等の税額に係る地方消費税の額に相当する金額のうち同条第1項の規定による控除をすることができない金額及び当該控除をすることができない金額に係る地方消費税の額に相当する金額の合計額」をいいます（平元直法2－1「消費税法等の施行に伴う法人税の取扱いについて」1(5)）。

　ここで、消費税法第30条第1項とは仕入れに係る消費税額の控除に係る規定であり、同法第30条第2項とは課税売上高が5億円を超えるとき又は課税売上割合が95％未満のときの一括比例配分方式又は個別対応方式の適用に係る規定です。

　したがって、課税売上高が5億円を超えるとき又は課税売上割合が

95%未満のときに一括比例配分方式又は個別対応方式の適用を受けて、結果として控除対象とならなかった仮払消費税の額が該当します。

また、仮払消費税の一部が控除対象とならないケースには、概要に記載したとおり、調整対象固定資産に係る調整（消法33、34、35）を行った場合や、簡易課税制度（消法37①）の適用を受けた場合もあります。

２．控除対象外消費税額等の区分と処理方法

(1) **棚卸資産以外の資産（固定資産等）に係るもので１つの資産に係るものの金額が20万円以上であるもの**

① 課税売上割合80％未満の場合……繰延消費税額等として資産計上して、次の方法によって損金に算入します（法令139の４③④）。

〔繰延消費税額等が生じた事業年度〕

$$損金算入限度額 = 繰延消費税額等 \times \frac{当期の月数}{60} \times \frac{1}{2}$$

〔その後の事業年度〕

$$損金算入限度額 = 繰延消費税額等 \times \frac{当期の月数}{60}$$

② 課税売上割合80％以上の場合…損金経理を要件として損金算入が認められます（法令139の４①）。

(2) **棚卸資産に係るもの及び固定資産等に係るもので１つの資産に係るものの金額が20万円未満であるもの**

課税売上割合にかかわらず損金経理を要件として損金算入が認められます（法令139の４②）。

(3) **交際費等に係るもの**

交際費等の金額に含めて、法人税法上の交際費の損金不算入の規定を適用します（平元直法２－１「消費税法等の施行に伴う法人税の取扱いについて」12（注）２）。課税売上割合や損金経理の有無による影響はありません。

(4) **交際費等以外の経費に係るもの**

課税売上割合や損金経理の有無にかかわらず損金算入が認められて

います。

> **誤った取扱い**

　以下のような消費税の決算整理仕訳には雑損失の金額のうちに控除対象外消費税額等が含まれていますが、前述のとおりの損金算入に関する判定をせずに一律損金算入してしまうのは誤りのもとです。
〔決算整理仕訳〕
　　仮受消費税等　　＊＊円／仮払消費税等　＊＊円
　　雑損失　　　　　＊＊円／未払消費税等　＊＊円

ま と め

　まずは消費税の経理処理方式や控除対象外消費税額等の発生の有無について確認し、税抜経理を採用しており、かつ概要に記載したような控除対象外消費税額等が発生する３つのケースに該当している場合には、控除対象外消費税額等の区分に応じて適切に処理をしてください。

Q 13-2 印紙税と消費税

当社は不動産業を営む法人ですが、この度取引先との間で譲渡対価5,000万円（税抜き）の不動産譲渡契約を締結しました。契約書に貼付すべき印紙税の額はいくらになりますか。

また、当社は郵便局の窓口で印紙の購入をしておりますが、この購入費用は課税仕入れにならないのでしょうか。

A

消費税額を区分記載することを要件として、印紙税額は1万円となります。また、印紙を郵便局の窓口で購入した場合には、印紙の購入費用は課税仕入れの対象となりません。

不動産の譲渡に関する契約書に対して課税される印紙税は契約書に記載された金額に応じて以下のように定められています。

記載された金額（第1号文書）	印紙税額
1,000万円超　5,000万円以下	1万円
5,000万円超　1億円以下	3万円

ここで、契約書に記載された金額について税込金額で判定するのか税抜金額で判定するのかが問題となりますが、その契約書に消費税額が区分記載されている場合には、税抜金額で判定していいこととされていますので、当該契約書についても消費税額が区分記載されていることを要件として、1万円の印紙税となります。

この点、そもそも譲渡の対象不動産が土地のみである場合には、全額が消費税法上の非課税取引であるため、上述のような消費税額の区分記載が生じませんので、1万円の印紙税となります。

また、法務局や郵便局の窓口で購入した印紙の購入代金は課税仕入れの対象とはなりませんので、今回の契約書に貼付する1万円（又は

3万円）分の印紙代についての仕入税額控除をすることはできません（消法別表第1四）。ただし、後述のとおりいわゆる金券ショップ等で購入した場合の印紙代は課税仕入れの対象となります。

概　要

　不動産の譲渡等に関する契約書や、建築工事等の請負契約書、商品等の販売代金を受け取ったときに作成する売上代金の受取書等は、その文書の記載金額に応じて印紙税が課税されます。この「記載金額」は、消費税額等を含んだ金額とされますが、消費税額等が明らかである場合には、記載金額に消費税額等を含めないこととされています。

　また、印紙は法務局や郵便局の窓口で購入すると課税仕入れの対象とはなりませんが、金券ショップ等で購入した場合は課税仕入れの対象となります。

適切な取扱い

1．印紙税と消費税

　消費税の課税事業者が消費税額等の課税対象取引について不動産譲渡契約書等の課税文書を作成する場合に、消費税額等が区分記載されている場合又は税込価格及び税抜価格を記載することでその取引に課される消費税額等が明らかな場合には、その消費税額等は印紙税の記載金額に含めないこととされています。なお、この取扱いの適用がある課税文書は、次の3つに限られています（平元間消3－2「消費税法の改正等に伴う印紙税の取扱いについて」）。

　⑴　第1号文書（不動産の譲渡等に関する契約書）
　⑵　第2号文書（請負に関する契約書）
　⑶　第17号文書（金銭又は有価証券の受取書）

　具体的には以下の例では記載金額5,000万円の第1号文書として扱われ、印紙税額は1万円となります。

・請負金額5,500万円（うち消費税額等500万円）
・請負金額5,500万円（税抜価格5,000万円）

２．印紙を金券ショップ等で購入した場合

　まず、法務局や郵便局等の印紙売りさばき所における印紙の売買は消費税法上の非課税取引とされています（消法別表第１ 四）。このため、原則として印紙の購入費用は課税仕入れにはなりません。

　ただし、販売場所が法律に定められた印紙売りさばき所以外である場合には、消費税法上の非課税取引の要件を満たしませんので、課税取引となります。したがって、金券ショップ等で販売されている印紙の購入代金は課税仕入れの対象となります。

誤った取扱い

　「消費税等の金額が区分記載されている」とは、その取引にあたって課されるべき消費税額等の具体的な金額が記載されていることをいいます。したがって、例えば以下のような記載では、消費税額等が不明確ですので、記載金額は5,500万円と扱われ、印紙税額は３万円となります（平元間消３－２「消費税法の改正等に伴う印紙税の取扱いについて」）。

・5,500万円（消費税等10％含む）
・譲渡対価5,500万円（税込み）

まとめ

　不動産の譲渡等に関する契約書、請負に関する契約書、金銭又は有価証券の受取書については、その消費税額等を明確に区分して記載する方法によって、消費税抜きの本体価格が印紙税の課税標準となります。

また、印紙はその所定の印紙販売所以外の場所で購入すると、課税仕入れの対象となる場合があります。

Q 13-3 源泉所得税と消費税

当社はアニメーション制作会社です。この度、業務の一部を個人事業主であるアニメーターに発注しました。業務報酬についてアニメーターから以下のような請求書が送られてきています。個人事業主に対してデザインの報酬を支払う場合に該当し、源泉所得税の徴収をする必要があると思いますが、具体的にはいくら源泉徴収すればいいのでしょうか。

また、仮にこのデザインの報酬が後日の税務調査等により、給与として認定された場合にはどうなりますか。

〔請求書の概要〕
　作画料　　　：100,000円
　消費税額等：　10,000円
　合計金額　：110,000円

A 税抜金額若しくは税込金額に対して源泉所得税の税率を乗じた金額を徴収します。また、給与認定された場合には、源泉徴収税額と消費税額を含めた合計金額を給与として処理します。

・・・

まず、発注先のアニメーターからの請求書には消費税等の金額が明確に区分して表記されているため、源泉徴収の対象とすべき金額を税込金額（110,000円）にするか、税抜金額（100,000円）にするかは支払者である貴社が任意に選択できます。100万円以下の場合の源泉徴収税率は復興特別所得税を合わせて10.21%ですので、前者を選択した場合は11,231円（＝110,000円×10.21%）、後者を選択した場合は10,210円（＝100,000円×10.21%）を源泉徴収することとなります。

また、このデザイン報酬を後日の税務調査の指摘等に基づき実質的

な給与として取り扱う場合には、源泉徴収税額と消費税額を含めた額面総額（110,000円）を給与の額として、給与所得の源泉徴収税額表等に基づき本来徴収すべきだった源泉徴収税額の計算をします。このアニメーターからは扶養控除等申告書の提出は受けていないと思われますので、乙欄徴収となり3,900円が本来の源泉徴収税額となります。

当初申告時に税抜金額に対して源泉徴収を行っていた場合には、以下のような税務上の調整仕訳が必要になりますので、消費税額等の過少申告分の申告納付10,000円とアニメーターへの源泉所得税の過大徴収金額の返金6,310円が必要になります。一方で、損金の額が10,000円増えたことによる法人税の更正の請求と過大納付となっている源泉所得税額の還付又は充当6,310円をすることができます。

【当初申告時の経理処理】
　外　注　費　100,000円／現　預　金　99,790円
　仮払消費税等　10,000円／預　り　金　10,210円

【給与認定された場合の本来あるべき経理処理】
　給　　　与　110,000円／現　預　金　106,100円
　　　　　　　　　　　　／預　り　金　3,900円

【税務上の調整仕訳】
　給　　　与　110,000円／外　注　費　100,000円
　　　　　　　　　　　　／仮払消費税等　10,000円

概　要

報酬・料金等の源泉徴収の対象となる金額は原則として税込金額となりますが、請求書等において消費税等の金額が明確に区分されているときは税抜金額のみを源泉徴収の対象とすることができます（平元直法6－1「消費税法等の施行に伴う源泉所得税の取扱いについて」）。

また、外注費として処理していた支出が給与認定された場合は源泉徴収税額や消費税等の額を含めた支給総額を給与の額とします。

適切な取扱い

1．報酬・料金等に係る源泉所得税

　概要に記載したとおり、請求書等における消費税等の金額の記載方法により、源泉徴収の対象とすべき金額が異なります（平元直法6－1「消費税法等の施行に伴う源泉所得税の取扱いについて」）。

(1) **消費税等の金額が明確に区分されている場合**
　源泉徴収の対象金額：税込金額、税抜金額のいずれか

(2) **(1)以外の場合**
　源泉徴収の対象金額：税込金額

2．個人事業者と給与所得者の区分

　個人に対して役務提供対価の支払いをする場合において、支払先が個人事業者であり請負契約等に基づく対価として支払うのであれば外注費として処理し、支払先が給与所得者であり雇用契約等に基づく対価として支払うのであれば給与として処理します（消基通1－1－1）。

　ただし、この区分が明らかでない場合には、契約書等の形式的な要素に加えて、以下のような業務の実態を総合勘案して判定することとされています。

(1) その契約に係る役務の提供の内容が他人の代替を容れるかどうか。
(2) 役務の提供に当たり事業者の指揮監督を受けるかどうか。
(3) まだ引渡しを了しない完成品が不可抗力のため滅失した場合等においても、当該個人が権利として既に提供した役務に係る報酬の請求をなすことができるかどうか。
(4) 役務の提供に係る材料又は用具等を供与されているかどうか。

誤った取扱い

　請求書に消費税等の金額が明示されていないのにもかかわらず税抜金額を源泉徴収の対象とするのは誤りです。また、外注費を給与として修正申告する際に税抜金額のみを給与として処理するのは誤りです。

ま と め

請求書の消費税額等の表示方法で徴収すべき源泉所得税額が変わりますので、ご注意ください。また外注費を給与として修正申告する際には、額面支給総額を給与として処理することにご注意ください。

著者紹介

◆田淵　正信（たぶち　まさのぶ）
　　公認会計士、税理士
　　京都大学経済学部卒業
　　昭和56年　　　公認会計士登録
　　昭和60年　　　税理士登録
　　昭和60年4月　田淵公認会計士事務所開設
　　平成2年9月　北斗監査法人（現 仰星監査法人）設立、
　　　　　　　　　代表社員（平成18年6月まで）
　　平成15年4月～平成18年3月　大阪成蹊短期大学経営会計学科教授
　　平成15年度～平成17年度　　公認会計士第3次試験・試験委員
　　平成18年4月～平成28年3月　追手門学院大学経営学部教授
　　平成28年4月～令和2年3月　追手門学院大学客員教授
　　平成28年4月～　ミニコンデジタルワーク（株）代表取締役
《著書》
　　「新しい相続税・贈与税申告書作成の実務」（共著）清文社／「標準・軽減・旧税率取引が混在する年度の消費税申告書作成事例集」（共著）清文社／「事業承継入門2」（共著）丸善出版／「最新・消費税事例選集」（共著）清文社／「株式交換と会社分割」（共著）日経新聞社／「Q＆A法人の土地譲渡益重課制度」（共著）清文社／「問答式消費税の実務」（共著）清文社

◆大谷　泰史（おおたに　やすし）
　　公認会計士、税理士
　　九州大学大学院医学系学府医療経営・管理学専攻修了
　　平成15年11月　監査法人大成会計社（現 EY新日本有限責任監査法人）入所
　　平成20年　　　公認会計士登録
　　平成27年9月　新日本有限責任監査法人（現 EY新日本有限責任監査法人）退所
　　平成27年10月　大谷公認会計士事務所開設
　　平成27年　　　税理士登録
　　令和元年9月～　久留米大学非常勤講師
　　令和2年12月　神戸監査法人設立、パートナー

◆圓尾　紀憲（まるお　としのり）
　公認会計士、税理士
　関西大学商学部卒業
　平成25年2月～平成30年8月
　　　　　　　新日本有限責任監査法人（現 EY新日本有限責任監査法人）
　平成28年　　公認会計士登録
　平成30年9月　圓尾公認会計士事務所開業
　平成30年　　税理士登録
　令和元年7月　税理士法人ライトハンド　マネージャー
　令和元年8月　KUMA Partners(同)設立、代表社員
《著書》
「標準・軽減・旧税率取引が混在する年度の消費税申告書作成事例集」（共著）清文社

◆久保　亮（くぼ　りょう）
　公認会計士、税理士
　京都大学総合人間学部卒業
　平成24年2月～令和元年7月
　　　　　　　新日本有限責任監査法人（現 EY新日本有限責任監査法人）
　平成27年　　公認会計士登録
　令和元年　　税理士登録
　令和元年8月　久保亮公認会計士事務所開設
　令和元年8月　税理士法人ライトハンド　マネージャー
　令和元年8月　KUMA Partners(同)設立、代表社員

◆大庭　みどり（おおば　みどり）
　税理士、中小企業診断士
　大阪府立大学経済学研究科博士前期課程修了
　平成10年1月　大庭税理士事務所開設
　平成10年5月　（有）ジェイド・コンサルティング　代表取締役
　平成16年4月～平成26年3月　追手門学院大学非常勤講師
　平成19年1月～　大阪府立大学非常勤講師
　平成28年4月～　大阪成蹊短期大学非常勤講師
《著書》
「標準・軽減・旧税率取引が混在する年度の消費税申告書作成事例集」（共著）清文社／「事業承継入門2」（共著）丸善出版

◆金井　英樹（かない　ひでき）
　　税理士
　　一橋大学商学部卒業
　　平成7年4月～　金井孝憲公認会計士・税理士事務所
　　平成12年　　　税理士登録
　　平成22年2月～　金井英樹税理士事務所

◆青木　幹雄（あおき　みきお）
　　公認会計士、税理士
　　中央大学商学部卒業
　　平成14年10月～平成20年3月　東京北斗監査法人（現 仰星監査法人）
　　平成18年　　　公認会計士登録
　　平成20年4月～平成27年9月　青木幹雄会計事務所
　　平成20年　　　税理士登録
　　平成21年2月　特定非営利活動法人日本IT会計士連盟設立、理事
　　平成27年10月～令和2年12月　税理士法人ファーサイト、社員
　　令和3年1月～　税理士法人ナナイロ開設、代表社員
《著書》
「第三者委員会 設置と運用【改訂版】」（共著）きんざい／「会計士さんの書いた情シスのためのIFRS」（共著）翔泳社

◆米津　良治（よねづ　りょうじ）
　　税理士
　　上智大学法学部卒業
　　平成18年4月～平成19年9月　旭化成ホームズ株式会社
　　平成19年9月～平成25年12月　株式会社丹青社
　　平成26年1月～令和2年9月　ファーサイト会計事務所(現 税理士法人ファーサイト)、
　　　　　　　　　　　　　　　　社員（平成28年3月から）
　　平成28年　　　税理士登録
　　令和2年10月　BASE（ベイス）総合会計事務所開設

◆山下　由美子（やました　ゆみこ）
　　税理士
　　和歌山大学大学院経済学研究科修了
　　平成5年　　大阪国税局採用
　　平成17年　　退職
　　平成17年　　税理士登録
　　　　　　　　山下総合会計事務所（現 税理士法人山下総合会計）入所
　　平成25年　　代表社員就任

令和2年12月改訂 Q&A消費税の税務処理101

2021年1月20日　発行

編著者	田淵　正信 Ⓒ
発行者	小泉　定裕
発行所	株式会社 清文社　東京都千代田区内神田1-6-6（MIFビル） 〒101-0047　電話 03(6273)7946　FAX 03(3518)0299 大阪市北区天神橋2丁目北2-6（大和南森町ビル） 〒530-0041　電話 06(6135)4050　FAX 06(6135)4059 URL http://www.skattsei.co.jp/

印刷：大村印刷㈱

■著作権法により無断複写複製は禁止されています。落丁本・乱丁本はお取り替えします。
■本書の内容に関するお問い合わせは編集部までFAX（06-6135-4056）でお願いします。
■本書の追録情報等は、当社ホームページ（http://www.skattsei.co.jp）をご覧ください。

ISBN978-4-433-71670-7